ARZNEIBUCH

DER DEUTSCHEN DEMOKRATISCHEN REPUBLIK

1987

— AB-DDR 87 —

VI. LIEFERUNG

Band 1

Herausgegeben vom Minister für Gesundheitswesen
auf Grund des § 10 Absatz 3 des Arzneimittelgesetzes
vom 27. November 1986 (Gesetzblatt I, Seite 473)

AKADEMIE-VERLAG BERLIN 1988

Dieses Blatt ist nicht mit in das Arzneibuch einzuordnen!

ISBN 3-05-500111-7

Erschienen im Akademie-Verlag Berlin, DDR-1086 Berlin, Leipziger Straße 3—4

Lizenznummer: 202 · 100/529/88
Printed in the German Democratic Republic
Gesamtherstellung: VEB Druckhaus „Maxim Gorki", 7400 Altenburg
LSV 1277, 2067
Bestellnummer: 763 508 9 (3065/1/VI)
03000

ARZNEIBUCH

DER
DEUTSCHEN
DEMOKRATISCHEN
REPUBLIK

1987

— AB–DDR 87 —

Herausgegeben vom Minister für Gesundheitswesen auf Grund des § 10 Absatz 3 des Arzneimittelgesetzes vom 27. November 1986 (Gesetzblatt I, Seite 473)

AKADEMIE-VERLAG BERLIN 1988

Bestell-Nummern der einzelnen Teile
des Arzneibuches der DDR

Lieferung		Band 1	Bände 1 bis 6	Band „Rezepturen“
I	(1975)	762 094 4 (3065/1) 60,– M	762 093 6 (3065/1–6) 240,– M	762 095 2 (3065/7) 25,– M
II	(1977)	762 413 6 (3065/1/II) 3,– M	762 414 4 (3065/1–6/II) 15,– M	762 415 2 (3065/7/II) 4,– M
III	(1980)	762 659 6 (3065/1/III) 6,– M	762 656 1 (3065/1–6/III) 19,– M	762 658 8 (3065/7/III) 8,– M
IV	(1983)	762 914 8 (3065/1/IV) 20,– M	762 915 6 (3065/1–6/IV) 60,– M	762 916 4 (3065/7/IV) 10,– M
V	(1985)	763 329 4 (3065/1/V) 32,– M	763 328 6 (3065/1–6/V) 64,– M	–

Erschienen im Akademie-Verlag Berlin, DDR-1086 Berlin, Leipziger Straße 3–4

Lizenznummer: 202 · 100/529/88
Printed in the German Democratic Republic
Gesamtherstellung: VEB Druckhaus „Maxim Gorki“, 7400 Altenburg
LSV 1277, 2067
Bestellnummer: 3065/1

Aus Anlage 11 und Anlage 12 wurden in alle in der Einrichtung/Struktureinheit

Stempel

vorhandenen Bände des Arzneibuches der Deutschen Demokratischen Republik 1987

☐ sämtliche Angaben

☐ die für die Arbeit der Einrichtung/Struktureinheit benötigten Angaben

am .... durch .... übertragen.

....
Leiter der Einrichtung/Struktureinheit

Allgemeine Hinweise

zum Arzneibuch der Deutschen Demokratischen Republik 1987

Die vorliegende Fassung des Arzneibuches der Deutschen Demokratischen Republik ist auf Grund des § 10 Absatz 3 des Arzneimittelgesetzes der Deutschen Demokratischen Republik[1]) in Verbindung mit den dazu ergangenen Durchführungsbestimmungen verbindlich. Der Zeitpunkt des Inkrafttretens wird durch das Ministerium für Gesundheitswesen bekanntgegeben, soweit nicht einzelne Vorschriften zwischenzeitlich bereits als verbindlich erklärt worden sind. Die gültige Fassung wird durch das Inhaltsverzeichnis ausgewiesen, dessen Blätter mit der Kennzeichnung „AB-DDR 87" versehen sind.
Die Reihenfolge der Kapitel der Allgemeinen Bestimmungen ist durch römische Ziffern gekennzeichnet. Die Abschnitte der Kapitel und die Anlagen sind nach Kennziffern gegliedert, die im Finder ausgewiesen werden. Die erste und die zweite Ziffer geben den Abschnitt an, die folgenden Ziffern die Blattzahl.
Die Allgemeinen Bestimmungen und die Anlagen sind in den ersten Band des Arzneibuches entsprechend der Anlage 7 im Anschluß an das Inhaltsverzeichnis einzuordnen. Das Inhaltsverzeichnis besteht aus zwei Teilen, den Seiten XVII bis LI (Jahreszahl der Inkraftsetzung 87) und Seiten LII bis LVIII (Jahreszahl der Inkraftsetzung 87).
Die verbindliche Fassung der Allgemeinen Bestimmungen, Anlagen und Monografien wird durch Übereinstimmung der auf dem unteren Rand der entsprechenden Blätter eingedruckten Jahreszahlen mit den im Inhaltsverzeichnis angegebenen ausgewiesen.
Falls die einzelnen Blätter einer Monografie verschiedenen Ausgaben des Arzneibuches der Deutschen Demokratischen Republik angehören, sind die betreffenden Jahreszahlen dieser Blätter in der Reihenfolge des Monografietextes im Inhaltsverzeichnis aufgeführt (z. B. Monografie DL-Threoninum, „87/83").
Die Blätter der I., II. und III. Lieferung des Arzneibuches der Deutschen Demokratischen Republik sind auf der Vorderseite in der linken unteren Ecke durch den Text „2. AB-DDR" in Verbindung mit der Nummer der jeweiligen Lieferung sowie mit einer zweiziffrigen Jahreszahl, die den Zeitpunkt des Druckes angibt, gekennzeichnet. Die Blätter der Ausgaben 1983, 1985 und 1987, d. h. der IV., V. und VI. Lieferung, sind auf der Vorderseite in der rechten unteren Ecke durch den Text „AB-DDR" in Verbindung mit der zweiziffrigen Jahreszahl der betreffenden Lieferung gekennzeichnet; die Blätter von Monografien sind darüber hinaus durchlaufend numeriert und enthalten neben der Blattzahl in Klammern die Gesamtblattzahl der betreffenden Monografie. Für die Allgemeinen Bestimmungen wurde die Numerierung der Blätter im Finder beibehalten. Jedes Monografieblatt trägt im Zusammenhang mit den genannten Angaben die Monografienummer.
Die in das AB-DDR 87 neu aufgenommenen Positionen der Anlagen 2.0. „Reagenzien",

---

[1]) Arzneimittelgesetz vom 27. November 1986; Gesetzblatt Teil I 1986, Seite 473.

3.0. „Indikatoren“ und 4.0. „Standards“ sind mit den entsprechenden Positionen der II. und III. Lieferung sowie der Ausgaben 1983 und 1985 in Nachträgen zusammengefaßt, die im Anschluß an die jeweilige Anlage einzuordnen sind.
Die Monografien sind entsprechend der Anlage 7 alphabetisch einzuordnen.
Beginnend mit dem AB-DDR 87 werden Monografien, deren Qualitätsforderungen aus dem Compendium Medicamentorum des Rates für Gegenseitige Wirtschaftshilfe übernommen wurden, durch ein nach dem lateinischen Titel der Monografie hochgestelltes ■ gekennzeichnet.
Falls Prüfungen nach den Bestimmungen des Compendium Medicamentorum[2]) durchzuführen sind, wird hierfür die Abkürzung „CM-RGW“ verwendet. Die anzuwendende Fassung der Allgemeinen Bestimmungen, Anlagen und Monografien des Compendium Medicamentorum wird durch Übereinstimmung der auf den entsprechenden Blättern des Compendium Medicamentorum eingedruckten Jahreszahlen mit den im Inhaltsverzeichnis des Compendium Medicamentorum angegebenen Jahreszahlen ausgewiesen. Für die Qualität der Reagenzien, Standards und Vergleichssubstanzen, die entsprechend den Bestimmungen des Compendium Medicamentorum zu verwenden sind, gelten die in den Anlagen des AB-DDR 87 2.0. „Reagenzien“, 3.0. „Indikatoren“, 4.0. „Standards“, 5.0. „Vergleichssubstanzen“ und 6.0. „Testsubstanzen für die Bestimmung der eutektischen Temperatur“ gemachten Angaben.
Ungültige Teile des Arzneibuches der Deutschen Demokratischen Republik dürfen gemäß der Anlage 7 nicht mehr im Arzneibuch vorhanden sein.
Mit der Änderung der Aussagen im Abschnitt „Art der Aufbewahrung“ (VIII, 1.0.) entfällt der bisherige Zusammenhang mit der Verschreibungspflicht für die entsprechenden Arzneimittel.
Durch die verantwortlichen Leiter ist im Interesse des Gesundheitsschutzes zu sichern, daß Datum und Umfang der Übertragung der Angaben aus Anlage 11 und Anlage 12 in das AB-DDR 87 auf Seite II, 5 ausgewiesen werden.

---

[2]) Rat für Gegenseitige Wirtschaftshilfe: Compendium Medicamentorum. Sammlung vereinheitlichter Forderungen und Prüfmethoden für Arzneimittel. Akademie-Verlag Berlin. I. Lieferung 1969; II.–III. Lieferung 1971; IV.–X. Lieferung 1976; XI.–XII. Lieferung 1977; XIII.–XIV. Lieferung 1978; XV. bis XVI. Lieferung 1980; XVII.–XVIII. Lieferung 1981; XIX.–XX. Lieferung 1982; XXI.–XXII. Lieferung 1983; XXIII.–XXIV. Lieferung 1984; XXV.–XXVI. Lieferung 1985; XXVII.–XXVIII. Lieferung 1986; XXIX.–XXX. Lieferung 1987.

Vorwort

zum Arzneibuch der Deutschen Demokratischen Republik 1987

In das AB-DDR 87 wurden 209 Monografien aufgenommen. Grundlage der Erarbeitung waren die Prinzipien, die im Vorwort vom 15. Juli 1974 sowie im Vorwort vom 30. Juni 1980 dargelegt worden sind.
Die im Inhaltsverzeichnis, Teil 2.1. genannten Monografien wurden im Zentralblatt für Pharmazie, Pharmakotherapie und Laboratoriumsdiagnostik veröffentlicht.
Bisher im Band „Rezepturen“ des Arzneibuches der Deutschen Demokratischen Republik enthaltene Monografien, z. B. für unter „Augentropfen“ (XIV, 7.0.) genannte Arzneiträger, haben den Status von Gütevorschriften für das Apothekenwesen erhalten und sind damit nicht mehr Bestandteil des Arzneibuches der Deutschen Demokratischen Republik.
Die in Monografien der I. bis V. Lieferung des Arzneibuches der Deutschen Demokratischen Republik (Verbindlichkeitsjahre 1975 bis 1985) enthaltenen Aufbewahrungsvorschriften „Sehr vorsichtig“ bzw. „Vorsichtig“ gelten mit Inkrafttreten der Ausgabe 1987 des Arzneibuches der Deutschen Demokratischen Republik nur noch in dem Maße, wie sie mit der Einstufung der betreffenden Stoffe und Zubereitungen als Gifte entsprechend dem Giftgesetz vom 7. April 1977 (GBl. I Nr. 10 S. 103) übereinstimmen. Eine dem Stande der Ausgabe 1987 des Arzneibuches der Deutschen Demokratischen Republik entsprechende vollständige Zusammenstellung aller im Inhaltsverzeichnis des Arzneibuches genannten Stoffe und Zubereitungen, die als Gifte eingestuft sind, ist in Kapitel VIII, Blätter 1.0.1.1. bis 1.0.1.3. enthalten.
Da entsprechend § 3 Abs. (7) der Dritten Durchführungsbestimmung zum Arzneimittelgesetz vom 1. Dezember 1986 (GBl. I S. 488) Höchstdosen für Arzneimittel durch das Arzneimittelverzeichnis geregelt sind, entfallen, beginnend mit AB-DDR 87, sämtliche Angaben zur Dosierung im Arzneibuch. Angaben zur Dosierung in den mit Inkrafttreten der Ausgabe 1987 des Arzneibuches der Deutschen Demokratischen Republik noch gültigen Monografien der I. bis V. Lieferung sind damit nicht mehr verbindlich.

An der Ausarbeitung des AB-DDR 87 waren beteiligt:

Ch. Abel, R. Benecke, K. Braun, H. Dressel, A. Eichhorn, D. Ennet, F. Friedrich, T. Gabrio, S. Ganschow, H. Götz, H. Herberg, M. Hoetzel, W. Kitzing, G. Kläwicke, P. Kretschmer, H. Lippold, W. Mayer, K. Menzel, B. Müller, P. Münchow, H.-J. Neuhaus, B. Nöbel, B. Pätsch, B. Rausch, J. Richter, J. Röthig, H. Sachweh, H. Schlenkrich, M. Schubert, A. Stark, M. Thonke, R. Voigt, B. Volkmann und *M. Wagler* (vgl. Vorwort zur Druckausgabe 1975, zu der ab 1. Januar 1979 verbindlichen Fassung, zur III. Lieferung sowie zu den Ausgaben 1983 und 1985)

sowie

aus dem Institut für Arzneimittelwesen der Deutschen Demokratischen Republik, Berlin:

Dr. *G. Ininger*, *E. Kremzow* und Dr. *A. Scheybal*;

aus dem Forschungsinstitut für Textiltechnologie, Karl-Marx-Stadt:

M. Brodtka, Dr. *J. Hendler* und Dipl.-Ing. *L. Klemm*;

aus der Sektion Chemie, Wissenschaftsbereich Pharmazie, der Humboldt-Universität zu Berlin, Berlin:

Doz. Dr. sc. *M. Bornschein* und Dipl.-Pharm. *A. Schwarzak*;

aus dem Staatlichen Kontrollinstitut für immunbiologische Arzneimittel, Berlin:

Dr. *N. Saupe* und Dr. *G. Welke*;

aus dem VEB Berlin-Chemie, Berlin:

Chr. Knop, *E. Lehmann*, Dipl.-Chem. *B. May* und *G. Mrose*;

aus dem VEB Chemisch-pharmazeutisches Werk Oranienburg, Oranienburg:

Apothekerin *Chr. Melms*;

aus dem VEB Deutsches Hydrierwerk Rodleben, Rodleben

H. Modes;

aus dem VEB Pharmazeutisches Kombinat Germed, Dresden:

Dipl.-Pharm. *K.-H. Hauschild* und Dipl.-Chem. *U. Schreiber*;

aus dem VEB Philopharm Quedlinburg, Quedlinburg.

Dipl.-Chem. *H. Burckhardt*;

aus dem VEB Vliestextilien Lößnitztal, Hohenfichte:

St. Hösel;

aus dem Wissenschaftlich-Technischen Zentrum Technische Textilien, Fachgruppe Faservliesstoffe, Erdmannsdorf:

W. Petzold.

Die Redaktion lag in den Händen von *E. Böhm*, *P. Kretschmer* und *M. Wagler*. Redaktionelle Teilaufgaben wurden durch *A. Eichhorn*, *Chr. Hellge*, *D. Ropte* und *A. Stark* bearbeitet. Für die Mitwirkung bei den technischen Arbeiten wird *G. Bahner*, *B. Buck*, *H. Dolatkewitz*, *P. Fuhr*, *W. Heil*, *A. Pohl*, *I. Ruthenberg* und *I. Seidenglanz* gedankt.
Die Arbeiten am AB-DDR 87 wurden im Auftrag des Ministeriums für Gesundheitswesen durchgeführt und durch den VEB Pharmazeutisches Kombinat Germed unterstützt. Die Drucklegung wurde durch den Akademie-Verlag Berlin, insbesondere durch den VEB Druckhaus „Maxim Gorki“, Altenburg, in bewährter Weise realisiert.

Berlin, den 30. April 1985

Institut für Arzneimittelwesen
der Deutschen Demokratischen
Republik

Arzneibuchkommission
der Deutschen Demokratischen
Republik

INHALTSVERZEICHNIS

zum Arzneibuch der Deutschen Demokratischen Republik 1987

Teil 1

Verzeichnis der im AB-DDR 87 ausgedruckten Allgemeinen Bestimmungen und Monografien

Soweit sich durch IUPAC- oder WHO-Empfehlungen Bezeichnungen von Arzneimitteln geändert haben, ist der neue Name in *Kursiv*druck unter dem derzeitigen Monografietitel angegeben (siehe auch Anlage 10). Zur Kennzeichnung der Substanzen ist generell die *kursiv* gedruckte Bezeichnung anzuwenden.

Band 1

ALLGEMEINE BESTIMMUNGEN

I. Fachtechnische Erläuterungen, Probenahme, Verbindlichkeit

II. Beschreibung

III. Physikalische Prüfungen

IV. Kennzahlen

	Kennziffern	Verbindlichkeitsjahr
Bezeichnung von Maßlösungen in den Lieferungen des Arzneibuches	10.0.1 b.	83
0,1 M ÄDTA-Lösung	10.0.2.	78
0,05 M ÄDTA-Lösung	10.0.2.	78
0,01 M ÄDTA-Lösung	10.0.2.	78
0,1 N Ammoniumthiozyanatlösung	10.0.2.	78
Ammoniumthiocyanatlösung (0,02 mol/l)	10.0.2.	78
0,01 N Ammoniumthiozyanatlösung	10.0.2.	78
Bariumperchloratlösung (0,01 mol/l)	10.0.3.	87
Benzyldodecyldimethylammoniumchloridlösung (0,02 mol/l)	10.0.3.	87
Blei(II)-chloridlösung (0,025 mol/l)	10.0.3.	87
Blei(II)-nitratlösung (0,1 mol/l)	10.0.3.	87
Cerium(IV)-sulfatlösung (0,1 mol/l)	10.0.3.1.	85
Cerium(IV)-sulfatlösung (0,02 mol/l)	10.0.3.1.	85
Cerium(IV)-sulfatlösung (0,01 mol/l)	10.0.3.1.	85
2,6-Dichlorphenolindophenol-Natrium-Lösung (0,00025 mol/l)	10.0.3.2.	85
Hyamin-1622-Lösung (0,01 mol/l)	10.0.3.3.	85
0,1 N Jodlösung	10.0.4.	75
0,01 N Jodlösung	10.0.4.	75
0,2 N Jodmonochlorid-Jodlösung	10.0.4.	75
1 N Kalilauge	10.0.5.	75
0,5 N Kalilauge	10.0.5.	75
0,1 N Kalilauge	10.0.5.	75
0,02 N Kalilauge	10.0.5.	75
0,01 N Kalilauge	10.0.5.	75
1 N Kalilauge, äthanolische	10.0.5.	75
0,5 N Kalilauge, äthanolische	10.0.5.	75
0,1 N Kalilauge, äthanolische	10.0.5.	75
Kalilauge (0,05 mol/l), ethanolische	10.0.5.1.	87
Kaliumbromatlösung (0,0167 mol/l)	10.0.6.	87
Kaliumchloridlösung (0,1 mol/l)	10.0.6.	87
Kaliumchloridlösung (0,01 mol/l)	10.0.6.	87
Kaliumdichromatlösung (0,0167 mol/l)	10.0.6.	87
Kaliumiodatlösung (0,0167 mol/l)	10.0.6.	87
Kaliumiodatlösung (0,000835 mol/l)	10.0.6.	87
Kalium-n-octanolatlösung (0,1 mol/l)	10.0.6.	87
Kaliumpermanganatlösung (0,02 mol/l)	10.0.6.1.	87
Kaliumpermanganatlösung (0,002 mol/l)	10.0.6.1.	87
Kaliumsulfatlösung (0,025 mol/l)	10.0.6.1.	87
0,1 N Natriumarsenitlösung	10.0.7.	75
0,05 N Natriumarsenitlösung	10.0.7.	75
0,1 N Natriumchloridlösung	10.0.7.	75
0,01 N Natriumchloridlösung	10.0.7.	75
Natriummethoxidlösung (0,1 mol/l)	10.0.8.	87
Natriumnitritlösung (0,1 mol/l)	10.0.8.	87
Natriumtetraoxoiodatlösung (0,05 mol/l)	10.0.9.	87
Natriumthiosulfatlösung (0,2 mol/l)	10.0.9.	87

VIII. Aufbewahrung

X. Biologische Prüfung

XIV. Arzneizubereitungen	Kennziffern	Verbindlichkeitsjahr
Allgemeines	1.0.1.	75
Aerodispersionen	2.0.1.	75
Aerosole s. Aerodispersionen		
Arzneiöle	3.0.1.	75
Arzneispiritusse	4.0.1.	75
Arzneistäbchen	5.0.1.	75
Augensalben	6.0.1.	75
Augentropfen	7.0.1. bis 7.0.4.	75
Augenwässer	8.0.1.	75
Emulsionen	9.0.1.	75
Extrakte	10.0.1.	75
Granulate	11.0.1.	75
Heftpflaster	12.0.1.	75
Inhalate s. Aerodispersionen		
Injektions- und Infusionszubereitungen	13.0.1.	78
	13.0.2.	75
	13.0.3.	75
	13.0.4.	78
Kapseln	14.0.1.	75
Krems s. Salben		
Linimente s. Emulsionen		
Lösungen	15.0.1.	75
Lotionen s. Suspensionen		
Mixturen s. Emulsionen, Lösungen, Suspensionen		
Nasentropfen s. Tropfen		
Ohrentropfen s. Tropfen		
Ölzucker s. Pulver		
Pasten	16.0.1.	75
Puder s. Pulver		
Pulver	17.0.1. bis 17.0.2.	75
Salben	18.0.1. bis 18.0.2.	75
Schleime s. Lösungen		
Sirupe	19.0.1.	75
Sprays s. Aerodispersionen		
Suspensionen	20.0.1.	75
Tabletten, Dragees	21.0.1. bis 21.0.2.	75
	21.0.3. bis 21.0.4.	87
Teemischungen	22.0.1.	75
Tinkturen	23.0.1.	75
Tropfen	24.0.1.	75
Vaginalkugeln	25.0.1.	75
Verreibungen s. Pulver		
Zäpfchen	26.0.1.	87
Bestimmung der Inhaltsmenge abgepackter Arzneimittel	27.0.1. bis 27.0.3.	75
Bestimmung der Arzneistofffreisetzung aus Tabletten, Dragees und Kapseln	28.0.1. bis 28.0.3.	85

	Kennziffern	Verbindlichkeitsjahr
XVIII. Prüfung von Gasen		
Allgemeines	1.0.1.	75
Prüfung auf Kohlenoxid	2.0.1.	75
Gehaltsbestimmung von Gasen	3.0.1. bis 3.0.2.	75
XIX. Prüfung von Behältnissen		
Allgemeines	1.0.1.	75
Prüfung von Arzneigläsern für den allgemeinen Gebrauch	2.0.1.	75
Prüfung von Arzneigläsern, die zur Aufbewahrung von Injektions- und Infusionszubereitungen oder alkaliempfindlichen Arzneimitteln benutzt werden	3.0.1.	75
XX. Prüfung von Gegenständen aus Plasten und Elasten		
Allgemeines	1.0.1. bis 1.0.3.	75
Physikalische und chemische Prüfungen	2.0.1. bis 2.0.3.	75
Biologische Prüfungen	3.0.1. bis 3.0.3.	75
XXI. Prüfung von Farbstoffen		
Allgemeines	1.0.1.	85
Identitätsprüfung	2.0.1. bis 2.0.2.	85

ANLAGEN

Es wird empfohlen, die Anlagen in den Band 6 einzuordnen.

MONOGRAFIEN

Band 2

Lateinische Bezeichnung	Deutsche Bezeichnung	Verbindlichkeitsjahr
Acetonum	Aceton	87
Acetylaminonitropropoxybenzenum	Acetylaminonitropropoxybenzen	87
Acetylcholinum chloratum	Acetylcholinchlorid	87
L-Acetylcysteinum	L-Acetylcystein	85
Acidum aceticum	Essigsäure	83
Acidum acetylosalicylicum	Acetylsalicylsäure	87
Acidum amidotrizoicum	Amidotrizoesäure	87
Acidum aminoaceticum	Aminoessigsäure	87
Acidum aminobenzoicum	Aminobenzoesäure	87
Acidum aminocaproicum	Aminocapronsäure	87
Acidum aminohippuricum	Aminohippursäure	87
Acidum aminomethylbenzoicum	Aminomethylbenzoesäure	87
Acidum ascorbicum	Ascorbinsäure	87
Acidum asparticum	Aspartinsäure	87
Acidum benzoicum	Benzoesäure	87
Acidum boricum	Borsäure	87
Acidum citricum	Citronensäure	87
Acidum clofibricum	Clofibrinsäure	87
Acidum dehydrocholicum	Dehydrocholsäure	85
Acidum folicum	Folsäure	87
Acidum formicicum	Ameisensäure	83
Acidum glutamicum	Glutaminsäure	87
Acidum hydrochloricum concentratum	Konzentrierte Salzsäure	83
Acidum hydrochloricum dilutum	Verdünnte Salzsäure	87
Acidum iomeglamicum	Iomeglamsäure	83
Acidum lacticum	Milchsäure	85
Acidum malicum	Äpfelsäure	85
Acidum nicotinicum	Nicotinsäure	87
Acidum oleinicum	Ölsäure	85
Acidum oxalicum	Oxalsäure	85
Acidum phosphoricum concentratum	Konzentrierte Phosphorsäure	83
Acidum propionicum	Propionsäure	87
Acidum salicylicum	Salicylsäure	83
Acidum sorbicum	Sorbinsäure	85
Acidum stearinicum	Stearinsäure	87
Acidum tannicum	Gerbsäure	85
Acidum tartaricum	Weinsäure	87
Acidum trichloraceticum	Trichloressigsäure	83

Lateinische Bezeichnung	Deutsche Bezeichnung	Verbindlichkeitsjahr
Acriflavinium chloratum	Acriflaviniumchlorid	87
Adeninum sulfuricum	Adeninsulfat	83
Adenovirus-Testantigen	Adenovirus-Testantigen	83
Adeps Cacao	Kakaofett	87
Adeps suillus	Schweinefett	85
Aethanolum	Äthanol	75
Ethanolum	*Ethanol*	
Aethanolum absolutum	Absolutes Äthanol	75
Ethanolum absolutum	*Absolutes Ethanol*	
Agar	Agar	87
Agar für Kulturmedien	Agar für Kulturmedien	87
Ajmalinum	Ajmalin	87
Alaninum	Alanin	87
Albuminum tannicum	Albumintannat	87
Alcohol polyvinylicus	Polyvinylalkohol	75
Alcohol stearylicus	Stearylalkohol	87
Alcoholes emulsificantes	Emulgierende Alkohole	87
Alcoholes emulsificantes non ionogeni	Nichtionogene emulgierende Alkohole	87
Allopurinolum	Allopurinol	83
Allylisothiocyanatum	Allylisothiocyanat	85
Almasilatum	Almasilat	87
Alumen	Alaun	87
Aluminium chloratum	Aluminiumchlorid	87
Aluminium stearinicum	Aluminiumstearat	85
Aluminium sulfuricum	Aluminiumsulfat	87
Ambazonum	Ambazon	87
Amfetaminilum	Amfetaminil	83
Aminochincarbamidum dihydrochloricum	Aminochinkarbamiddihydrochlorid	75
Aminoquinuridum dihydrochloricum	*Aminoquinuriddihydrochlorid*	
Aminophyllinum	Aminophyllin	85
Ammonium bromatum	Ammoniumbromid	87
Ammonium chloratum	Ammoniumchlorid	75
Ammonium sulfobituminosum	Ammoniumsulfobituminat	87
Ammonium thiocyanatum	Ammoniumthiocyanat	83
Ampicillinum	Ampicillin	83
Ampicillinum trihydratum	Ampicillintrihydrat	83
Amylum Maidis	Maisstärke	75
Amylum Solani	Kartoffelstärke	75
Amylum Tritici	Weizenstärke	75
Anthrarobinum	Anthrarobin	87
Anti-Humanglobulinserum	Anti-Humanglobulinserum	83
Antistreptolysin-O-Standardserum	Antistreptolysin-O-Standardserum	75
Aprobarbitalum	Aprobarbital	75
Aprotinin	Aprotinin	85
Aqua	Wasser	83
Aqua ad injectionem	Wasser zur Injektion	83
Argentum diacetylotannicum proteinicum	Diacetylannin-Protein-Silber	83

Lateinische Bezeichnung	Deutsche Bezeichnung	Verbindlichkeitsjahr
Argentum nitricum	Silbernitrat	85
Argentum proteinicum	Protein-Silber	83
Argininum hydrochloricum	Argininhydrochlorid	87
Ascorbylium palmitinicum	Ascorbylpalmitat	83
Atropinum	Atropin	85
Atropinum methobromatum	Atropinmethobromid	85
Atropinum sulfuricum	Atropinsulfat	83
Azidamfenicolum	Azidamfenicol	85
Baclofenum	Baclofen	87
Balsamum peruvianum	Perubalsam	75
Barbitalum	Barbital	75
Barbitalum Natrium	Barbital-Natrium	75
Barium sulfuricum	Bariumsulfat	87
Baumwolle, gereinigte	s. Gereinigte Baumwolle	
BCG-Impfstoff	BCG-Impfstoff	83
Bemegridum	Bemegrid	87
Bendamustinum hydrochloricum	Bendamustinhydrochlorid	76
Bengalrosa-Natrium	Bengalrosa-Natrium	87
Benzalkonium chloratum	Benzalkoniumchlorid	83
Benzathinum Benzylpenicillinum	Benzathin-Benzylpenicillin	85
Benzinum	Benzin	87
Benzocainum	Benzocain	85
Benzoylperoxid	Benzoylperoxid	85
Benzylium amygdalicum	Benzylmandelat	87
Benzylium benzoicum	Benzylbenzoat	87
Benzylium nicotinicum	Benzylnicotinat	87
Benzylpenicillinum Kalium	Benzylpenicillin-Kalium	85
Benzylpenicillinum Natrium	Benzylpenicillin-Natrium	85
Benzylpenicillinum Procainum	Benzylpenicillin-Procain	85
Bisacodylum	Bisacodyl	87
Bismutum subcarbonicum	Basisches Bismutcarbonat	85
Bismutum subgallicum	Basisches Bismutgallat	85
Bismutum subnitricum	Basisches Bismutnitrat	87
Bismutum subsalicylicum	Basisches Bismutsalicylat	87
Bismutum tribromphenolicum	Bismuttribromphenolat	85
Blutgruppentestreagens „Anti-A_1“	Blutgruppentestreagens „Anti-A_1“	83
Blutgruppentestreagens „Anti-H“	Blutgruppentestreagens „Anti-H“	83
Blutgruppentestserum „Anti-A“	Blutgruppentestserum „Anti-A“	83
Blutgruppentestserum „Anti-A und Anti-B“	Blutgruppentestserum „Anti-A und Anti-B“	83
Blutgruppentestserum „Anti-B“	Blutgruppentestserum „Anti-B“	83
Blutgruppentestserum „Anti-c“	Blutgruppentestserum „Anti-c“	83
Blutgruppentestserum „Anti-D“	Blutgruppentestserum „Anti-D“	83
Blutgruppentestserum „Anti-E“	Blutgruppentestserum „Anti-E“	83
Blutgruppentestserum „Anti-K“	Blutgruppentestserum „Anti-K“	83
Blutgruppentestserum „Anti-M“	Blutgruppentestserum „Anti-M“	83
Blutgruppentestserum „Anti-N“	Blutgruppentestserum „Anti-N“	83

Lateinische Bezeichnung	Deutsche Bezeichnung	Verbindlichkeitsjahr
Blutgruppentestserum „Anti-P_1“	Blutgruppentestserum „Anti-P_1“	83
Blutstabilisator	Blutstabilisator	75
Bolus alba	Weißer Ton	85
Botulinum-AB-Antitoxin	Botulinum-AB-Antitoxin	75
Botulinum-ABE-Antitoxin	Botulinum-ABE-Antitoxin	75
Brillantgrün	Brillantgrün	83
Bupivacainum hydrochloricum	Bupivacainhydrochlorid	87
Butaperazinum dibimaleinicum	Butaperazindibimaleinat	75
Butaperazinum dihydrogenmaleinicum	*Butaperazindihydrogenmaleat*	
Butonatum	Butonat	78
Butylbiguanidum tosilatum	Butylbiguanidtosilat	83
Butylhydroxytoluenum	Butylhydroxytoluen	85

Band 3

Cafaminolum	Cafaminol	83
Calcaria chlorata	Chlorkalk	85
Calcium carbonicum	Calciumcarbonat	85
Calcium carbonicum crudum	Rohes Calciumcarbonat	85
Calcium carbonicum leve	Leichtes Calciumcarbonat	85
Calcium chloratum	Calciumchlorid	87
Calcium citricum	Calciumcitrat	85
Calcium dobesilatum	Calciumdobesilat	83
Calcium gluconicum	Calciumgluconat	85
Calcium glycerolum phosphoricum	Calciumglycerolphosphat	85
Calcium hydrogenphosphoricum	Calciumhydrogenphosphat	85
Calcium hydroxidatum	Calciumhydroxid	85
Calcium hydroxidatum ad absorptionem	Calciumhydroxid zur Absorption	85
Calcium lacticum	Calciumlactat	85
Calcium pantothenicum	Calciumpantothenat	87
Calcium propionicum	Calciumpropionat	87
Calcium saccharicum	Calciumsaccharat	83
Calcium sulfuricum ustum	Gebranntes Calciumsulfat	85
Calcium valproicum	Calciumvalproat	85
Camphora	Campher	85
Cantharides	*Canthariden*	75
Capsulae Cyanocobalamini (^{57}Co)	*Cyanocobalamin(^{57}Co)-Kapseln*	75
Carbacholum	Carbachol	83
Carbamazepinum	Carbamazepin	85
Carbamidum	Carbamid	85
Carbamidum peroxidatum	Carbamidperoxid	85
Carbarilum	Carbaril	85
Carbo medicinalis	Medizinische Kohle	87
Carboneum tetrachloratum	Tetrachlorkohlenstoff	87
Carmellosum Natrium	Carmellose-Natrium	87
DL-Cathinum hydrochloricum	DL-Cathinhydrochlorid	85

Lateinische Bezeichnung	Deutsche Bezeichnung	Verbindlichkeitsjahr
DL-Cathinum Phenobarbitalum	DL-Cathin-Phenobarbital	87
Cera Carnauba	Carnaubawachs	87
Cera flava	Gelbes Wachs	87
Cera Lanae	Wollwachs	75
Cera Lanae cruda	Rohes Wollwachs	87
Cera perliquida	Dünnflüssiges Wachs	87
Cera subliquida	Dickflüssiges Wachs	87
Cetaceum	Walrat	87
Chinidinum sulfuricum	Chinidinsulfat	85
Chininum hydrochloricum	Chininhydrochlorid	85
Chirurgisches nichtresorbierbares Näh- und Unterbindungsmaterial	Chirurgisches nichtresorbierbares Näh- und Unterbindungsmaterial	87
Chirurgisches resorbierbares Näh- und Unterbindungsmaterial	Chirurgisches resorbierbares Näh- und Unterbindungsmaterial	87
Chloralum hydratum	Chloralhydrat	87
Chloramphenicolum	Chloramphenicol	85
Chloramphenicolum palmitinicum	Chloramphenicolpalmitat	85
Chloramphenicolum succinicum	Chloramphenicolsuccinat	85
Chlordehydromethyltestosteronum	Chlordehydromethyltestosteron	83
Chlordiazepoxidum	Chlordiazepoxid	85
Chlorindionum *Clorindionum*	Chlorindion *Clorindion*	75
Chlormadinonum aceticum	Chlormadinonacetat	85
Chlorobutanolum	Chlorobutanol	87
Chlorocresolum	Chlorocresol	85
Chloroformium	Chloroform	87
Chloroquinum diphosphoricum	Chloroquindiphosphat	87
Chlorphenaethazinum hydrochloricum *Chlorphenethazinum hydrochloricum*	Chlorphenäthazinhydrochlorid *Chlorphenethazinhydrochlorid*	75
Chlorphenethazinum hydrogenmalonicum	Chlorphenethazinhydrogenmalonat	85
Chlorphenolum	Chlorphenol	87
Chlorpromazinum hydrochloricum	Chlorpromazinhydrochlorid	87
Cholesterolum	Cholesterol	85
Cholinum chloratum	Cholinchlorid	87
Choriongonadotropinum	Choriongonadotropin	75
Chromium trioxidatum	Chromium(VI)-oxid	87
Chrysoidinum hydrochloricum	Chrysoidinhydrochlorid	87
Clenbuterolum hydrochloricum	Clenbuterolhydrochlorid	85
Clomipraminum hydrochloricum	Clomipraminhydrochlorid	83
Clonazepamum	Clonazepam	83
Clonidinum hydrochloricum	Clonidinhydrochlorid	83
Clorofenum	Clorofen	85
Cobaltum chloratum	Cobalt(II)-chlorid	85
Cocainum hydrochloricum	Cocainhydrochlorid	87
Codeinum phosphoricum	Codeinphosphat	87
Coffeinum	Coffein	83
Coffeinum citricum	Coffeincitrat	83

Lateinische Bezeichnung	Deutsche Bezeichnung	Verbindlichkeitsjahr
Coffeinum Natrium salicylicum	Coffein-Natriumsalicylat	83
Colchicinum	*Colchicin*	75
Colecalciferolum	Colecalciferol	87
Collodium	Collodium	87
Cortex Frangulae	Faulbaumrinde	75
Cortex Quercus	Eichenrinde	75
Corticotropinum	*Corticotropin*	75
Cresolum	Cresol	87
Cresolum crudum	Rohes Cresol	87
Crotylbarbitalum	*Crotylbarbital*	75
Cuprum sulfuricum	Kupfer(II)-sulfat	75
Cuprum sulfuricum crudum	Rohes Kupfer(II)-sulfat	75
Cyanocobalaminum	*Cyanocobalamin*	75
Cyanocobalaminum(^{58}Co)	*Cyanocobalamin(^{58}Co)*	75
Cyclobarbitalum Calcium	Cyclobarbital-Calcium	87
Cyclodrinum hydrochloricum	Cyclodrinhydrochlorid	87
Cyclophosphamidum	Cyclophosphamid	83
Demelverinum hydrochloricum	Demelverinhydrochlorid	75
Denaverinum hydrochloricum	Denaverinhydrochlorid	83
Desipraminum hydrochloricum	Desipraminhydrochlorid	78
Deslanosidum	Deslanosid	75
Desoxycortonum aceticum	Desoxycortonacetat	85
Detajmium hydrogentartaricum	Detajmiumhydrogentartrat	87
Dexamethasonum	Dexamethason	85
Dexpanthenolum	Dexpanthenol	78
Dextrinum album	Weißes Dextrin	75
Diacetylaminoazotoluenum	Diacetylaminoazotoluen	87
Diazepamum	Diazepam	85
Dichlorbenzenum	Dichlorbenzen	87
Dichlorvosum	Dichlorvos	83
Diclofenacum Natrium	Diclofenac-Natrium	87
Diethylaminoethanolum	Diethylaminoethanol	87
Digitoxinum	Digitoxin	75
Digoxinum	Digoxin	75
Dihydralazinum sulfuricum	Dihydralazinsulfat	85
Dihydrocodeinum bitartaricum	Dihydrokodeinbitartrat	75
Dihydrocodeinum hydrogentartaricum	*Dihydrocodeinhydrogentartrat*	
Dihydroergocorninmesilat-Dihydroergocryptinmesilat-Mischung	Dihydroergocorninmesilat-Dihydroergocryptinmesilat-Mischung	83
Dihydroergotaminum mesilatum	Dihydroergotaminmesilat	83
Dihydrostreptomycinum sulfuricum	Dihydrostreptomycinsulfat	87
Dihydrotachysterolum	Dihydrotachysterol	75
Diisopropylaminum dichloraceticum	Diisopropylamindichloracetat	87
Diisopropylaminum hydrochloricum	Diisopropylaminhydrochlorid	75
Dikalium hydrogenphosphoricum	Dikaliumhydrogenphosphat	75

Lateinische Bezeichnung	Deutsche Bezeichnung	Verbindlichkeitsjahr
Dimeticonum 200	Dimeticon 200	87
Dinatrium hydrogenphosphoricum	Dinatriumhydrogenphosphat	75
Dinatriumpentacyanonitrosylferrat(II)	Dinatriumpentacyanonitrosylferrat(II)	85
Dinitrogenium oxydatum	Distickstoffoxid	75
Dinitrogenium oxidatum	Distickstoffoxid	
Dioxopromethazinum hydrochloricum	Dioxopromethazinhydrochlorid	75
Diphenhydraminum hydrochloricum	Diphenhydraminhydrochlorid	83
Diphtherie-Antitoxin	Diphtherie-Antitoxin	75
Diphtherie-Pertussis-Tetanus-Adsorbatimpfstoff	Diphtherie-Pertussis-Tetanus-Adsorbatimpfstoff	75
Diphtherie-Tetanus-Adsorbatimpfstoff	Diphtherie-Tetanus-Adsorbatimpfstoff	75
Dipiproverinum dihydrochloricum	Dipiproverindihydrochlorid	75
Dipyridamolum	Dipyridamol	83
Disulfiramum	Disulfiram	83
Dithranolum	Dithranol	75
Dopaminum hydrochloricum	Dopaminhydrochlorid	85
Dropempinum hydrochloricum	Dropempinhydrochlorid	76
Eosinum Natrium	Eosin-Natrium	76
DL-Ephedrinum	DL-Ephedrin	85
DL-Ephedrinum hydrochloricum	DL-Ephedrinhydrochlorid	85
DL-Ephedrinum thiocyanatum	DL-Ephedrinthiocyanat	85
Epinephrinum hydrogentartaricum	Epinephrinhydrogentartrat	85
Ergocalciferolum	*Ergocalciferol*	75
Ergometrinum hydrogenmaleinicum	Ergometrinhydrogenmaleat	83
Ergotaminum tartaricum	Ergotamintartrat	83
Erythrosin-Natrium	Erythrosin-Natrium	83
Estradiolum benzoicum	Estradiolbenzoat	85
Estradiolum valerianicum	Estradiolvalerat	85
Estriolum	Estriol	85
Ethacridinum lacticum	Ethacridinlactat	83
Ethambutolum dihydrochloricum	Ethambutoldihydrochlorid	85
Ethanolum Benzino denaturatum	Benzinvergälltes Ethanol	83
Ethanolum Camphora denaturatum	Camphervergälltes Ethanol	83
Ethanol-Wasser-Mischungen	Ethanol-Wasser-Mischungen	85
Ethanol-Wasser-Mischungen mit Vergällungsmittel	Ethanol-Wasser-Mischungen mit Vergällungsmittel	85
Ether	Ether	87
Ethinylestradiolum	Ethinylestradiol	85
Ethinylestradiolum propansulfonicum	Ethinylestradiolpropansulfonat	85
Ethosuximidum	Ethosuximid	85
Ethylbenzhydraminum hydrochloricum	Ethylbenzhydraminhydrochlorid	85
Ethylbutylthiobarbitalum Natrium	Ethylbutylthiobarbital-Natrium	85
Ethylendiaminum	Ethylendiamin	85
Ethylium aceticum	Ethylacetat	85
Ethylium bromisovalerianicum	Ethylbromisovalerat	87
Ethylium chloratum	Ethylchlorid	85

Lateinische Bezeichnung	Deutsche Bezeichnung	Verbindlichkeitsjahr
Ethylium hydroxybenzoicum	Ethylhydroxybenzoat	85
Ethylium oleinicum	Ethyloleat	87
Ethylmorphinum hydrochloricum	Ethylmorphinhydrochlorid	87
Etilefrinum hydrochloricum	Etilefrinhydrochlorid	85
Etofyllinum	Etofyllin	87
Etoloxaminum hydrochloricum	Etoloxaminhydrochlorid	85
Etomidatum	Etomidat	85
Eugenolum	Eugenol	87
Extractum Belladonnae	Tollkirschenextrakt	75
Extractum Chamomillae fluidum	Kamillenfluidextrakt	75
Extractum Frangulae	Faulbaumextrakt	75
Extractum Liquiritiae	Süßholzextrakt	75
Extractum Liquiritiae spissum	Dickflüssiger Süßholzextrakt	83
Extractum Salviae fluidum	Salbeifluidextrakt	75
Extractum Thymi fluidum	Thymianfluidextrakt	75
Extractum Valerianae fluidum	Baldrianfluidextrakt	75
Ferrum Ammonium sulfuricum	Ammoniumeisen(II)-sulfat	85
Ferrum glycerolum phosphoricum	Eisen(III)-glycerolphosphat	85
Ferrum pulveratum	Gepulvertes Eisen	85
Ferrum sulfuricum	Eisen(II)-sulfat	85
Ferrum sulfuricum siccatum	Getrocknetes Eisen(II)-sulfat	85
Flores Arnicae	Arnikablüten	75
Flores Calendulae	Ringelblumenblüten	75
Flores Chamomillae	Kamillenblüten	87
Flores Sambuci	Holunderblüten	75
Flores Tiliae	Lindenblüten	75
Flumetasonum pivalicum	Flumetasonpivalat	85
Fluoresceinum Natrium	Fluorescein-Natrium	83
Fluorphenylalaninum	Fluorphenylalanin	76
Fluphenazinum dihydrochloricum	Fluphenazindihydrochlorid	78
Folia Betulae	Birkenblätter	75
Folia Hamamelidis	Hamamelisblätter	75
Folia Hederae	Efeublätter	75
Folia Melissae	Melissenblätter	75
Folia Menthae piperitae	Pfefferminzblätter	75
Folia Salviae	Salbeiblätter	75
Folia Sennae	Sennesblätter	75
Folia Thymi	Thymianblätter	75
Folliculotropinum	*Folliculotropin*	75
Fominobenum hydrochloricum	Fominobenhydrochlorid	83
Formylsulfisomidinum	Formylsulfisomidin	85
Fosfestrolum Natrium	Fosfestrol-Natrium	85
Fructosum	Fructose	85
Fructosum depuratum	Besonders gereinigte Fructose	85
Fructus Capsici	Spanischpfefferfrüchte	75
Fructus Carvi	Kümmelfrüchte	75

Lateinische Bezeichnung	Deutsche Bezeichnung	Verbindlichkeitsjahr
Fructus Ceratoniae	Johannisbrot	75
Fructus Cynosbati	Hagebutten	75
Fructus Foeniculi	Fenchelfrüchte	87
Fructus Sennae	Sennesfrüchte	75
Fucus	Tang	75
Furazolidonum	Furazolidon	75

Band 4

Galactosum	Galactose	85
Gallaminum triethiodidum	Gallamintriethiodid	87
Gelatina	Gelatine	75
Gereinigte Baumwolle	Gereinigte Baumwolle	87
Glibenclamidum	Glibenclamid	85
Glucosum	*Glucose*	75
Glucosum anhydricum depuratum	Besonders gereinigte wasserfreie Glucose	83
Glucosum depuratum	Besonders gereinigte Glucose	87
Glycerolum	*Glycerol*	75
Glycerolum stearinicum	Glycerolstearat	83
Griseofulvin-Trockenmyzel	Griseofulvin-Trockenmyzel	75
Griseofulvinum	Griseofulvin	75
Guajacolum	*Guajacol*	75
Guajazulenum	Guajazulen	75
Guanosinum	Guanosin	85
Guanoxanum sulfuricum	Guanoxansulfat	75
Gummi arabicum	Arabisches Gummi	75
Halothanum	Halothan	87
Hämolysin gegen Schaferythrozyten	Hämolysin gegen Schaferythrozyten	75
Herba Absinthii	Wermutkraut	75
Herba Belladonnae	Tollkirschenkraut	75
Herba Chelidonii	Schöllkraut	75
Herba Droserae	Sonnentaukraut	75
Herba Equiseti	Schachtelhalmkraut	75
Herba Millefolii	Schafgarbenkraut	75
Herba Plantaginis lanceolatae	Spitzwegerichkraut	75
Hexobarbitalum	Hexobarbital	83
Hexobarbitalum Natrium	Hexobarbital-Natrium	83
Hirudo	Blutegel	75
Histaminum dihydrochloricum	Histamindihydrochlorid	75
Homatropinum hydrobromicum	Homatropinhydrobromid	83
Human-Immunglobulin „Anti-D“	Human-Immunglobulin „Anti-D“	78
Human-Immunglobulin „Anti-Tetanus“	Human-Immunglobulin „Anti-Tetanus“	75
Human-Immunglobulin „Anti-Vaccinia“	Human-Immunglobulin „Anti-Vaccinia“	75
Human-Immunglobulin zur intramuskulären Injektion	Human-Immunglobulin zur intramuskulären Injektion	76

Lateinische Bezeichnung	Deutsche Bezeichnung	Verbindlichkeitsjahr
Human-Trockenplasma	Human-Trockenplasma	75
Human-Zitratblut	Human-Zitratblut	75
Human-Citratblut	*Human-Citratblut*	
Hydrargyrum	Quecksilber	87
Hydrargyrum bichloratum	Quecksilber(II)-chlorid	87
Hydrargyrum oxycyanatum	Quecksilber(II)-oxidcyanid	87
Hydrargyrum praecipitatum album	Weißes Quecksilberpräzipitat	75
Hydrargyrum sulfuratum rubrum	Rotes Quecksilber(II)-sulfid	75
Hydrochinonum	Hydrochinon	83
Hydrochlorothiazidum	Hydrochlorothiazid	83
Hydrocortisonum	Hydrocortison	87
Hydroxychinolinum	Hydroxychinolin	85
Hydroxychinolinum sulfuricum	Hydroxychinolinsulfat	75
Hydroxydiphenylmethanum	Hydroxydiphenylmethan	83
Hydroxyethylcellulosum	Hydroxyethylcellulose	85
Hydroxymethylpyridinum	Hydroxymethylpyridin	75
Hydroxyprogesteronum caproicum	Hydroxyprogesteroncaproat	85
Hyoscyaminum	Hyoscyamin	83
Imipraminum hydrochloricum	Imipraminhydrochlorid	75
Indigokarmin	Indigokarmin	75
Indometacinum	Indometacin	87
Indozyaningrün	Indozyaningrün	75
Indocyaningrün	*Indocyaningrün*	
Influenzavirus-Testantigen	Influenzavirus-Testantigen	83
Injectio Auri(^{198}Au) colloidalis	Gold(^{198}Au)kolloid-Injektionslösung	75
Injectio Chromii(^{51}Cr) trichlorati	*Chromium(^{51}Cr)-trichlorid-Injektionslösung*	75
Injectio Dihydralazini dimethansulfonici	Dihydralazindimethansulfonat-Injektionslösung	75
Injectio Ferri(^{59}Fe) ascorbici	Eisen(^{59}Fe)-ascorbat-Injektionslösung	83
Injectio Ferri(^{59}Fe) chlorati	Eisen(^{59}Fe)-chlorid-Injektionslösung	75
Injectio Ferri(^{59}Fe) citrici	*Eisen(^{59}Fe)-citrat-Injektionslösung*	75
Injectio Humanserumalbumini(^{125}J)	Humanserumalbumin(^{125}J)-Injektionslösung	78
Humanserumalbumin(^{125}I)-Injektionslösung	*Humanserumalbumin(^{125}I)-Injektionslösung*	
Injectio Humanserumalbumini(^{131}J)	Humanserumalbumin(^{131}J)-Injektionslösung	75
Humanserumalbumin(^{131}I)-Injektionslösung	*Humanserumalbumin(^{131}I)-Injektionslösung*	
Injectio Indii(^{113m}In) chlorati	Indium(^{113m}In)-chlorid-Injektionslösung	83
Injectio Kalii(^{42}K) chlorati	Kalium(^{42}K)-chlorid-Injektionslösung	75
Injectio Macrisalbi(^{131}J)	Makrisalb(^{131}J)-Injektionslösung	75
Injectio Macrosalbi(^{131}I)	*Macrosalb(^{131}I)-Injektionslösung*	
Injectio Natrii bromati(^{82}Br)	Natriumbromid(^{82}Br)-Injektionslösung	83
Injectio Natrii(^{24}Na) chlorati	Natrium(^{24}Na)-chlorid-Injektionslösung	75
Injectio Natrii chlorati isotonica	Isotonische Natriumchlorid-Injektionslösung	83
Injectio Natrii chromici(^{51}Cr)	Natriumchromat(^{51}Cr)-Injektionslösung	75
Injectio Natrii jodati(^{125}J)	Natriumjodid(^{125}J)-Injektionslösung	78
Injectio Natrii iodati(^{125}I)	*Natriumiodid(^{125}I)-Injektionslösung*	

Lateinische Bezeichnung	Deutsche Bezeichnung	Verbindlichkeitsjahr
Injectio Natrii jod(^{125}J)-hippurici	Natrium-2-jod(^{125}J)-hippurat-Injektionslösung	78
Injectio Natrii iodo(^{125}I)-hippurici	*Natrium-iodo(^{125}I)-hippurat-Injektionslösung*	
Injectio Natrii jod(^{131}J)-hippurici	Natrium-2-jod(^{131}J)-hippurat-Injektionslösung	75
Injectio Natrii iodo(^{131}I)-hippurici	*Natrium-iodo(^{131})-hippurat-Injektionslösung*	
Injectio Natrii pertechnetici(^{99m}Tc)	Natriumpertechnetat(^{99m}Tc)-Injektionslösung	83
Injectio Natrii phosphorici(^{32}P)	Natriumphosphat(^{32}P)-Injektionslösung	75
Injectio L-Seleno(^{75}Se)-methionini	L-Seleno(^{75}Se)-methionin-Injektionslösung	83
Injectio Sulfobromphthaleini(^{131}J) Natrii	Sulfobromphthalein(^{131}J)-Natrium-Injektionslösung	76
Injectio Sulfobromphthaleini(^{131}I) Natrii	*Sulfobromphthalein(^{131}I)-Natrium-Injektionslösung*	
Injectio Ytterbii(^{169}Yb) citrici	Ytterbium(^{169}Yb)-citrat-Injektionslösung	83
Insulinum	Insulin	83
Iodoformium	Iodoform	87
Iodum	Iod	87
Iprazochromum	Iprazochrom	78
Isobornylium aceticum	Isobornylacetat	87
Isoniazidum	Isoniazid	75
Isoprenalinum sulfuricum	Isoprenalinsulfat	85
Isopropanolum	Isopropanol	75
Kalium aceticum	Kaliumacetat	87
Kalium bromatum	Kaliumbromid	75
Kalium carbonicum	Kaliumcarbonat	87
Kalium chloratum	Kaliumchlorid	75
Kalium citricum	Kaliumcitrat	87
Kalium dihydrogenphosphoricum	Kaliumdihydrogenphosphat	75
Kalium hydrogencarbonicum	Kaliumhydrogencarbonat	87
Kalium hydroxidatum	Kaliumhydroxid	87
Kalium iodatum	Kaliumiodid	87
Kalium nitricum	Kaliumnitrat	75
Kalium perchloricum	Kaliumperchlorat	75
Kalium permanganicum	Kaliumpermanganat	75
Kalium pyrosulfurosum	Kaliumpyrosulfit	75
Kalium sulfuricum	Kaliumsulfat	75
Kardiolipin-Antigen für die Komplementbindungsreaktion	Kardiolipin-Antigen für die Komplementbindungsreaktion	75
Kardiolipin-Antigen für die Mikroflockungsreaktion	Kardiolipin-Antigen für die Mikroflockungsreaktion	75
Ketaminum hydrochloricum	Ketaminhydrochlorid	87
Koniferenöl 50	Koniferenöl 50	75
Kreosotum	Kreosot	75

Lateinische Bezeichnung	Deutsche Bezeichnung	Verbindlichkeitsjahr
Lactosum	Lactose	83
Laevothyroxinum	Lävothyroxin	75
Levothyroxinum	*Levothyroxin*	
Lanatosidum C	Lanatosid C	75
Lanolinum	Lanolin	75
Levonorgestrelum	Levonorgestrel	83
Lichen islandicus	Isländisches Moos	75
Lidocainum	Lidocain	83
Lindanum	Lindan	83
Liothyroninum	Liothyronin	75
Lithium citricum	*Lithiumcitrat*	75
Lysinum hydrochloricum	Lysinhydrochlorid	76
Macrogolum 600	Macrogol 600	87
Macrogolum 1500	Macrogol 1500	87
Macrogolum 5000	Macrogol 5000	87
Macrogolum 35000	Macrogol 35000	87
Mafenidum hydrochloricum	Mafenidhydrochlorid	75
Magnesium adipinicum	Magnesiumadipat	83
Magnesium chloratum	Magnesiumchlorid	75
Magnesium nicotinicum	Magnesiumnicotinat	83
Magnesium oxidatum	Magnesiumoxid	83
Magnesium stearinicum	Magnesiumstearat	75
Magnesium subcarbonicum	Basisches Magnesiumcarbonat	83
Magnesium sulfuricum	Magnesiumsulfat	75
Magnesium sulfuricum siccatum	Getrocknetes Magnesiumsulfat	85
Manganum chloratum	Mangan(II)-chlorid	75
Manganum sulfuricum	Mangan(II)-sulfat	75
Mannitolum	Mannitol	85
Masern-Impfstoff	Masern-Impfstoff	87
Massa suppositoriorum 15	Zäpfchenmasse 15	75
Mechlorphenoxatum hydrochloricum	Mechlorphenoxathydrochlorid	75
Meclofenoxatum hydrochloricum	*Meclofenoxathydrochlorid*	
Medazepamum	Medazepam	87
Megluminum	Meglumin	75
Menadionum Natrium bisulfurosum	Menadion-Natriumbisulfit	75
Mentholum	Menthol	75
Mephenesinum	Mephenesin	75
Mephenterminum hydrochloricum	Mephenterminhydrochlorid	83
Meprobamatum	Meprobamat	83
Merbrominum	Merbromin	85
Mesterolonum	Mesterolon	85
Mestranolum	Mestranol	85
Metamizolum Natrium	Metamizol-Natrium	87
Methamphetaminum hydrochloricum	Methamphetaminhydrochlorid	83
Metamfetaminum hydrochloricum	*Metamfetaminhydrochlorid*	
Methaqualonum	Methaqualon	83

Lateinische Bezeichnung	Deutsche Bezeichnung	Verbindlichkeitsjahr
Methenaminum	Methenamin	78
DL-Methioninum	DL-Methionin	83
L-Methioninum	L-Methionin	83
Methochlorpramidum hydrochloricum	Methochlorpramidhydrochlorid	76
Metoclopramidum hydrochloricum	*Metoclopramidhydrochlorid*	
Methylacetamidum	*Methylacetamid*	75
Methylephedrinum hydrochloricum	Methylephedrinhydrochlorid	85
Methylergometrinum hydrogenmaleinicum	Methylergometrinhydrogenmaleat	83
Methylium hydroxybenzoicum	Methylhydroxybenzoat	87
Methylium salicylicum	Methylsalicylat	87
Methylphenobarbitalum	Methylphenobarbital	75
Methylrosanilinium chloratum	Methylrosaniliniumchlorid	75
Methyltestosteronum	Methyltestosteron	85
Methylthioninium chloratum	Methylthioniniumchlorid	78
Methylthiouracilum	*Methylthiouracil*	75
Metriphonatum	Metriphonat	75
Metrifonatum	*Metrifonat*	
Metronidazolum	Metronidazol	87
Mischwatte	Mischwatte	75
Morphinum hydrochloricum	Morphinhydrochlorid	75
Mumpsvirus-Testantigen	Mumpsvirus-Testantigen	83
Mycoplasma-pneumoniae-Testantigen	Mycoplasma-pneumoniae-Testantigen	83
Myrrha	Myrrhe	75

Band 5

Lateinische Bezeichnung	Deutsche Bezeichnung	Verbindlichkeitsjahr
Näh- und Unterbindungsmaterial, chirurgisches nichtresorbierbares	s. Chirurgisches nichtresorbierbares Näh- und Unterbindungsmaterial	
Näh- und Unterbindungsmaterial, chirurgisches resorbierbares	s. Chirurgisches resorbierbares Näh- und Unterbindungsmaterial	
Nandrolonum decanoicum	Nandrolondecanoat	85
Nandrolonum phenylpropionicum	Nandrolonphenylpropionat	85
Naphazolinum hydrochloricum	Naphazolinhydrochlorid	75
Naphthalinum	Naphthalin	75
Naphthalenum	*Naphthalen*	
β-Naphtholum	β-Naphthol	75
Natrium aceticum	*Natriumacetat*	75
Natrium alkansulfonicum	Natriumalkansulfonat	85
Natrium benzoicum	Natriumbenzoat	75
Natrium bromatum	Natriumbromid	75
Natrium carbonicum	*Natriumcarbonat*	75
Natrium carbonicum siccatum	*Getrocknetes Natriumcarbonat*	75
Natrium carboxymethylamylopectinum	Natriumcarboxymethylamylopectin	83
Natrium chloratum	Natriumchlorid	75
Natrium citricum	*Natriumcitrat*	75
Natrium cyclamicum	Natriumcyclamat	85

Lateinische Bezeichnung	Deutsche Bezeichnung	Verbindlichkeitsjahr
Natrium dihydrogenphosphoricum	Natriumdihydrogenphosphat	75
Natrium edeticum	Natriumedetat	85
Natrium fluoratum	Natriumfluorid	75
Natrium hydrogencarbonicum	Natriumhydrogencarbonat	85
Natrium hydrogencarbonicum depuratum	*Besonders gereinigtes Natriumhydrogencarbonat*	75
Natrium hydroxidatum	Natriumhydroxid	83
Natrium methylarsonicum	Natriummethylarsonat	75
Natrium nitrosum	Natriumnitrit	75
Natrium propionicum	Natriumpropionat	75
Natrium pyrosulfurosum	Natriumpyrosulfit	75
Natrium salicylicum	*Natriumsalicylat*	75
Natrium sulfuricum	Natriumsulfat	75
Natrium sulfurosum	Natriumsulfit	75
Natrium tetraboricum	Natriumtetraborat	87
Natrium thiosulfuricum	Natriumthiosulfat	75
Neomycinum sulfuricum	Neomycinsulfat	83
Neostigminum bromatum	Neostigminbromid	83
Neostigminum metilsulfuricum	Neostigminmetilsulfat	83
Nichtresorbierbares Näh- und Unterbindungsmaterial, chirurgisches	s. Chirurgisches nichtresorbierbares Näh- und Unterbindungsmaterial	
Nicotinamidum	*Nicotinamid*	75
Nifedipinum	Nifedipin	87
Nitrazepamum	Nitrazepam	85
Nitrofuralum	Nitrofural	83
Nitrofurantoinum	Nitrofurantoin	75
Norepinephrinum hydrogentartaricum	Norepinephrinhydrogentartrat	85
Norethisteronum aceticum	Norethisteronacetat	85
Normethadonum hydrochloricum	Normethadonhydrochlorid	75
Noxiptilinum hydrochloricum	Noxiptilinhydrochlorid	76
Nystatinum	Nystatin	83
Obidoximum chloratum	Obidoximchlorid	85
Ödematiens-Antitoxin	Ödematiens-Antitoxin	75
Oleum Anisi	Anisöl	75
Oleum Arachidis	Erdnußöl	83
Oleum Calami	Kalmusöl	75
Oleum Cantharidis	*Cantharidenöl*	75
Oleum Carvi	Kümmelöl	87
Oleum Caryophylli	Nelkenstielöl	75
Oleum Cinnamomi camphorae	*Campherbaumöl*	75
Oleum Citri	*Citronenöl*	75
Oleum Citronellae	*Citronellöl*	75
Oleum Eucalypti	*Eucalyptusöl*	75
Oleum Foeniculi	Fenchelöl	87
Oleum Foeniculi 55	Fenchelöl 55	87
Oleum Helianth	Sonnenblumenöl	76
Oleum Juniperi	Wacholderbeeröl	75

Lateinische Bezeichnung	Deutsche Bezeichnung	Verbindlichkeitsjahr
Oleum Lauri	Lorbeeröl	75
Oleum Lavandulae	Lavendelöl	87
Oleum Lavandulae 35	Lavendelöl 35	87
Oleum Lini	Leinöl	75
Oleum Menthae	Minzenöl	75
Oleum Menthae piperitae	Pfefferminzöl	75
Oleum Olivarum	Olivenöl	75
Oleum Origani	Dostenöl	87
Oleum Origani 35	Dostenöl 35	87
Oleum Pedum Tauri	Rinderfußöl	75
Oleum Petroselini	Petersilienöl	87
Oleum Rapae	Rapsöl	75
Oleum Ricini	Rizinusöl	83
Oleum Rosmarini	Rosmarinöl	75
Oleum Salviae	Salbeiöl	75
Oleum Terebinthinae	Terpentinöl	75
Opium	Opium	75
Orciprenalinum sulfuricum	Orciprenalinsulfat	83
Oxaethacainum	Oxäthakain	75
Oxetacainum	*Oxetacain*	
Oxybuprocainum hydrochloricum	Oxybuprocainhydrochlorid	85
DL-Oxyfedrinum hydrochloricum	DL-Oxyfedrinhydrochlorid	85
Oxyphenisatinum	Oxyphenisatin	75
Oxytetracyclinum dihydratum	Oxytetracyclindihydrat	83
Oxytetracyclinum hydrochloricum	Oxytetracyclinhydrochlorid	85
Pancreátinum	Pankreatin	75
Panthenolum	Panthenol	78
Papaverinum hydrochloricum	Papaverinhydrochlorid	75
Paracetamolum	Paracetamol	87
Paraffinum durum	Hartes Paraffin	75
Paraffinum molle	Weiches Paraffin	75
Paraffinum perliquidum	Dünnflüssiges Paraffin	75
Paraffinum subliquidum	Dickflüssiges Paraffin	75
Paraformaldehydum	Paraformaldehyd	83
Parainfluenzavirus-1-Testantigen	Parainfluenzavirus-1-Testantigen	83
Paraldehydum	Paraldehyd	75
Pasta Zinci oxydati 50%	Zinkoxidpaste 50%	78
Pasta Zinci oxidati 50%	Zinkoxidpaste 50%	
Patentblau V	Patentblau V	78
Pentoxifyllinum	Pentoxifyllin	87
Pepsinum	Pepsin	78
Perfringens-Antitoxin	Perfringens-Antitoxin	75
Pericarpium Aurantii	Pomeranzenschale	75
Pertussis-Impfstoff	Pertussis-Impfstoff	75
Pethidinum hydrochloricum	Pethidinhydrochlorid	75

Lateinische Bezeichnung	Deutsche Bezeichnung	Verbindlichkeitsjahr
Phenacetinum	Phenacetin	87
Phenamacidum hydrochloricum	Phenamazidhydrochlorid	76
Phenazonum	Phenazon	75
Phendimetrazinum bitartaricum *Phendimetrazinum hydrogentartaricum*	Phendimetrazinbitartrat *Phendimetrazinhydrogentartrat*	75
Phenobarbitalum	Phenobarbital	87
Phenobarbitalum Natrium	Phenobarbital-Natrium	87
Phenolphthaleinum	Phenolphthalein	75
Phenolum	Phenol	75
Phenolum liquefactum	Verflüssigtes Phenol	75
Phenoxymethylpenicillinum	*Phenoxymethylpenicillin*	75
Phenoxymethylpenicillinum Benzathinum *Benzathinum Phenoxymethylpenicillinum*	Phenoxymethylpenizillin-Benzathin *Benzathin-Phenoxymethylpenicillin*	75
Phenprocumonum *Phenprocoumonum*	Phenprokumon *Phenprocoumon*	75
DL-Phenylalaninum	DL-Phenylalanin	83
L-Phenylalaninum	L-Phenylalanin	83
Phenylbutazonum	Phenylbutazon	85
Phenylium salicylicum	*Phenylsalicylat*	75
Phenylum Hydrargyrum boricum	Phenylquecksilber(II)-borat	75
Phenytoinum	Phenytoin	75
Pholedrinum hydrochloricum	Pholedrinhydrochlorid	83
Pholedrinum sulfuricum	Pholedrinsulfat	85
Phthalylsulfathiazolum	Phthalylsulfathiazol	85
Physostigminum salicylicum	*Physostigminsalicylat*	75
Pilocarpinum	Pilocarpin	87
Pilocarpinum hydrochloricum	Pilocarpinhydrochlorid	83
Pimozidum	Pimozid	85
Piperazinum adipinicum	Piperazinadipat	75
Pix Lithanthracis	Steinkohlenteer	83
Plasmaprotein-Antiserum zur Immunelektrophorese „Anti-Humanalbumin“	Plasmaprotein-Antiserum zur Immunelektrophorese „Anti-Humanalbumin“	76
Plasmaprotein-Antiserum zur Immunelektrophorese „Anti-Human-α_2-Makroglobulin“	Plasmaprotein-Antiserum zur Immunelektrophorese „Anti-Human-α_2-Makroglobulin“	76
Plasmaprotein-Antiserum zur Immunelektrophorese „Anti-Human-β-Lipoproteid“	Plasmaprotein-Antiserum zur Immunelektrophorese „Anti-Human-β-Lipoproteid“	78
Plasmaprotein-Antiserum zur Immunelektrophorese „Anti-Human-β_1C/β_1A-Globulin“	Plasmaprotein-Antiserum zur Immunelektrophorese „Anti-Human-β_1C/β_1A-Globulin“	78
Plasmaprotein-Antiserum zur Immunelektrophorese „Anti-Human-Fibrinogen“	Plasmaprotein-Antiserum zur Immunelektrophorese „Anti-Human-Fibrinogen“	76
Plasmaprotein-Antiserum zur Immunelektrophorese „Anti-Human-Gc“	Plasmaprotein-Antiserum zur Immunelektrophorese „Anti-Human-Gc“	76

Lateinische Bezeichnung	Deutsche Bezeichnung	Verbindlichkeitsjahr
Plasmaprotein-Antiserum zur Immunelektrophorese „Anti-Human-Haptoglobin“	Plasmaprotein-Antiserum zur Immunelektrophorese „Anti-Human-Haptoglobin“	78
Plasmaprotein-Antiserum zur Immunelektrophorese „Anti-Human-IgA“	Plasmaprotein-Antiserum zur Immunelektrophorese „Anti-Human-IgA“	75
Plasmaprotein-Antiserum zur Immunelektrophorese „Anti-Human-IgD“	Plasmaprotein-Antiserum zur Immunelektrophorese „Anti-Human-IgD“	83
Plasmaprotein-Antiserum zur Immunelektrophorese „Anti-Human-IgG“	Plasmaprotein-Antiserum zur Immunelektrophorese „Anti-Human-IgG“	75
Plasmaprotein-Antiserum zur Immunelektrophorese „Anti-Human-Ig(GAM)“	Plasmaprotein-Antiserum zur Immunelektrophorese „Anti-Human-Ig(GAM)“	75
Plasmaprotein-Antiserum zur Immunelektrophorese „Anti-Human-IgM“	Plasmaprotein-Antiserum zur Immunelektrophorese „Anti-Human-IgM“	75
Plasmaprotein-Antiserum zur Immunelektrophorese „Anti-Human-Serumproteine“	Plasmaprotein-Antiserum zur Immunelektrophorese „Anti-Human-Serumproteine“	83
Plasmaprotein-Antiserum zur Immunelektrophorese „Anti-Human-Transferrin“	Plasmaprotein-Antiserum zur Immunelektrophorese „Anti-Human-Transferrin“	76
Plumbum aceticum	*Blei(II)-acetat*	75
Plumbum oxidatum	Blei(II)-oxid	83
Pocken-Impfstoff	Pocken-Impfstoff	75
Poliomyelitis-Impfstoff	Poliomyelitis-Impfstoff	87
Polysorbatum 80	Polysorbat 80	87
Polyvidonum	Polyvidon	83
Präzipitierendes Serum zur Bestimmung von Kuhmilcheiweiß	Präzipitierendes Serum zur Bestimmung von Kuhmilcheiweiß	75
Prazosinum hydrochloricum	Prazosinhydrochlorid	87
Prednisolonum	Prednisolon	85
Prednisolonum aceticum	Prednisolonacetat	85
Prednisolonum hydrogensuccinicum	Prednisolonhydrogensuccinat	85
Prenylaminum lacticum	*Prenylaminlactat*	75
Primidonum	Primidon	75
Procainum	Procain	85
Procainum hydrochloricum	Procainhydrochlorid	85
Progesteronum	Progesteron	85
Promazinum phosphoricum	Promazinphosphat	87
Promethazinum hydrochloricum	Promethazinhydrochlorid	87
Propanolum	Propanol	75
Propipocainum	Propipocain	83
Propipocainum hydrochloricum	*Propipocainhydrochlorid*	75
Propiverinum hydrochloricum	Propiverinhydrochlorid	87
Propranololum hydrochloricum	Propranololhydrochlorid	83
Propylenglycolum	Propylenglycol	83
Propylium gallicum	Propylgallat	75
Propylium hydroxybenzoicum	Propylhydroxybenzoat	87
Propylium nicotinicum	*Propylnicotinat*	75
Propyphenazonum	Propyphenazon	83

Lateinische Bezeichnung	Deutsche Bezeichnung	Verbindlichkeitsjahr
Pyrazinamidum	Pyrazinamid	78
Pyridostigminum bromatum	Pyridostigminbromid	87
Pyridostigminum Manganum bromatum	Pyridostigmin-Manganbromid	85
Pyridoxinum hydrochloricum	Pyridoxinhydrochlorid	83
Pyrithyldionum	Pyrithyldion	87
Pyrogallolum	Pyrogallol	75

Band 6

Radix Althaeae	Eibischwurzel	75
Radix Angelicae	Angelikawurzel	75
Radix Belladonnae	Tollkirschenwurzel	75
Radix Gentianae	Enzianwurzel	75
Radix Ipecacuanhae	Brechwurzel	75
Radix Levistici	Liebstöckelwurzel	75
Radix Liquiritiae	Süßholzwurzel	83
Radix Petroselini	Petersilienwurzel	75
Radix Ratanhiae	Ratanhiawurzel	75
Radix Rhei	Rhabarberwurzel	75
Radix Rubiae tinctorum	Krappwurzel	75
Radix Valerianae	Baldrianwurzel	87
Rafoxanidum	Rafoxanid	87
Reserpinum	Reserpin	75
Resina Lacca	Schellack	75
Resorbierbares Näh- und Unterbindungsmaterial, chirurgisches	s. Chirurgisches resorbierbares Näh- und Unterbindungsmaterial	
Resorcinolum	Resorcinol	83
Retinolum palmitinicum	Retinolpalmitat	75
Rhizoma Calami	Kalmuswurzelstock	75
Rhizoma Curcumae xanthorrhizae	Javanischer Gelbwurzwurzelstock	75
Rhizoma Veratri	Weiße Nieswurz	75
Riboflavinum	Riboflavin	83
Riboflavinum phosphoricum Natrium	Riboflavinphosphat-Natrium	75
Rosanilinium chloratum	Rosaniliniumchlorid	75

Saccharinum Natrium	Saccharin-Natrium	83
Saccharosum	Saccharose	85
Salicylamidum	*Salicylamid*	75
Sapo kalinus	Kaliseife	75
Sapo medicatus	Medizinische Seife	75
Scopolaminum hydrobromicum	*Scopolaminhydrobromid*	75
Semen Hippocastani	Roßkastaniensamen	75
Semen Lini	Leinsamen	75
Semen Strychni	Brechnußsamen	75

Lateinische Bezeichnung	Deutsche Bezeichnung	Verbindlichkeitsjahr
Septikum-Antitoxin	Septikum-Antitoxin	75
Serum zur Bestimmung von Kuhmilcheiweiß, präzipitierendes	s. Präzipitierendes Serum zur Bestimmung von Kuhmilcheiweiß	
Silicium dioxydatum	Siliziumdioxid	75
Silicium dioxidatum	*Siliciumdioxid*	
Silicium dioxydatum dispersum	Hochdisperses Siliziumdioxid	75
Silicium dioxidatum dispersum	*Hochdisperses Siliciumdioxid*	
Sirupus Cerasi	Kirschsirup	75
Solutio Aluminii aceticotartarici	*Aluminiumacetotartratlösung*	75
Solutio Ammoniae concentrata	Konzentrierte Ammoniaklösung	83
Solutio Ammoniae diluta	Verdünnte Ammoniaklösung	83
Solutio Benzalkonii chlorati	Benzalkoniumchloridlösung	83
Solutio Chlorhexidini digluconici 20%	Chlorhexidindigluconatlösung 20%	83
Solutio Ferri chlorati	Eisen(III)-chloridlösung	83
Solutio Formaldehydi	Formaldehydlösung	83
Solutio Hydrogenii peroxydati concentrata	Konzentrierte Wasserstoffperoxidlösung	75
Solutio Hydrogenii peroxidati concentrata	*Konzentrierte Wasserstoffperoxidlösung*	
Solutio Methalkonii chlorati	Methalkoniumchloridlösung	83
Solutio Natrii alkansulfonici	Natriumalkansulfonatlösung	85
Solutio Natrii jodati(^{131}J)	Natriumjodid(^{131}J)-Lösung	75
Solutio Natrii iodati(^{131}I)	*Natriumiodid(^{131}I)-Lösung*	
Solutio Natrii silicici	*Natriumsilicatlösung*	75
Solutio Saccharosi inversi	Invertzuckerlösung	75
Somatotropinum	Somatotropin	75
Somatropinum	*Somatropin*	
Sorbitanum trioleinicum GOT	Sorbitantrioleat GOT	83
Sorbitanum trioleinicum 85	Sorbitantrioleat 85	83
Sorbitolum	Sorbitol	83
Sorbitolum depuratum	Besonders gereinigtes Sorbitol	85
Spiritus Glyceroli trinitrici	*Glyceroltrinitratspiritus*	75
Spiritus Picis Lithanthracis	Steinkohlenteerspiritus	75
Spiritus saponatus	Seifenspiritus	75
Spirochäten-Antigen für die Komplementbindungsreaktion	Spirochäten-Antigen für die Komplementbindungsreaktion	75
Stannum chloratum	Zinn(II)-chlorid	75
Streptolysin O	Streptolysin O	75
Streptomycinum sulfuricum	*Streptomycinsulfat*	75
g-Strophanthinum	g-Strophanthin	75
Strychninum nitricum	Strychninnitrat	75
Succamethonium bromatum	Sukzamethoniumbromid	75
Suxamethonium bromatum	*Suxamethoniumbromid*	
Succamethonium chloratum	Sukzamethoniumchlorid	75
Suxamethonium chloratum	*Suxamethoniumchlorid*	
Sulfacarbamidum Calcium	Sulfacarbamid-Calcium	85
Sulfacetamidum Natrium	Sulfacetamid-Natrium	85
Sulfaclomidum	Sulfaclomid	83
Sulfadimidinum	Sulfadimidin	85

Lateinische Bezeichnung	Deutsche Bezeichnung	Verbindlichkeitsjahr
Sulfaguanidinum	Sulfaguanidin	85
Sulfamerazinum	Sulfamerazin	85
Sulfanilamidum	Sulfanilamid	85
Sulfaquinoxalinum	Sulfaquinoxalin	85
Sulfathiazolum	Sulfathiazol	85
Sulfathiazolum Natrium	Sulfathiazol-Natrium	85
Sulfatolamidum	Sulfatolamid	85
Sulfisomidinum	Sulfisomidin	85
Sulfobromphthaleinum Natrium	Sulfobromphthalein-Natrium	85
Sulfogaiacolum	Sulfogaiacol	85
Sulfur colloidale	Kolloider Schwefel	85
Sulfur depuratum	Gereinigter Schwefel	85
Suspensio Almasilati	Almasilatsuspension	87
Suspensio Aluminii hydroxidati	Aluminiumhydroxidsuspension	85
Talastinum hydrochloricum	Talastinhydrochlorid	75
Talcum	Talk	83
Talinololum	Talinolol	78
Tartrazin	Tartrazin	85
Terbutalinum sulfuricum	Terbutalinsulfat	85
Terra silicea	Kieselerde	75
Testosteronum enanticum	Testosteronenantat	85
Testosteronum propionicum	Testosteronpropionat	85
Testserum „Anti-Human-Globulin", markiert mit Fluoreszeinisothiozyanat	Testserum „Anti-Human-Globulin", markiert mit Fluoreszeinisothiozyanat	76
Testserum „Anti-Human-Globulin", markiert mit Fluoresceinisothiocyanat	*Testserum „Anti-Human-Globulin", markiert mit Fluoresceinisothiocyanat*	
Testserum „Anti-Human-Globulin", markiert mit Fluoreszeinisothiozyanat, besonders gereinigt	Testserum „Anti-Human-Globulin", markiert mit Fluoreszeinisothiozyanat, besonders gereinigt	76
Testserum „Anti-Human-Globulin", markiert mit Fluoresceinisothiocyanat, besonders gereinigt	*Testserum „Anti-Human-Globulin", markiert mit Fluoresceinisothiocyanat, besonders gereinigt*	
Testserum „Anti-Kaninchen-Globulin", markiert mit Fluoreszeinisothiozyanat	Testserum „Anti-Kaninchen-Globulin", markiert mit Fluoreszeinisothiozyanat	76
Testserum „Anti-Kaninchen-Globulin", markiert mit Fluoresceinisothiocyanat	*Testserum „Anti-Kaninchen-Globulin", markiert mit Fluoresceinisothiocyanat*	
Testserum „Anti-Kaninchen-Globulin", markiert mit Fluoreszeinisothiozyanat, besonders gereinigt	Testserum „Anti-Kaninchen-Globulin", markiert mit Fluoreszeinisothiozyanat, besonders gereinigt	78
Testserum „Anti-Kaninchen-Globulin", markiert mit Fluoresceinisothiocyanat, besonders gereinigt	*Testserum „Anti-Kaninchen-Globulin", markiert mit Fluoresceinisothiocyanat, besonders gereinigt*	
Testserum „Anti-Maus-Globulin", markiert mit Fluoresceinisothiocyanat	Testserum „Anti-Maus-Globulin", markiert mit Fluoresceinisothiocyanat	85

Lateinische Bezeichnung	Deutsche Bezeichnung	Verbindlichkeitsjahr
Testserum „Anti-Meerschweinchen-Globulin“, markiert mit Fluoresceinisothiocyanat	Testserum „Anti-Meerschweinchen-Globulin“, markiert mit Fluoresceinisothiocyanat	83
Testserum „Anti-Rind-Globulin“, markiert mit Fluoreszeinisothiozyanat	Testserum „Anti-Rind-Globulin“, markiert mit Fluoreszeinisothiozyanat	78
Testserum „Anti-Rind-Globulin“, markiert mit Fluoresceinisothiocyanat	*Testserum „Anti-Rind-Globulin“, markiert mit Fluoresceinisothiocyanat*	
Testserum „Anti-Schaf-Globulin“, markiert mit Fluoreszeinisothiozyanat	Testserum „Anti-Schaf-Globulin“, markiert mit Fluoreszeinisothiozyanat	78
Testserum „Anti-Schaf-Globulin“, markiert mit Fluoresceinisothiocyanat	*Testserum „Anti-Schaf-Globulin“, markiert mit Fluoresceinisothiocyanat*	
Testserum „Anti-Shigella-sonnei, S-Form“, markiert mit Fluoresceinisothiocyanat, monospezifisches	s. Monospezisches Testserum „Anti-Shigella-sonnei, S-Form“, markiert mit Fluoresceinthiocyanat	
Testserum „Anti-Tollwut“, markiert mit Fluoreszeinisothiozyanat	Testserum „Anti-Tollwut“, markiert mit Fluoreszeinisothiozyanat	75
Testserum „Anti-Tollwut“, markiert mit Fluoresceinisothiocyanat	*Testserum „Anti-Tollwut“, markiert mit Fluoresceinisothiocyanat*	
Tetanus-Adsorbatimpfstoff	Tetanus-Adsorbatimpfstoff	75
Tetanus-Antitoxin	Tetanus-Antitoxin	75
Tetracainum hydrochloricum	Tetracainhydrochlorid	85
Themisalum	Themisal	75
Theobrominum	Theobromin	75
Theophyllinum	Theophyllin	75
Thiamazolum	Thiamazol	75
Thiaminum hydrochloricum	Thiaminhydrochlorid	83
Thiazinamium metilsulfuricum	Thiazinamiummetilsulfat	87
Thiomersalum	Thiomersal	75
DL-Threoninum	DL-Threonin	87/83
L-Threoninum	L-Threonin	83
Thrombinum	Thrombin	78
Thymolum	Thymol	75
Tinctura Absinthii	Wermuttinktur	75
Tinctura Arnicae	Arnikatinktur	75
Tinctura Aurantii	Pomeranzentinktur	75
Tinctura Belladonnae	Tollkirschentinktur	75
Tinctura Calami	Kalmustinktur	75
Tinctura Capsici	Spanischpfeffertinktur	75
Tinctura Foeniculi	Fencheltinktur	75
Tinctura Gentianae	Enziantinktur	75
Tinctura Ipecacuanhae	Brechwurzeltinktur	75
Tinctura Menthae piperitae	Pfefferminztinktur	75
Tinctura Myrrhae	Myrrhentinktur	75
Tinctura Opii	Opiumtinktur	75
Tinctura Ratanhiae	Ratanhiatinktur	75
Tinctura Strychni	Brechnußtinktur	75
Tinctura Valerianae	Baldriantinktur	75

Lateinische Bezeichnung	Deutsche Bezeichnung	Verbindlichkeitsjahr
Tinctura Veratri	Nieswurztinktur	75
Titanium dioxydatum	Titan(IV)-oxid	75
Titanium dioxidatum	*Titanium(IV)-oxid*	
α-Tocopherolum aceticum	*α-Tocopherolacetat*	75
Tolazolinum hydrochloricum	Tolazolinhydrochlorid	75
Tolbutamidum	Tolbutamid	83
Tollwut-Impfstoff	Tollwut-Impfstoff	87
Tolnaftatum	Tolnaftat	83
Tosylchloramidum Natrium	Tosylchloramid-Natrium	75
Tosylchloramidum Natrium crudum	Rohes Tosylchloramid-Natrium	75
Tragacantha	Tragant	75
Trapidilum	Trapidil	83
Triaethylenglycolum	Triäthylenglykol	75
Triethylenglycolum	*Triethylenglycol*	
Triamcinolonum	Triamcinolon	83
Triamcinolonum acetonidum	Triamcinolonacetonid	85
Triamterenum	Triamteren	75
Trichlordithymolethanum	Trichlordithymolethan	85
Triclocarbanum	Triclocarban	83
Triclosanum	Triclosan	85
Triethanolaminum	Triethanolamin	83
Trihexyphenidylum hydrochloricum	Trihexyphenidylhydrochlorid	75
Trimethoprimum	Trimethoprim	87
Trimipraminum hydrochloricum	Trimipraminhydrochlorid	78
Triperidenum hydrochloricum	Triperidenhydrochlorid	75
Trituratio Paraoxoni	Paraoxonverreibung	78
Trituratio Pentaerythrityli tetranitrici	Pentaerythrityltetranitratverreibung	75
Tromethamolum	Tromethamol	75
Trometamolum	*Trometamol*	
Tropicamidum	Tropicamid	83
DL-Tryptophanum	DL-Tryptophan	83
L-Tryptophanum	L-Tryptophan	83
Tuberkulin	Tuberkulin	78
Tuberkulin für Säugetiere	Tuberkulin für Säugetiere	75
Tyrosinum	Tyrosin	76
Undecanolamidum	*Undecanolamid*	76
DL-Valinum	DL-Valin	83
L-Valinum	L-Valin	83
Vanillinum	Vanillin	85
Vaselinum album	Weißes Vaselin	85
Vaselinum flavum	Gelbes Vaselin	85
Verapamilum hydrochloricum	Verapamilhydrochlorid	83
Verbandmull	Verbandmull	75
Verbandzellstoff	Verbandzellstoff	75
Vliesstoffe	Vliesstoffe	87

Lateinische Bezeichnung	Deutsche Bezeichnung	Verbindlichkeitsjahr
Xanthocillinum	Xanthozillin	75
Xantocillinum	*Xantocillin*	
Xantinolum nicotinicum	Xantinolnicotinat	87
Xenytropium bromatum	Xenytropiumbromid	83
Xylosum	Xylose	75
Zellulosepulver	Zellulosepulver	78
Cellulosepulver	*Cellulosepulver*	
Zellwolle	Zellwolle	75
Zincum chloratum	Zinkchlorid	85
Zincum oxidatum	Zinkoxid	83
Zincum sulfuricum	Zinksulfat	85

Teil 2

Verzeichnis von Monografien des AB-DDR 87, die nicht ausgedruckt vorliegen

Teil 2.1.

Verzeichnis von Monografien, deren Text im Zentralblatt für Pharmazie, Pharmakotherapie und Laboratoriumsdiagnostik (VEB Verlag Volk und Gesundheit, Berlin) ausgedruckt worden ist

Lateinische Bezeichnung	Deutsche Bezeichnung	Band	(Jahrgang), Seite
Acidum ioglycamicum	Ioglycaminsäure	**126**	(1987), 609 bis 676
Acidum thiocticum	Thioctsäure	**126**	(1987), 609 bis 676
Alcohol benzylicus	Benzylalkohol	**125**	(1986), 569 bis 618
Allylthiourea	Allylthiourea	**126**	(1987), 609 bis 676
Aminodisulfamidum	Aminodisulfamid	**125**	(1986), 569 bis 618
Barverinum	Barverin	**125**	(1986), 569 bis 618
Bromhexinum hydrochloricum	Bromhexinhydrochlorid	**125**	(1986), 569 bis 618
Cysteinum hydrochloricum	Cysteinhydrochlorid	**125**	(1986), 569 bis 618
Cystinum	Cystin	**125**	(1986), 569 bis 618
Dextrinum flavum	Gelbes Dextrin	**125**	(1986), 569 bis 618
Dibutylium phthalicum	Dibutylphthalat	**125**	(1986), 569 bis 618
Histidinum hydrochloricum	Histidinhydrochlorid	**126**	(1987), 609 bis 676
Hyaluronidasum	Hyaluronidase	**126**	(1987), 609 bis 676
Hydroxymethylpyridinum hydrogentartaricum	Hydroxymethylpyridinhydrogentartrat	**126**	(1987), 609 bis 676
Isoamylium nitrosum	Isoamylnitrit	**126**	(1987), 609 bis 676
Isoleucinum	Isoleucin	**126**	(1987), 609 bis 676
Kalium adipinicum	Kaliumadipat	**126**	(1987), 609 bis 676
Kalium chloricum	Kaliumchlorat	**126**	(1987), 609 bis 676

Lateinische Bezeichnung	Deutsche Bezeichnung	Band	(Jahrgang), Seite
Leucinum	Leucin	**126**	(1987), 609 bis 676
Lithium carbonicum	Lithiumcarbonat	**125**	(1986), 569 bis 618
Magnesium hydrogen-asparticum	Magnesiumhydrogen-aspartat	**126**	(1987), 609 bis 676
Magnesium salicylicum	Magnesiumsalicylat	**125**	(1986), 569 bis 618
Malachitgrün	Malachitgrün	**126**	(1987), 609 bis 676
Mercaptopurinum	Mercaptopurin	**126**	(1987), 609 bis 676
Metalliburum Zincum	Metallibur-Zink	**126**	(1987), 609 bis 676
Methylium nicotinicum	Methylnicotinat	**125**	(1986), 569 bis 618
Natrium boricum peroxidatum	Natriumboratperoxid	**125**	(1986), 569 bis 618
Natrium glycerolum phosphoricum	Natriumglycerolphosphat	**125**	(1986), 569 bis 618
Natrium iodatum	Natriumiodid	**125**	(1986), 569 bis 618
Niclosamidum	Niclosamid	**126**	(1987),
Nicotinhydroxymethyl-amidum	Nicotinhydroxy-methylamid	**125**	(1986), 569 bis 618
Pengitoxinum	Pengitoxin	**126**	(1987), 609 bis 676
Pholedrinum formicicum	Pholedrinformiat	**126**	(1987), 609 bis 676
Piperazinum	Piperazin	**126**	(1987), 609 bis 676
Podophyllinum	Podophyllin	**126**	(1987), 609 bis 676
Polyvidonum 15	Polyvidon 15	**126**	(1987), 609 bis 676
Polyvinylacetatdispersion	Polyvinylacetatdispersion	**125**	(1986), 569 bis 618
Protaminum sulfuricum	Protaminsulfat	**125**	(1986), 569 bis 618
Pyrvinium embonatum	Pyrviniumembonat	**126**	(1987), 609 bis 676
Scopolaminum	Scopolamin	**125**	(1986), 569 bis 618
Stannum	Zinn	**126**	(1987), 609 bis 676
Stannum dioxidatum	Zinn(IV)-oxid	**126**	(1987), 609 bis 676

Teil 2.2.

Verzeichnis von Monografien, deren Text auf begründete Anforderung vom Institut für Arzneimittelwesen der Deutschen Demokratischen Republik bereitgestellt wird.
Soweit die aufgeführten Stoffe und Zubereitungen zur Herstellung von Arznei- und Gesundheitspflegemitteln bestimmt sind, bedarf deren Einsatz bei Abweichungen von den in den Monografien festgelegten Qualitäten der Genehmigung des Institutes für Arzneimittelwesen der Deutschen Demokratischen Republik.

Bezeichnung	Jahr der Bestätigung
Acidum adipinicum	1985
Adipinsäurediisopropylester	1979
Agaricus muscarius recens*	1970
Alkylphenolpolyglycolether	1983
Alkylphenolpolyglycolether (14 Mol. Ethylenoxid)	1984
Allantoinum	1978
Alloxan	1979
Aloe	1987
Aluminium	1974
Aluminiumhydroxybromidlösung, ethanolische	1978
Aminex	1982
Antimonium pentasulfuratum	1970
Antimonium trisulfuratum	1970
Apis	1970
Aqua fontana	1977
Asa foetida	1970
Aurum	1970
Barium carbonicum	1970
Barium iodatum	1970
Baumwollsamenöl	1978
Benzaldazinum	1986
Benzoe	1977
Bromisovalum	1986
Bromsalicylisopropylamidum	1986
Bulbus Scillae recens	1970
Butylhydroxyanisol	1974
Calcium fluoratum	1970
Calciumpyrophosphat	1979
Candelillawachs	1979
Caproylresorcinollösung	1971
Carmellose-Natrium LE 95 (alte Bezeichnung: Natriumcarboxymethylcellulose LE 95)	1979
Caroten-Dispersion	1983
Cautschuc	1970
Colestyramin I	1976
Cortex Chinae	1986
Cortex Cinnamomi aromatici	1979
Cortex Condurango	1970
Cortex Hamamelidis recens	1970
Cortex Mezerei	1970
Cortex Radicis Berberidis	1970
Cortex Robiniae pseudacaciae recens	1970
Cortex Viburni opuli	1970
Cresylsalicylat	1980
Cumasina EFB/3	1980
Cumasina Estose P (spez.)	1982
Cuprum	1970
Cuprum aceticum	1970
Cuprum formicicum	1977
Dessertwein	1980
Diammoniumhydrogenphosphat	1970
Diethylenglycolmonoethylether	1984
Diethyltoluamid	1980
Dihydroxyaceton	1979
Elromid KD 80	1978
Elromid KD S	1982
Elromid KM	1980

Bezeichnung	Jahr der Bestätigung
Elromin K 3	1985
Elropon K 3	1984
Elropon KA	1974
Elropon KR 3	1984
Enzympulver, proteasenhaltig	1982
Ethanol, thymolvergälltes	1978
Ethylenglycolstearat	1981
Ethyllinolat	1977
Etofyllinum cum Theophyllino	1970
Extractum Angelicae	1969
Extractum Chamomillae fluidum 40 (Gehalt an Ethanol, berechnet als C_2H_5OH, 38,0 bis 43,0 Vol.-%)	1974
Extractum Crataegi fluidum	1974
Extractum Curcumae	1979
Extractum Frangulae et Curcumae xanthorrhizae fluidum	1979
Extractum Fuci	1977
Extractum Fuci fluidum	1977
Extractum Hamamelidis fluidum	1982
Extractum Hippocastani	1974
Extractum Hippocastani fluidum	1974
Extractum Hippocastani spissum	1974
Extractum Millefolii fluidum	1974
Ferrum phosphoricum	1970
Fettalkoholpolyglycolether-Lösung 40%	1980
Fettalkoholpolyglycolether (15 Mol. Ethylenoxid)	1980
Fettalkoholpolyglycolether (9 Mol. Ethylenoxid)	1980
Fettalkoholpolyglycolether (8 Mol. Ethylenoxid)	1980
Fettamin TD, ethoxyliert	1981
Flores Farfarae	1970
Flores Malvae	1970
Folia Basilici recentia	1970
Folia Crataegi	1970
Folia Digitalis recentia	1970
Folia Farfarae	1970
Folia Kalmiae latifoliae	1970
Folia Laurocerasi recentia	1970

Bezeichnung	Jahr der Bestätigung
Folia Malvae	1970
Folia Myrtilli	1970
Folia Nicotianae tabaci	1970
Folia Oleandri	1970
Folia Rhois toxicodendri recentia	1970
Folia Uvae Ursi	1969
Fructus Anacardii orientalis	1970
Fructus Caricae	1974
Fructus Cocculi	1970
Fructus Colocynthidis	1970
Fructus Coriandri	1970
Fructus Crataegi	1970
Fructus Crataegi recentes	1970
Fructus Humuli	1970
Fructus Juniperi	1983
Fructus Phaseoli sine Semine	1970
Fructus Sabal serrulati	1970
Fructus Sorbi	1974
Gelatine, besonders gereinigte	1983
Graphites	1970
Hepar sulfuris	1970
Herba Abrotani recens	1970
Herba Adonidis vernalis	1970
Herba Arnicae recens	1970
Herba Avenae sativae recens	1970
Herba Belladonnae recens	1970
Herba Boraginis	1974
Herba Calendulae recens	1970
Herba Callunae	1970
Herba Cardui benedicti	1970
Herba Chamomillae recens	1970
Herba Chelidonii recens	1970
Herba Clematidis	1970
Herba Conii recens	1970
Herba Convallariae majalis recens	1970
Herba Dulcamarae recens	1970
Herba Echinaceae recens	1970
Herba Eupatorii recens	1970
Herba Euphrasiae	1970
Herba Gnaphalii polycephali recens	1970
Herba Hyoscyami recens	1970
Herba Hyperici	1969

Bezeichnung	Jahr der Bestätigung
Herba Hyperici recens	1970
Herba Ledi	1970
Herba Lilii tigrini recens	1970
Herba Lobeliae	1970
Herba Lycopi recens	1970
Herba Millefolii recens	1970
Herba Passiflorae incarnatae	1970
Herba Petroselini recens	1970
Herba Plantaginis majoris recens	1970
Herba Pulsatillae	1970
Herba Rhododendri	1970
Herba Rubi fruticosi	1970
Herba Rubi Idaei	1970
Herba Rutae recens	1970
Herba Sabinae recens	1970
Herba Selenicerei recens	1970
Herba Senecionis aurei	1970
Herba Solidaginis virgaureae recens	1970
Herba Spigeliae	1970
Herba Stramonii recens	1970
Herba Thujae recens	1970
Herba Urticae	1970
Herba Verbasci recens	1970
Herba Violae tricoloris	1970
Herba Visci albi	1970
Herba Visci albi recens	1970
Isopropylmyristat	1981
Johanniskrautauszug, öliger	1977
Kalium dichromicum	1970
Kalium DL-hydrogenasparticum	1970
Kamillenblütenauszug 15 (Drogenauszug mit dünnflüssigem Wachs)	1977
Kamillenblütenauszug 17 (öliger Drogenauszug)	1977
Karaya-Gummi	1981
Kieselgel A	1976
Koniferenöl 70	1975
Koniferenöl 75	1975

Bezeichnung	Jahr der Bestätigung
Lachesis	1970
Lecithinum vegetabile	1971
Lignum Quassiae	1970
Macrogol 4000 (Oxidwachs A) [alte Bezeichnung: Polyethylenglycol 4000 (Oxidwachs A)]	1980
Magnesium hydrogenphosphoricum	1970
Magnesium peroxidatum	1976
Maiskeimöl	1978
Mentholum crudum	1977
Mercurius solubilis	1970
Mereinit S 57	1983
Metaupon-Pulver	1979
Methoxyzimtsäureethylester	1974
Methylsiliconöl-Emulsion NE 5	1978
Methylsiliconöle, niederviskos	1978
Natriumcarboxymethylcellulose LE 95 (neue Bezeichnung: Carmellose-Natrium LE 95)	1979
Natriumlaurylsulfat	1978
Oleum Cinnamomi Cassiae	1969
Oleum Jecoris	1986
Organoheparinoid	1977
Oxystin-Konzentrat	1983
PAI 13	1979
Perlglanzkonzentrat	1981
Phosphortensid FCF 455	1983
Piasolanlösung	1984
Pinen	1975
Polyethylenglycol 4000 (Oxidwachs A) [neue Bezeichnung: Macrogol 4000 (Oxidwachs A)]	1980
Präwozell W-OFC 100	1970
Pyrithiondisulfid	1984
Pyrrolidoncarbonsäure	1978
Quarzsand	1970

Bezeichnung	Jahr der Bestätigung
Radix Alkannae	1983
Radix Bryoniae recens	1970
Radix Ginseng	1987
Radix Hydrastis	1970
Radix Leptandrae recens	1970
Radix Paeoniae officinalis recens	1970
Radix Phytolaccae recens	1970
Radix Raphani nigri	1974
Radix Rumicis crispi recens	1970
Radix Sarsaparillae	1970
Radix Senegae	1970
Radix Taraxaci cum Herba	1970
Rhizoma Aconiti	1970
Rhizoma Agropyri	1974
Rhizoma Apocyni cannabini recens	1970
Rhizoma Cimicifugae	1970
Rhizoma Colchici recens	1970
Rhizoma Cyclaminis recens	1970
Rhizoma Gelsemii	1970
Rhizoma Hellebori nigri	1970
Rhizoma Iridis versicoloris recens	1970
Rhizoma Podophylli peltati	1970
Rhizoma Sanguinariae	1970
Rofacer P 80	1978
Rofanol P 70	1981
Rofetan F	1980
Rofetan GP	1981
Rofetan OD	1978
Rofetan TD 90	1976
Saccharin	1982
Schlangengift	1980
Semen Ceratoniae	1977
Semen Hippocastani recens	1970
Semen Ignatii	1970
Semen Myristicae	1970
Semen Staphisagriae	1970
Sepia	1970

Bezeichnung	Jahr der Bestätigung
Sesamöl	1979
Siliconentschäumer	1986
Soluplex I spezial	1974
Soluplex II spezial	1974
Sorbimacrogolpalmitat	1971
Sorbitollösung	1984
Spongia	1969
Streptokinase	1985
Succipon KR 3	1984
Succus Betulae	1973
Thioglycolsäure	1979
Tinctura Benzoes	1976
Tinctura Betulae	1976
Tinctura Calendulae	1982
Tinctura Chinae	1986
Tinctura Cinnamomi	1979
Tinctura Crataegi	1982
Tinctura Equiseti	1982
Tinctura Farfarae	1980
Tinctura Hyperici	1982
Tinctura Salviae	1982
Tinctura Selenicerei	1979
Tinctura Tiliae	1976
Tinctura Tritici	1982
Tinctura Urticae	1977
Tinctura Valerianae concentrata	1974
Triacetin	1978
Usninsäure	1981
Vollsojamehl	1977
Wollwachsalkohole 500	1976
Zincum	1970
Zinkphenolsulfonat	1974
Zinkstearat	1982
Zincum valerianicum	1970
Zucker, flüssiger, 73%	1980

3.0. Volumenangaben, Volumenmessung

Für Volumenangaben werden verwendet:

Liter	(l)
Milliliter	(ml)
Mikroliter	(μl)

Es besteht die Beziehung:

$1\ l = 10^3\ ml = 10^6\ \mu l$

Zu der Einheit Kubikmeter (m^3) besteht die Beziehung:

$1\ l = 1 \cdot 10^{-3}\ m^3$

Empirische Volumenmaße:

1 Tasse	=	150 ml
1 Eßlöffel	=	15 ml
1 Kinderlöffel	=	10 ml
1 Tee- oder Kaffeelöffel	=	5 ml

Tropfen sind mit einem Tropfenzähler abzuzählen. Unter einem Tropfenzähler ist eine Tropfpipette zu verstehen, bei der 20 frei fallende Tropfen Wasser von 20,0 °C eine Masse von 1,00 g besitzen.

Bei Prüfverfahren wird durch die Anzahl der Ziffern festgelegt, mit welcher Genauigkeit ein Volumen abzumessen ist. Es ist höchstens eine Abweichung von ±5 Einheiten in der letzten Ziffer gestattet, sofern die Volumenangabe keine Höchst- oder Mindestforderung darstellt.

Vollpipetten und Meßpipetten für vollständigen Ablauf sind beim Entleeren senkrecht zu halten, wobei die Spitze der Pipette an die Wand des Auffanggefäßes gelegt wird. Nach dem kontinuierlichen Ablauf der Flüssigkeit wird nach einer Wartezeit von 3 s bei Pipetten der Genauigkeitsklasse S und von 15 s bei Pipetten der Genauigkeitsklasse A die Spitze an der Gefäßwand abgestreift.

Bei der Benutzung von Meßpipetten für teilweisen Ablauf und Büretten wird der Flüssigkeitsablauf etwa 5 mm oberhalb der vorgesehenen Marke unterbrochen. Nach einer Wartezeit von 3 s bei Meßpipetten der Genauigkeitsklasse S, von 15 s bei Meßpipetten der Genauigkeitsklasse A und Büretten der Genauigkeitsklasse B und von 30 s bei Büretten der Genauigkeitsklasse A wird die Flüssigkeit bis zur vorgesehenen Marke abgelassen und die Spitze des Meßgerätes an der Gefäßwand abgestreift.

Auf die Verwendung einer Feinbürette wird jeweils in der Monografie verwiesen. Unter einer Feinbürette ist eine Bürette zu verstehen, die 10 ml Flüssigkeit faßt und deren Skale

in Abschnitte unterteilt ist, die 0,02 ml entsprechen. Der Ablauf der Feinbürette muß so beschaffen sein, daß 1 ml Wasser mindestens 40 Tropfen entspricht.
Die Volumenmeßmittel müssen entsprechend TGL 25 926 Ausg. 09.81 mit der Zahlenangabe des Volumens, der Maßeinheit des Volumens, der Bezugstemperatur, der Justierart (Ex = Ausguß; In = Einguß) und dem Kennbuchstaben der Genauigkeitsklasse (A = eichfähig; B bzw. S = nicht eichfähig) gekennzeichnet sein. Sie müssen bei ihrem Einsatz im eichpflichtigen Verkehr den im folgenden genannten Eichvorschriften des Amtes für Standardisierung, Meßwesen und Warenprüfung beim Ministerrat der Deutschen Demokratischen Republik genügen.

ASMW-VM 200	Allgemeine Festlegungen für die Zulassung und Eichung
ASMW-VM 164	Medizinische Spritzen
ASMW-VM 165	Mischpipetten
ASMW-VM 178	Meßpipetten
DAMW-VM 181	Meßzylinder
ASMW-VM 216	Vollpipetten
ASMW-VM 227	Kapillarpipetten
DAMW-VM 230	Büretten
DAMW-VM 232	Gasbüretten
DAMW-VM 499	Meßkolben

Die Fehlergrenzen für die einzelnen Meßgeräte und Meßmittel der Genauigkeitsklassen A, B bzw. S betragen:

[a] Enghals-Meßkolben der Genauigkeitsklassen A und B entsprechend KTGI 23-01 Ausg. 04.81

für ein Nennvolumen von	Fehlergrenze bei Justierung auf Einguß	
Milliliter	Milliliter	
	A	B
5	±0,008	±0,02
10	±0,008	±0,02
25	±0,015	±0,03
50	±0,03	±0,06
100	±0,05	±0,15
250	±0,11	±0,25
500	±0,14	±0,30
1000	±0,19	±0,40
2000	±0,40	±0,80

[*b*] Weithals-Meßkolben der Genauigkeitsklassen A und B entsprechend KTGI 23-01 Ausg. 04.81

für ein Nennvolumen von	Fehlergrenze bei Justierung auf Einguß	
Milliliter	Milliliter	
	A	B
25	±0,03	±0,06
50	±0,08	±0,16
100	±0,12	±0,25
250	±0,20	±0,40
500	±0,28	±0,60
1000	±0,40	±0,80
2000	±0,80	±1,60
5000	±2,4	±4,8

[*c*] Kropfhals-Meßkolben der Genauigkeitsklassen A und B (Sonderanfertigung)

für ein Nennvolumen von	Fehlergrenze bei Justierung auf Einguß	
Milliliter	Milliliter	
	A	B
100	±0,12	±0,25
250	±0,20	±0,40
500	±0,28	±0,60
1000	±0,40	±0,80

[*d*] Meßflaschen der Genauigkeitsklassen A und B (Sonderanfertigung)

für ein Nennvolumen von	Fehlergrenze bei Justierung auf Einguß	
Milliliter	Milliliter	
	A	B
100	±0,12	±0,25
250	±0,20	±0,40
500	±0,28	±0,60
1000	±0,40	±0,80
2000	±0,80	±1,60
5000	±2,4	±4,8
10000	±4,0	±8,0

[*e*] Meßzylinder der Genauigkeitsklasse A entsprechend DAMW-VM 181

für ein Nennvolumen größer als	bis	Fehlergrenze bei Justierung auf Einguß	Ausguß
Milliliter		Milliliter	Milliliter
	30	± 0,06	—
30	50	± 0,1	—
50	100	± 0,2	± 0,4
100	250	± 0,5	± 1
250	400	± 1,0	± 2
400	600	± 1,5	± 3
600	1000	± 2,5	± 5
1000	1500	± 4	± 8
1500	2000	± 5	±10
2000	3000	± 6	±12
3000	4000	± 8	±16
4000	5000	±10	±20

Skalenwert	Fehlergrenze bei Justierung auf Einguß	Ausguß
Milliliter	Milliliter	Milliliter
0,05	±0,02	—
0,1	±0,04	—
0,2	±0,07	—
0,5	±0,17	± 0,35
1	±0,25	± 0,5
2	±0,50	± 1,0
5	±1,25	± 2,5
10	±2,5	± 5
20	±5,0	±10

[*f*] Meßzylinder der Genauigkeitsklasse B, hohe Form entsprechend TGL 25 927 Ausg. 12.71

für ein Nennvolumen von	Skalenwert	Fehlergrenze bei Justierung auf Einguß
Milliliter	Milliliter	Milliliter
10	0,1	±0,1
25	0,5	±0,5
50	0,5	±0,5

12.0. Verbindlichkeit der Prüfverfahren und Qualitätsforderungen

Alle Arbeiten nach den Vorschriften des Arzneibuches sind, auch ohne ausdrücklichen Hinweis darauf, unter Beachtung der Bestimmungen des Arbeitsschutzes und der allgemein gültigen Regeln für die Durchführung wissenschaftlicher Experimente vorzunehmen.
Anstelle der im Arzneibuch beschriebenen Prüfverfahren können andere verwendet werden unter der Voraussetzung, daß damit dieselben Ergebnisse wie mit den vorgeschriebenen Prüfverfahren erzielt werden. Entscheidend sind jedoch die im Arzneibuch vorgeschriebenen Verfahren.
Bei der Prüfung der Identität können sowohl die Vorschriften des Compendium Medicamentorum als auch die des Arzneibuches angewendet werden. Der Austausch von einzelnen Identitätsprüfungen aus beiden Standardwerken gegeneinander ist nicht statthaft.
Im Apothekenwesen kann sich die Prüfung von Arzneimitteln, bei denen an Verschluß und Signatur des Behältnisses erkennbar ist, daß der Hersteller oder Lieferer die im Arzneibuch geforderte Qualität garantiert, auf die Feststellung der Identität beschränken. In diesem Falle ist die Identitätsprüfung nach den Vorschriften des Arzneibuches durchzuführen.
Von den in der Monografie unter ,,Beschreibung" gemachten Angaben sind nur die, die das Aussehen, den Geruch und den Geschmack der Substanz sowie die Herstellung der Prüflösung betreffen, verbindlich. Angaben über die Löslichkeit sowie über die bei der Zersetzung auftretenden Erscheinungen und über andere Eigenschaften dienen lediglich der Information.
Wenn in den einzelnen Monografien und Gütevorschriften (Zweite Durchführungsbestimmung[1]) zum Arzneimittelgesetz, § 13) nichts anderes angegeben wird, sind die in den Allgemeinen Bestimmungen angeführten Angaben in vollem Umfang verbindlich.
Prüfverfahren und Qualitätsforderungen des Arzneibuches sind gleichermaßen verbindlich für Arzneimittel sowie den Arzneimitteln gleichgestellte Erzeugnisse (Arzneimittelgesetz[2]), § 5) und Gesundheitspflegemittel[3]).
Eine Ablehnung der Substanz erfolgt auch dann, wenn sie andere als die im Arzneibuch genannten Fremdstoffe in einer Menge enthält, die nach fachmännischem Urteil im Interesse des Gesundheitsschutzes nicht tolerierbar ist.

---

[1]) Zweite Durchführungsbestimmung zum Arzneimittelgesetz vom 1. Dezember 1986; Gesetzblatt Teil I 1986, Seite 483.

[2]) Arzneimittelgesetz vom 27. November 1986; Gesetzblatt Teil I 1986, Seite 473.

[3]) Anordnung über den Verkehr mit Gesundheitspflegemitteln vom 22. April 1987; Gesetzblatt Teil I 1987, Seite 124.

13.0. Beurteilung und Berechnung von Prüfergebnissen

Die Beurteilung wird anhand von 2 Prüfergebnissen parallel durchgeführter Bestimmungen vorgenommen. Entspricht ein Prüfergebnis nicht der gestellten Forderung, so ist die Prüfung zu wiederholen. Entspricht das 3. Prüfergebnis der gestellten Forderung, so ist die endgültige Beurteilung von dem Ergebnis einer weiteren Prüfung abhängig.

Bei allen quantitativen Bestimmungen wird das Ergebnis bis zur letzten Ziffer der Angabe berechnet, wobei eine Rundung vorzunehmen ist. Die Ziffern 0 bis 4 werden auf 0 und die Ziffern 5 bis 9 auf 10 gerundet. Das Ergebnis muß innerhalb der in der Monografie angegebenen Grenzen liegen.

14.0. Gaschromatografische Bestimmung

Die Gaschromatografie ist ein Verfahren, bei dem die Trennung eines Gemisches auf der unterschiedlichen Wechselwirkung der Komponenten zwischen einer gasförmigen mobilen Phase, dem Trägergas, und einer stationären Phase, die sich in einer Säule befindet, beruht. Als stationäre Phase wird eine Flüssigkeit, die auf einem festen Träger bzw. der Innenwand einer Kapillare haftet, oder ein aktiver Festkörper benutzt.
Die mobile Phase strömt auf Grund eines vorgegebenen Druckes bzw. Gasmengenstromes durch die Säule. Die Substanz wird vor der Säule in das Trägergas gebracht. Die zu bestimmenden Komponenten der Substanz müssen dabei in der Regel unzersetzt in den gasförmigen Zustand übergehen. Nach Verlassen der Säule passieren die Komponenten einen Detektor, dessen Signal in Abhängigkeit von der Zeit als Chromatogramm aufgezeichnet wird (Abbildung).
Die jeweiligen Monografien enthalten Empfehlungen über die chromatografischen Bedingungen, Forderungen hinsichtlich der jeweils einzuhaltenden Trennkenngrößen und gegebenenfalls der Präzision des chromatografischen Systems sowie Angaben über das anzuwendende Auswertungsverfahren.

Chromatografische Bedingungen

Das chromatografische System wird durch die folgenden chromatografischen Bedingungen charakterisiert.

Säule:

Material
Innendurchmesser (mm)
Länge (m)

Gepackte Säule:

Stationäre Flüssigphase: Art, Konzentration (%)
Fester Träger: Art, Korngröße (µm)
Aktiver Festkörper: Art, Korngröße (µm)

Kapillarsäule:

Stationäre Flüssigphase: Art, Filmdicke (µm)

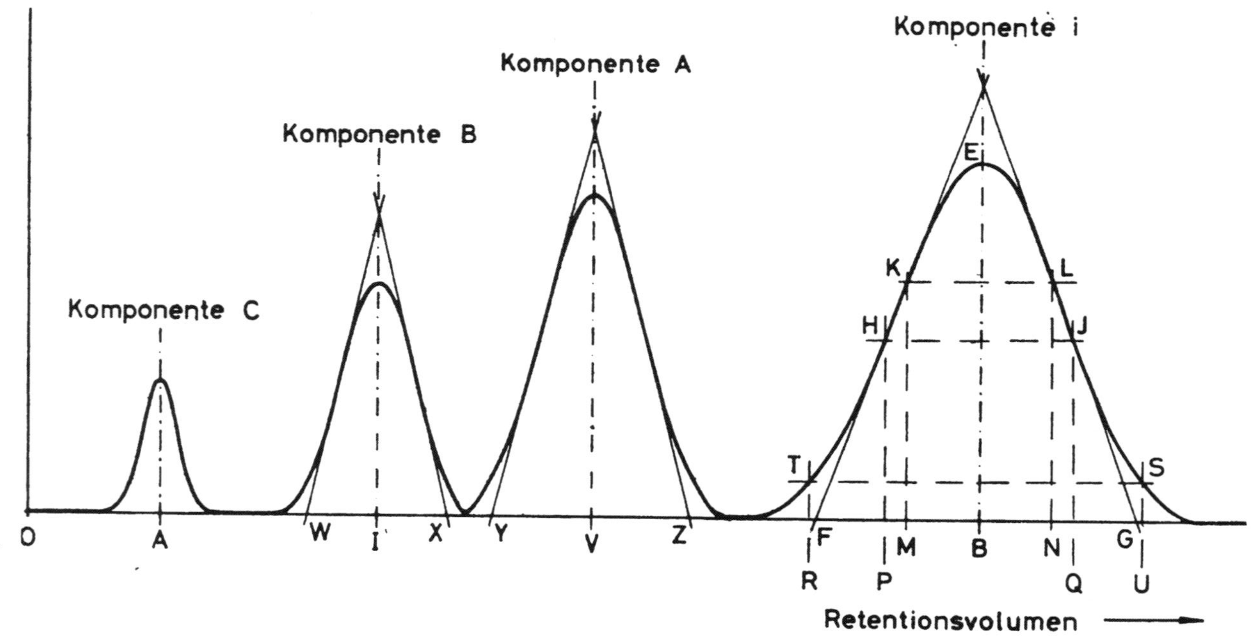

BE:	Peakhöhe	FG:	y_i	BU:	y_2
PQ:	Peakbreite in halber Höhe	WX:	y_B	AO:	V_M
MN:	Wendepunktabstand	YZ:	y_A	AB:	V_R'
RT:	$^1/_{10}$ Peakhöhe	IV:	y	BO:	V_R
		BR:	y_1		

Eluent bzw. Trägergas:

Art
Zusammensetzung: Zahlenangaben bedeuten Volumenteile.
Gradientenprogramm
Volumenstrom (ml/min)

Temperatur:

Probengeber (°C)
Säule (°C)
Detektor (°C)
Gradientenprogramm (K/min)

Detektion:

Art des Detektors

Probengabe:

Art
Volumen (µl)

Trennkenngrößen

Zur Kennzeichnung der chromatografischen Eigenschaften des Systems dienen das Massenverteilungsverhältnis D_m (Kapazitätsfaktor k), d. h. der Quotient aus der Menge der Komponente in der stationären Phase und der Menge der Komponente in der mobilen Phase, die Trennstufenhöhe h, die Peakauflösung R_S und die Asymmetrie A_S. Die Asymmetrie muß im Bereich von 0,8 bis 2,0 liegen, falls in der Monografie nichts anderes angegeben ist. In der jeweiligen Monografie werden die zu ermittelnden Trennkenngrößen und die Bedingungen für ihre Bestimmung angegeben (Chromatogramm T).

$$D_m = \frac{V_R'}{V_M} = \frac{V_R - V_M}{V_M}$$

$$h = \frac{l}{16\left(\frac{V_R}{y_i}\right)^2} \text{ (m)}$$

$$R_S = \frac{2y}{y_A + y_B}$$

$$A_S = \frac{y_2}{y_1}$$

l = Länge der Säule (m).
V_R' = reduziertes Retentionsvolumen.
V_M = Mobilvolumen.
V_R = Gesamtretentionsvolumen.
y_i = Peakbreite der Komponente i; das entspricht der 1,699fachen Peakbreite in halber Höhe.
y = Abstand der beiden Peakmaxima.
y_A = An der Basislinie gemessene Peakbreite der Komponente A.
y_B = An der Basislinie gemessene Peakbreite der Komponente B.
y_1 = Entfernung zwischen der durch das Maximum des Peaks gezogenen Senkrechten und dem aufsteigenden Kurvenast des Peaks bei einem Zehntel der Peakhöhe.
y_2 = Entfernung zwischen der durch das Maximum des Peaks gezogenen Senkrechten und dem abfallenden Kurvenast des Peaks bei einem Zehntel der Peakhöhe.

Wenn die Strömung und die Registriergeschwindigkeit konstant sind, sind die Volumina den Zeiten und Diagrammstrecken direkt proportional, so daß letztere zur Berechnung herangezogen werden können. Das Mobilvolumen V_M ist das Retentionsvolumen einer vom chromatografischen System nicht zurückgehaltenen Komponente (Komponente C). Diese Komponente wird in der jeweiligen Monografie angegeben.

Auswertungsverfahren

Identifizierung der Peaks

Die Identifizierung der einzelnen Peaks der Substanz (Chromatogramm P) erfolgt durch Vergleich ihrer Retentionsvolumina mit denen von Standards oder Vergeichssubstanzen (Chromatogramm S) bzw. auf Grund ihrer relativen Retention $r_{A/B}$.

$$r_{A/B} = \frac{V'_{R,A}}{V'_{R,B}}$$

$V'_{R,A}$ = reduziertes Retentionsvolumen der zu identifizierenden Substanz.
$V'_{R,B}$ = reduziertes Retentionsvolumen der Bezugssubstanz.

Erfolgt die Identifizierung mit Hilfe der relativen Retention, sind die in der jeweiligen Monografie angegebenen chromatografischen Bedingungen einzuhalten. Die in den einzelnen Monografien angegebenen relativen Retentionsdaten werden, wenn gefordert, mit den jeweils vorgeschriebenen Stoffen kontrolliert und gegebenenfalls korrigiert.

Quantitative Bestimmung

Zur Überprüfung der Präzision des chromatografischen Systems wird die relative Standardabweichung s_r einer Reihe von Meßwerten (Chromatogramme A_1 bis A_5) bestimmt. In der jeweiligen Monografie werden die zu verwendende Probelösung und die Bedingungen für die Bestimmung der Präzision angegeben.

$$s_r = \frac{1}{\bar{x}} \left(\frac{1}{n-1} \sum_{i=1}^{n} (x_i - \bar{x})^2 \right)^{\frac{1}{2}}$$

$\bar{x}$ = Mittelwert.
x_i = Meßwert i der Reihe.
n = Anzahl der Glieder einer Reihe ($n = 5$).

Die Bestimmung wird, wie in der jeweiligen Monografie angegeben, mittels innerem oder äußerem Standard bzw. der 100-%-Methode durchgeführt. Werden spezielle Auswertungsverfahren angewandt, werden diese in der jeweiligen Monografie gesondert beschrieben.
Die in die nachstehend angegebenen Formeln einzusetzenden Werte werden durch Mittelwertbildung der Peakflächen bzw. Quotienten der Peakflächen von mindestens 2 Chromatogrammen erhalten.
Die Bestimmung der Peakfläche kann durch geeignete maschinelle Auswertungsmethoden erfolgen. Müssen manuelle Verfahren angewandt werden, kann die Auswertung über Näherungsmethoden wie die Peakhöhenmethode bzw. die Methode, bei der die Peakhöhe mit der Peakbreite in halber Höhe multipliziert wird, erfolgen. In die nachstehend angegebenen Formeln werden die entsprechenden Meßwerte eingesetzt. Näherungsmethoden sind nur zulässig, wenn eine ausreichende Linearität der Bestimmungsmethode im Arbeitsbereich gegeben ist. Die Auswertung nach der 100-%-Methode muß über die Peakfläche erfolgen.
Die in der jeweiligen Monografie vorgeschriebenen Lösungsmittel sind vor ihrer Benutzung zu chromatografieren. Treten Peaks beim Retentionsvolumen von Komponenten der Substanz auf, die die Bestimmung beeinflussen, ist das Lösungsmittel auf geeignete Weise zu reinigen.

Bestimmung unter Verwendung des inneren Standards

Voraussetzung:

Das Chromatogramm der Substanz darf keinen Peak beim Retentionsvolumen des inneren Standards besitzen. Tritt ein Störpeak auf, ist dieser rechnerisch zu eliminieren, oder es ist ein anderer innerer Standard zu verwenden.

Ausführung:

Chromatogramm S_1: Wie in der jeweiligen Monografie vorgeschrieben, wird eine Lösung des inneren Standards und des Standards hergestellt und von dieser die angegebene Menge chromatografiert.

Chromatogramm P_1: Wie in der jeweiligen Monografie vorgeschrieben, wird eine Lösung des inneren Standards und der Substanz hergestellt und von dieser die angegebene Menge chromatografiert.

Berechnung:

$$m_i = \frac{Q_1 \cdot Ew_2 \cdot Ew_3 \cdot a \cdot b \cdot c}{Q_2 \cdot Ew_1 \cdot Ew_4} \ (\%)$$

m_i = Masseprozent der Komponente i in der Substanz.
Q_1 = Quotient aus der Peakfläche des inneren Standards und der Peakfläche des Standards, die zur Bestimmung der Komponente i benutzt werden, auf Chromatogramm S_1.
Q_2 = Quotient aus der Peakfläche des inneren Standards, der zur Bestimmung der Komponente i benutzt wird, und der Peakfläche der Komponente i auf Chromatogramm P_1.
Ew_1 = Einwaage des inneren Standards, der zur Bestimmung der Komponente i benutzt wird, für Chromatogramm S_1 (g).
Ew_2 = Einwaage des inneren Standards, der zur Bestimmung der Komponente i benutzt wird, für Chromatogramm P_1 (g).
Ew_3 = Einwaage des Standards, der zur Bestimmung der Komponente i benutzt wird, für Chromatogramm S_1 (g).
Ew_4 = Einwaage der Substanz für Chromatogramm P_1 (g).
a = Verdünnungsfaktor. Wenn nichts angegeben ist, gilt $a = 1$.
b = deklarierter Gehalt des Standards, der zur Bestimmung der Komponente i benutzt wird (%). Wenn nichts angegeben ist, gilt $b = 100$.
c = Korrekturfaktor. Wenn nichts angegeben ist, gilt $c = 1$.

Bestimmung unter Verwendung des äußeren Standards

Ausführung:

Chromatogramm S_2: Wie in der jeweiligen Monografie vorgeschrieben, wird eine Lösung des Standards hergestellt und von dieser die angegebene Menge chromatografiert.
Chromatogramm P_2: Wie in der jeweiligen Monografie vorgeschrieben, wird eine Lösung der Substanz hergestellt und von dieser die angegebene Menge chromatografiert.

Berechnung:

$$m_i = \frac{F_2 \cdot Ew_5 \cdot a \cdot b \cdot c}{F_1 \cdot Ew_6} \ (\%)$$

m_i = Masseprozent der Komponente i in der Substanz.
F_1 = Peakfläche des Standards, der zur Bestimmung der Komponente i benutzt wird, auf Chromatogramm S_2 (mm^2).

F_2 = Peakfläche der Komponente i auf Chromatogramm P_2 (mm²).
Ew_5 = Einwaage des Standards, der zur Bestimmung der Komponente i benutzt wird, für Chromatogramm S_2 (g).
Ew_6 = Einwaage der Substanz für Chromatogramm P_2 (g).
a = Verdünnungsfaktor. Wenn nichts angegeben ist, gilt $a = 1$.
b = deklarierter Gehalt des Standards, der zur Bestimmung der Komponente i benutzt wird. Wenn nichts angegeben ist, gilt $b = 100$.
c = Korrekturfaktor. Wenn nichts angegeben ist, gilt $c = 1$.

100-%-Methode

Voraussetzung:

Alle Komponenten der Substanz müssen unzersetzt chromatografierbar sein. Es ist der in der jeweiligen Monografie vorgeschriebene Detektor zu benutzen. Es ist zu kontrollieren, ob im Arbeitsbereich der Methode eine ausreichende Linearität vorliegt. Gegebenenfalls sind geeignete Korrekturen vorzunehmen.

Ausführung:

Chromatogramm B: Ist in der jeweiligen Monografie vorgeschrieben, daß die Substanz in einem Lösungsmittel gelöst wird, ist dieses zu chromatografieren.
Chromatogramm S_3: Ist in der jeweiligen Monografie die Zuordnung von Peaks vorgeschrieben, werden die angegebenen Standards bzw. Vergleichssubstanzen chromatografiert.
Chromatogramm P_3: Wie in der jeweiligen Monografie vorgeschrieben, wird die angegebene Menge der Substanz bzw. der Lösung der Substanz chromatografiert.

Berechnung:

$$f_i = \frac{F_i \cdot 100 \cdot c}{\sum F_n - \sum F_{Bj}} \ (\%)$$

f_i = Flächenprozent der Komponente i in der Substanz.
F_i = Peakfläche der Komponente i auf Chromatogramm P_3 (mm²).
$\sum F_n$ = Summe der Peakflächen aller Komponenten auf Chromatogramm P_3 (mm²).
$\sum F_{Bj}$ = Summe der Peakflächen aller Komponenten auf Chromatogramm P_3 (mm²), die das Retentionsvolumen von Peaks des Lösungsmittels auf Chromatogramm B besitzen.
c = Korrekturfaktor. Wenn nichts angegeben ist, gilt $c = 1$.

In den Monografien werden Empfehlungen für stationäre Flüssigphasen (III, 14.0.5.), feste Träger (III, 14.0.6.) und aktive Festkörper (III, 14.0.7.) durch Nennung der in den folgenden Tabellen benutzten Nummern gegeben.

1. Stationäre Flüssigphasen

Nr.	Gruppe
1.1.	Methylsiliconöl
1.2.	Methylsilicongummi
1.3.	Phenylalkylsilicon
1.4.	Fluoralkylsilicon
1.5.	Cyanoalkylsilicon
1.6.	Polyglycol 20000
1.7.	Polyglycol 400
1.8.	Polyglycol, modifiziert zur Bestimmung von freien Fettsäuren
1.9.	N,N-Dimethylstearamid
1.10.	Polyethylenglycolsuccinat
1.11.	Tricresylphosphat

2. Feste Träger

2.1. Kieselgur, weiß, mit Flußmittel calciniert

Nr.	
2.1.1. nicht gewaschen	Dichte: 180 bis 240 kg/m^3 Oberfläche: 10^3 m^2/kg maximale Beladbarkeit: 15%
2.1.2. säuregewaschen 2.1.3. säuregewaschen und silanisiert	

2.2. Kieselgur, hellgrau bis rötlichbraun, mit Flußmittel calciniert

Nr.	
2.2.1. nicht gewaschen	Dichte: 470 bis 580 kg/m^3 Oberfläche: 0,5 · 10^3 m^2/kg maximale Beladbarkeit: 5%
2.2.2. säuregewaschen 2.2.3. säuregewaschen und silanisiert	

2.3. Material aus gemahlenen, feuerfesten Ziegeln, rosafarben

Nr.	
2.3.1. nicht gewaschen	Dichte: 380 bis 470 kg/m^3 Oberfläche: 4,0 · 10^3 m^2/kg maximale Beladbarkeit: 30%
2.3.2. säuregewaschen 2.3.3. säuregewaschen und silanisiert	

3. Aktive Festkörper

Nr.	Kugelförmige, poröse Partikel
3.1.	Styren-Ethylstyren-Divinylbenzen-, Ethylstyren-Divinylbenzen-bzw. Divinylbenzen-Ethylvinylbenzen-Kopolymere
3.2.	Acrylsäureester-Ethylstyren-Divinylbenzen-Kopolymere
3.3.	Acrylnitril-Ethylstyren-Divinylbenzen- bzw. Acrylnitril-Divinylbenzen-Kopolymere
3.4.	Vinylpyrrolidon-Polymer
3.5.	Ethylenglycol-Dimethacryl-Kopolymere

18.0. Bestimmung der spezifischen Leitfähigkeit

Als spezifische Leitfähigkeit $\varkappa$ wird der reziproke Wert des spezifischen Widerstandes ρ bezeichnet, der den Widerstand einer Flüssigkeit darstellt, die sich zwischen zwei parallelen, 0,01 m voneinander entfernten Elektroden von je 0,0001 m^2 wirksamer Oberfläche befindet.
Die Einheit der spezifischen Leitfähigkeit ist das Siemens (S). Zwischen dem zu messenden Widerstand $R(\Omega)$, der wirksamen Oberfläche der Elektroden und deren Entfernung voneinander besteht folgende Beziehung:

$$\varkappa = \frac{1}{R} \cdot \frac{l}{q}$$

$$\varkappa = \frac{1}{R} \cdot C$$

$\varkappa$ = spezifische Leitfähigkeit in Siemens.
l = Abstand der Elektroden voneinander in Meter.
q = wirksame Oberfläche je Elektrode in Quadratmeter.
C = Widerstandskapazität.

Zur Bestimmung der spezifischen Leitfähigkeit sind platinierte Platinelektroden zu verwenden, deren wirksame Oberfläche und Abstand voneinander so zu wählen sind, daß der gemessene Widerstand R im Bereich von 100 bis 5000 Ω liegt. Die Messung ist mit Wechselstrom von mindestens 500 Hz und bei einer Temperatur von 20 °C ± 0,1 K durchzuführen. Die für die Eichung der Meßzelle notwendige Bestimmung der Widerstandskapazität C erfolgt mit Kaliumchloridlösung (0,1 mol/l oder 0,01 mol/l).
Die spezifische Leitfähigkeit $\varkappa$ beträgt bei 20 °C für Kaliumchloridlösung (0,1 mol/l) 1,167 S/m und Kaliumchloridlösung (0,01 mol/l) 0,1278 S/m.
Alle weiteren Angaben zur Durchführung der Messung sind der Arbeitsanleitung des verwendeten Gerätes zu entnehmen.

19.0. Hochleistungsflüssigkeitschromatografische Bestimmung

Die Hochleistungsflüssigkeitschromatografie ist ein Verfahren, bei dem die Trennung eines Gemisches auf der unterschiedlichen Wechselwirkung der Komponenten zwischen einer flüssigen mobilen Phase, dem Eluenten, und einer stationären Phase beruht. Die in einer Säule befindliche stationäre Phase besteht aus porösen Teilchen, deren mittlere Korngröße im allgemeinen nicht größer als 10 µm ist. Der Eluent wird durch die Säule gepumpt. Der Volumenstrom wird vorgegeben. Die in einem Lösungsmittel gelöste Substanz wird vor der Säule in den Eluenten gebracht. Nach Verlassen der Säule passieren die Komponenten einen Detektor, dessen Signal in Abhängigkeit von der Zeit als Chromatogramm aufgezeichnet wird (s. III, 14.0., Abbildung).
Die jeweiligen Monografien enthalten Empfehlungen über die chromatografischen Bedingungen, Mindestforderungen hinsichtlich der jeweils einzuhaltenden Trennkenngrößen und gegebenenfalls der Präzision des chromatografischen Systems sowie Angaben über das anzuwendende Auswertungsverfahren. Es gelten die unter „Gaschromatografische Bestimmung" (III, 14.0.) gemachten Angaben.
Es sind geeignete Lösungsmittel zu verwenden.
In den Monografien werden Empfehlungen für aktive Festkörper (III, 19.0.2.) durch Nennung der in der folgenden Tabelle benutzten Nummern gegeben.

Aktive Festkörper

1. Unmodifizierte Kieselgele

Nr.	
1.1.	regulär
1.2.	irregulär

2. Modifizierte Kieselgele

Nr.	
2.1.	regulär
2.1.1.	mit Octyl-Gruppen
2.1.2.	mit Octadecyl-Gruppen
2.1.3.	mit 3-Amino-propyl-Gruppen
2.1.4.	mit 3-Cyano-propyl-Gruppen
2.1.5.	mit 1,2-Dihydroxy-3-propoxy-propyl-Gruppen
2.2.	irregulär
2.2.1.	mit Octyl-Gruppen
2.2.2.	mit Octadecyl-Gruppen
2.2.3.	mit 3-Amino-propyl-Gruppen
2.2.4.	mit 3-Cyano-propyl-Gruppen
2.2.5.	mit 1,2-Dihydroxy-3-propoxy-propyl-Gruppen

Bariumperchloratlösung (0,01 mol/l)

$Ba(ClO_4)_2 \cdot H_2O$ (354,3)

Herstellung: 3,5426 g Bariumperchlorat werden in Wasser zu 1 l gelöst.

Bestimmung des Faktors: 10,00 ml Schwefelsäure (0,01 mol/l) werden mit 10,0 ml Aceton und 5 Tropfen Sulfonazo-III-I versetzt. Die Lösung wird mit der Bariumperchloratlösung unter Rühren mit einem Magnetrührwerk bis zum Farbumschlag von Violett nach beständigem Blau titriert (Feinbürette).

Berechnung:

$$F_{Ba(ClO_4)_2} = \frac{10 \cdot F_{H_2SO_4}}{a}$$

a = Anzahl Milliliter verbrauchter Bariumperchloratlösung.

Benzyldodecyldimethylammoniumchloridlösung (0,02 mol/l)

$C_{21}H_{38}ClN$ (340,0)

Herstellung: 6,800 g N-Benzyl-N-dodecyldimethylammoniumchlorid werden in Wasser zu 1 l gelöst.

Bestimmung des Faktors: 0,0500 g über Silicagel bis zur Massekonstanz getrockneter Natriumdodecylsulfat-Urtiter werden in einem mit Glasstopfen verschließbaren 200-ml-Meßzylinder in 50,0 ml Wasser gelöst. Nach Zusatz von 50,0 ml Chloroform, 5,0 ml Schwefelsäure (0,5 mol/l), 2 Tropfen Methylthioniniumchloridlösung (1,50 g/l) und 7 Tropfen Eosin-Natrium-I wird die Mischung mit der Benzyldodecyldimethylammoniumchloridlösung bis zur beständigen Grünfärbung der Chloroformschicht titriert (Feinbürette). Dabei wird nach jedem Zusatz der Maßlösung kräftig geschüttelt und bis zur Trennung der Schichten gewartet.

Berechnung:

$$F_{C_{21}H_{38}ClN} = \frac{a \cdot c}{0{,}576 b}$$

a = Einwaage des getrockneten Natriumdodecylsulfat-Urtiters in Gramm.
b = Anzahl Milliliter verbrauchter Benzyldodecyldimethylammoniumchloridlösung.
c = korrigierter Gehalt des getrockneten Natriumdodecylsulfat-Urtiters in Masseprozent.

Blei(II)-chloridlösung (0,025 mol/l)

$PbCl_2$ (278,1)

Herstellung: 6,9524 g Blei(II)-chlorid werden mit 25,0 ml der nachstehend beschriebenen Natronlauge-Essigsäure-Mischung und 700 ml Wasser versetzt. Diese Mischung wird erwärmt, bis sich das Blei(II)-chlorid gelöst hat. Nach dem Abkühlen auf 20°C wird die Lösung mit Wasser zu 1 l aufgefüllt.
Natronlauge-Essigsäure-Mischung: 100,0 ml Natronlauge (1 mol/l) werden mit 500 ml Wasser versetzt. Nach Zusatz von 300 ml Essigsäure wird die Lösung potentiometrisch (III, 7.0.) mit Essigsäure auf den pH-Wert von 2,8 eingestellt. Die Lösung wird auf 20°C abgekühlt und mit Wasser zu 1 l aufgefüllt.

Bestimmung des Faktors: 10,00 ml Kaliumsulfatlösung (0,025 mol/l) werden nach Zusatz von 20,0 ml Aceton mit Salzsäure (1 mol/l) potentiometrisch (III, 7.0.) auf den pH-Wert von 2,8 eingestellt. Nach Zusatz von 10 Tropfen Diphenylthiocarbazon-I* wird die Mischung unter kräftigem Rühren mit Blei(II)-chloridlösung (0,025 mol/l) bis zur schwachen Rotfärbung titriert (Feinbürette).

Berechnung:

$$F_{PbCl_2} = \frac{10}{a}$$

a = Anzahl Milliliter verbrauchter Blei(II)-chloridlösung.

Blei(II)-nitratlösung (0,1 mol/l)

$Pb(NO_3)_2$ (331,2)

Herstellung: Blei(II)-nitrat-Urtiter wird bei 105°C bis zur Massekonstanz getrocknet. 33,123 g des getrockneten Urtiters werden in kohlendioxidfreiem Wasser zu 1 l gelöst.

Ethanolische Kalilauge (0,05 mol/l)

Herstellung: 50,00 ml ethanolische Kalilauge (1 mol/l) werden mit aldehydfreiem Ethanol zu 1 l aufgefüllt.
Die Lösung ist frisch zu bereiten.

Bestimmung des Faktors: Der Faktor der Lösung wird erforderlichenfalls unter Verwendung von 25,00 ml Salzsäure (0,05 mol/l) und 1,00 ml Phenolphthalein-I in der gleichen Weise wie der Faktor der Kalilauge (1 mol/l) bestimmt und berechnet.

Aufbewahrung: In mit Gummistopfen verschlossenen Gefäßen.

Kaliumbromatlösung (0,0167 mol/l)

$KBrO_3$ (167,0)

Herstellung: Kaliumbromat wird bei 130 °C 120 min getrocknet. 2,7840 g des getrockneten Kaliumbromates werden in Wasser zu 1 l gelöst.

Kaliumchloridlösung (0,1 mol/l)

KCl (74,56)

Herstellung: Kaliumchlorid-Urtiter wird bei 130 °C 120 min getrocknet. 7,4555 g des getrockneten Urtiters werden in doppelt destilliertem, kohlendioxidfreiem Wasser zu 1 l gelöst.

Kaliumchloridlösung (0,01 mol/l)

Herstellung: 100,00 ml Kaliumchloridlösung (0,1 mol/l) werden mit doppelt destilliertem, kohlendioxidfreiem Wasser zu 1 l aufgefüllt.

Kaliumdichromatlösung (0,0167 mol/l)

$K_2Cr_2O_7$ (294,2)

Herstellung: Kaliumdichromat wird bei 130 °C 120 min getrocknet. 4,9032 g des getrockneten Kaliumdichromates werden in Wasser zu 1 l gelöst.

Kaliumiodatlösung (0,0167 mol/l)

KIO_3 (214,0)

Herstellung: Kaliumiodat wird bei 130 °C 120 min getrocknet. 3,5668 g des getrockneten Kaliumiodates werden in Wasser zu 1 l gelöst.

Kaliumiodatlösung (0,000835 mol/l)

Herstellung: 50,00 ml Kaliumiodatlösung (0,0167 mol/l) werden mit Wasser zu 1 l aufgefüllt.

Kalium-n-octanolatlösung (0,1 mol/l)

$C_8H_{17}KO$ (168,3)

Herstellung: Eine 6 g 100%igem KOH entsprechende Menge Kaliumhydroxid wird in einem 500-ml-Rundkolben mit 160 ml n-Octylalkohol* versetzt. Die Mischung wird bei 2 bis 3 kPa destilliert, bis 60 ml Destillat übergegangen sind. Dieses wird verworfen. Der Rückstand wird nach dem Abkühlen auf 40 bis 50 °C in 50,0 ml wasserfreiem Methanol gegebenenfalls unter Erwärmen im Wasserbad gelöst. Nach dem Erkalten wird die Lösung mit Toluen zu 1 l aufgefüllt und in das Vorratsgefäß gegeben.

Bestimmung des Faktors: 0,1000 g Benzoesäure-Urtiter wird in einem 100-ml-Erlenmeyerkolben in 30 ml Dimethylformamid gelöst und die Lösung mit 2 Tropfen Thymolphthalein-I** versetzt. Der Erlenmeyerkolben wird mit einem 3fach durchbohrten Stopfen verschlossen. Durch die eine Öffnung des Stopfens wird der Bürettenauslauf und durch die zweite Öffnung ein Einleitungsrohr für Stickstoff geführt. Unter Rühren der Lösung mit einem Magnetrührwerk wird über die Flüssigkeitsoberfläche 3 min ein schwacher Stickstoffstrom geleitet. Anschließend wird die Lösung unter Rühren und Stickstoffzufuhr mit der Kalium-n-octanolatlösung bis zur Blaufärbung titriert (Feinbürette).
Unter den gleichen Bedingungen ist ein Blindversuch durchzuführen.

Berechnung:

$$F_{C_8H_{17}KO} = \frac{a}{0{,}01222(b - c)}$$

a = Einwaage des Benzoesäure-Urtiters in Gramm.
b = Anzahl Milliliter verbrauchter Kalium-n-octanolatlösung.
c = Anzahl Milliliter verbrauchter Kalium-n-octanolatlösung im Blindversuch.

Der Faktor ist unmittelbar vor jeder Bestimmungsreihe zu ermitteln.
Wird bei einer Titration ein anderer Indikator als Thymolphthalein-I** gefordert, so ist die Bestimmung des Faktors unter Verwendung des betreffenden Indikators durchzuführen. Wird die Titration bei einer Temperatur ausgeführt, die von der bei der Einstellung der Maßlösung gemessenen abweicht, so ist für je 1 K Temperaturabweichung der Faktor um 0,001 zu korrigieren. Dieser Korrekturwert ist bei tieferer Temperatur zu addieren und bei höherer Temperatur zu subtrahieren.

Aufbewahrung: In einem mit der Feinbürette verbundenen Vorratsgefäß, das durch ein mit Kaliumhydroxid gefülltes Trockenrohr vor Feuchtigkeit und Kohlendioxid geschützt ist.
Anstelle der Kalium-n-octanolatlösung (0,1 mol/l) kann Kalium-n-heptanolatlösung (0,1 mol/l), die unter Verwendung von n-Heptanol, wie vorstehend angegeben, hergestellt wird, verwendet werden.

Kaliumpermanganatlösung (0,02 mol/l)

$KMnO_4$ (158,0)

Herstellung: 3,30 g Kaliumpermanganat werden in Wasser zu 1 l gelöst. Die Lösung wird zum Sieden erhitzt und nach dem Erkalten durch einen Sinterfiltertiegel P 10 oder P 16 (Glasfiltertiegel G4) filtriert.

Bestimmung des Faktors: 25,00 ml der Kaliumpermanganatlösung werden mit 1,00 g Kaliumiodid und 10,0 ml Schwefelsäure (1,5 mol/l) versetzt. Das ausgeschiedene Iod wird mit Natriumthiosulfatlösung (0,1 mol/l) titriert. Sobald die Lösung nur noch schwach gelb gefärbt ist, werden 2,0 ml Stärke-I hinzugefügt.

Berechnung:

$$F_{KMnO_4} = \frac{a \cdot F_{Na_2S_2O_3}}{25}$$

a = Anzahl Milliliter verbrauchter Natriumthiosulfatlösung (0,1 mol/l).

Aufbewahrung: Vor Licht geschützt.

Kaliumpermanganatlösung (0,002 mol/l)

Herstellung: 100,00 ml Kaliumpermanganatlösung (0,02 mol/l) werden mit kohlendioxidfreiem Wasser zu 1 l aufgefüllt.
Die Lösung ist frisch zu bereiten.
Der Faktor der Lösung ist gleich dem Faktor der Kaliumpermanganatlösung (0,02 mol/l).

Kaliumsulfatlösung (0,025 mol/l)

K_2SO_4 (174,3)

Herstellung: 4,3570 g Kaliumsulfat-Urtiter werden in Wasser zu 1 l gelöst.

Natriummethoxidlösung (0,1 mol/l)

CH_3NaO (54,02)

Anstelle dieser Maßlösung ist Kalium-n-octanolatlösung (0,1 mol/l) (VII, 10.0.6.) zu verwenden.

Natriumnitritlösung (0,1 mol/l)

$NaNO_2$ (69,00)

Herstellung: 7,00 g Natriumnitrit werden in Wasser zu 1 l gelöst.

Bestimmung des Faktors: Sulfanilsäure wird bei 105 °C 4 h getrocknet. 0,1300 bis 0,1500 g der getrockneten Sulfanilsäure werden in der Mischung aus 5,0 ml Salzsäure (6 mol/l) und 25,0 ml Wasser unter Rühren mit einem Magnetrührwerk gelöst. Die Lösung wird nach Zusatz von 1,0 g Kaliumbromid und 2 Tropfen Tropäolin-OO-I* mit der Natriumnitritlösung unter Rühren bis zur schwachen Gelbfärbung oder Entfärbung titriert (Feinbürette).

Berechnung:

$$F_{NaNO_2} = \frac{a}{0{,}01732\,b}$$

a = Einwaage der getrockneten Sulfanilsäure in Gramm.
b = Anzahl Milliliter verbrauchter Natriumnitritlösung.

Wenn bei der Titration einer zu bestimmenden Substanz die elektrometrische Äquivalenzpunktbestimmung nach dem Verfahren der stromkontrollierten potentiometrischen Titration mit 2 Indikatorelektroden vorgeschrieben ist, werden zur Bestimmung des Faktors 0,1300 bis 0,1500 g der getrockneten Sulfanilsäure in der Mischung aus 10,0 ml Salzsäure (6 mol/l) und 20,0 ml Wasser unter Rühren mit einem Magnetrührwerk gelöst. Nach Zusatz von 1,0 g Kaliumbromid wird die Lösung, wie unter „Bestimmung primärer aromatischer Amine" (VII, 12.0.) angegeben, mit Natriumnitritlösung (0,1 mol/l) titriert (Feinbürette). Die Berechnung erfolgt wie oben angegeben.

Aufbewahrung: Vor Licht geschützt.

Natriumtetraoxoiodatlösung (0,05 mol/l)

$NaIO_4$ (213,9)

Herstellung: 10,70 g Natriumtetraoxoiodat werden in Wasser zu 1 l gelöst. Die Lösung ist frisch zu bereiten.

Natriumthiosulfatlösung (0,2 mol/l)

$Na_2S_2O_3 \cdot 5H_2O$ (248,2)

Herstellung: 50,00 g Natriumthiosulfat werden in kohlendioxidfreiem Wasser zu 1 l gelöst.

Bestimmung des Faktors: 25,00 ml Kaliumbromatlösung (0,0167 mol/l) werden mit 1,00 g Kaliumiodid und 5,0 ml Salzsäure (6 mol/l) versetzt. Das ausgeschiedene Iod wird mit der Natriumthiosulfatlösung titriert. Sobald die Lösung nur noch schwach gelb gefärbt ist, werden 2,0 ml Stärke-I hinzugefügt.

Berechnung:

$$F_{Na_2S_2O_3} = \frac{12,5}{a}$$

a = Anzahl Milliliter verbrauchter Natriumthiosulfatlösung.

Aufbewahrung: Vor Licht geschützt.

Natriumthiosulfatlösung (0,1 mol/l)

$Na_2S_2O_3 \cdot 5H_2O$ (248,2)

Herstellung: 25,00 g Natriumthiosulfat werden in kohlendioxidfreiem Wasser zu 1 l gelöst.

Bestimmung des Faktors: 25,00 ml Kaliumbromatlösung (0,0167 mol/l) werden mit 1,00 g Kaliumiodid und 5,0 ml Salzsäure (6 mol/l) versetzt. Das ausgeschiedene Iod wird mit der Natriumthiosulfatlösung titriert. Sobald die Lösung nur noch schwach gelb gefärbt ist, werden 2,0 ml Stärke-I hinzugefügt.

Berechnung:

$$F_{Na_2S_2O_3} = \frac{25}{a}$$

a = Anzahl Milliliter verbrauchter Natriumthiosulfatlösung.

Aufbewahrung: Vor Licht geschützt.

Natriumthiosulfatlösung (0,02 mol/l)

Herstellung: 50,00 ml Natriumthiosulfatlösung (0,1 mol/l) werden mit kohlendioxidfreiem Wasser zu 250,0 ml aufgefüllt.
Die Lösung ist frisch zu bereiten.
Der Faktor der Lösung ist gleich dem Faktor der Natriumthiosulfatlösung (0,1 mol/l).

Natriumthiosulfatlösung (0,01 mol/l)

Herstellung: 10,00 ml Natriumthiosulfatlösung (0,1 mol/l) werden mit kohlendioxidfreiem Wasser zu 100,00 ml aufgefüllt.
Die Lösung ist frisch zu bereiten.
Der Faktor der Lösung ist gleich dem Faktor der Natriumthiosulfatlösung (0,1 mol/l).

Natriumthiosulfatlösung (0,005 mol/l)

Herstellung: 5,00 ml Natriumthiosulfatlösung (0,1 mol/l) werden mit kohlendioxidfreiem Wasser zu 100,00 ml aufgefüllt.
Die Lösung ist frisch zu bereiten.

Bestimmung des Faktors: 2,00 ml Kaliumiodatlösung (0,005 mol/l) werden mit 2,0 ml der Mischung gleicher Volumen Essigsäure (1 mol/l) und Wasser, 3,0 ml Kaliumiodid-Zinksulfat-Natriumchlorid-RL sowie 10 Tropfen Stärke-I versetzt. Die Mischung wird mit der Natriumthiosulfatlösung titriert (Feinbürette).

Berechnung:

$$F_{Na_2S_2O_3} = \frac{2}{a}$$

a = Anzahl Milliliter verbrauchter Natriumthiosulfatlösung.

Natronlauge (1 mol/l)

NaOH (40,00)

Herstellung: 50,0 g Natriumhydroxid werden mit wenig Wasser abgespült und in kohlendioxidfreiem Wasser zu 1 l gelöst.

Bestimmung des Faktors: Der Faktor der Lösung wird in der gleichen Weise wie der Faktor der Kalilauge (1 mol/l) bestimmt und berechnet.

Aufbewahrung: In mit Gummistopfen verschlossenen Gefäßen.

Natronlauge (0,1 mol/l)

Herstellung: 100,00 ml Natronlauge (1 mol/l) werden mit kohlendioxidfreiem Wasser zu 1 l aufgefüllt.

Bestimmung des Faktors: Der Faktor der Lösung wird unter Verwendung von 25,00 ml Salzsäure (0,1 mol/l) in der gleichen Weise wie der Faktor der Kalilauge (1 mol/l) bestimmt und berechnet.

Aufbewahrung: In mit Gummistopfen verschlossenen Gefäßen.

Natronlauge (0,05 mol/l)

Herstellung: 50,00 ml Natronlauge (0,1 mol/l) werden mit kohlendioxidfreiem Wasser zu 100,00 ml aufgefüllt.
Die Lösung ist frisch zu bereiten.
Der Faktor der Lösung ist gleich dem Faktor der Natronlauge (0,1 mol/l).

Natronlauge (0,01 mol/l)

Herstellung: 10,00 ml Natronlauge (0,1 mol/l) werden mit kohlendioxidfreiem Wasser zu 100,00 ml aufgefüllt.
Die Lösung ist frisch zu bereiten.
Der Faktor der Lösung ist unter Berücksichtigung des verwendeten Indikators gleich dem Faktor der Natronlauge (0,1 mol/l).

AUFBEWAHRUNG

1.0. Art der Aufbewahrung

Bei der Aufbewahrung und beim Umgang mit den im Arzneibuch angegebenen Arzneistoffen und Arzneizubereitungen sind die geltenden Arbeitsschutz- und Brandschutzanordnungen zu beachten.
Radioaktives Material ist entsprechend der Verordnung über die Gewährleistung von Atomsicherheit und Strahlenschutz vom 11. Oktober 1984 (GBl. I S. 341) und der dazu ergangenen Durchführungsbestimmung aufzubewahren.
Arzneimittel, die dem Gesetz über den Verkehr mit Suchtmitteln — Suchtmittelgesetz — vom 19. Dezember 1973 (GBl. I S. 572) und den dazu ergangenen Durchführungsbestimmungen unterliegen, sind diesem entsprechend aufzubewahren.
Die in Monografien der I. bis V. Lieferung des Arzneibuches der Deutschen Demokratischen Republik (Verbindlichkeitsjahre 1975 bis 1985) enthaltenen Aufbewahrungsvorschriften „Sehr vorsichtig" bzw. „Vorsichtig" gelten mit Inkrafttreten der Ausgabe 1987 des Arzneibuches der Deutschen Demokratischen Republik nur noch in dem Maße, wie sie mit der Einstufung der betreffenden Stoffe und Zubereitungen als Gifte entsprechend dem Giftgesetz vom 7. April 1977 (GBl. I Nr. 10 S. 103) übereinstimmen. Eine dem Stande der Ausgabe 1987 des Arzneibuches der Deutschen Demokratischen Republik entsprechende vollständige Zusammenstellung aller im Inhaltsverzeichnis des Arzneibuches genannten Stoffe und Zubereitungen, die als Gifte eingestuft sind, ist in Kapitel VIII, Blätter 1.0.1.1. bis 1.0.1.3. enthalten.
Jedes Arzneimittel muß so aufbewahrt werden, daß es hinreichend gegen mechanische Verunreinigungen, Masseverluste, Feuchtigkeit und geruchliche Beeinträchtigung geschützt ist.
Zusätzlich werden folgende spezielle Arten der Aufbewahrung vorgeschrieben:

„In sehr gut verschlossenen Gefäßen"
Das Arzneimittel ist gegen Beeinträchtigung durch den Wasser-, Kohlendioxid- oder Sauerstoffgehalt der Luft sowie andere wertmindernde Einflüsse geschützt aufzubewahren. Dazu sind u. a. Gefäße mit paraffinierten oder gelackten Verschlüssen oder zugeschmolzene Ampullen geeignet.

„Vor Licht geschützt"
Das Arzneimittel ist in einem Gefäß aus dunkelbraunem Glas oder in einem Gefäß aus Metall, lichtundurchlässigem Plast oder anderem geeignetem Material aufzubewahren.

„Vor Feuchtigkeit geschützt"
Das Arzneimittel ist bei einer 65% nicht übersteigenden relativen Luftfeuchtigkeit aufzubewahren.

„Über einem Trocknungsmittel"

Das Arzneimittel ist in einem Gefäß, in dem sich ein Trocknungsmittel befindet, aufzubewahren. Dazu können u. a. Gefäße mit einem hohlen Glasstopfen, der mit einem geeigneten Trocknungsmittel gefüllt und mit Mull oder Watte verschlossen ist, benutzt werden. Das Trocknungsmittel muß geruchlos sein und darf keine Wertminderung des Arzneimittels bewirken. Als Trocknungsmittel können u. a. gebrannter Kalk, gekörntes Calciumchlorid oder Silicagel verwendet werden.

„Kühl"

Das Arzneimittel ist bei einer Temperatur zwischen 2 und 15 °C aufzubewahren.

„Sehr kühl"

Das Arzneimittel ist bei einer Temperatur zwischen 2 und 8 °C aufzubewahren.
Wenn keine bestimmte Temperatur angegeben wird, ist das Arzneimittel bei einer 25 °C nicht übersteigenden Temperatur aufzubewahren. Abweichungen davon sind zulässig, wenn durch diese keine Wertminderungen verursacht werden. Frostempfindliche Arzneimittel, z. B. Lösungen, Emulsionen und Suspensionen, sind entsprechend geschützt aufzubewahren.
Wenn die Aufbewahrung in vollständig gefüllten Gefäßen vorgeschrieben ist, so bezieht sich diese Forderung nicht auf bedarfsgerechte Mengen, die in einem Gefäß für den Verbrauch in der Rezeptur aufbewahrt werden.

9.0. Prüfung der antimikrobiellen Konservierung

Diese Prüfung ist vorrangig im Rahmen von Rezepturentwicklungen durchzuführen. Die Prüfung erfolgt unter Verwendung der nachstehend angegebenen Teststämme:

Pseudomonas aeruginosa ATCC 9027,
Staphylococcus aureus ATCC 6538-P,
Escherichia coli ATCC 8739,
Candida albicans ATCC 10231,
Aspergillus niger ATCC 16404,

wobei in Abhängigkeit von der Zusammensetzung bzw. der Indikation der zu prüfenden Zubereitung die Anzahl der Teststämme vergrößert (z. B. um Streptococcus faecalis ATCC M19) oder verringert werden kann.
Bei der Prüfung von zur Anwendung am Auge bestimmten Arzneizubereitungen werden Pseudomonas aeruginosa ATCC 9027, Staphylococcus aureus ATCC 6538-P, Candida albicans ATCC 10231 und Aspergillus niger ATCC 16404 verwendet.

Herstellung des Inokulums: Vor der Durchführung der Prüfung werden die als Teststämme zu verwendenden Bakterien auf Kulturmedium 1 mit Agar für Kulturmedien und die Pilze auf Kulturmedium 5 mit Agar für Kulturmedien in Schrägagarröhrchen oder Petrischalen überimpft. Die Bakterienkulturen werden bei 30 bis 35 °C 24 h, die Hefekulturen bei 20 bis 25 °C 48 h und die Schimmelpilzkulturen bei 20 bis 25 °C 5 d bebrütet.
Nach der Bebrütung werden von den Testorganismenkulturen in nach Verfahren a_1) (XV, 1.0.) sterilisiertem Phosphat-Puffer Nr. 2 Keimsuspensionen unter Verwendung einer Öse oder durch Abschwemmung hergestellt, deren Keimzahl 10^7 bis 10^8 je Milliliter beträgt. Bei der Herstellung der Sporensuspension von Schimmelpilzen sind dem nach Verfahren a_1) sterilisierten Phosphat-Puffer Nr. 2 je 100,0 ml 0,0500 g Polysorbat 80 zuzusetzen.
Die Bestimmung der Ausgangskeimzahl dieser Suspensionen wird, wie unter „Ausführung" angegeben, unter Verwendung der Mischung aus 20,0 ml nach Verfahren a_1) sterilisiertem Phosphat-Puffer Nr. 2 und 0,20 ml der jeweiligen Keim- bzw. Sporensuspension vorgenommen.

Ausführung: Je 20,0 g bzw. 20,0 ml der zu prüfenden Zubereitung werden in 5 Kulturgefäße gegeben und jeweils mit 0,20 ml der Keimsuspensionen bzw. der Sporensuspension beimpft. Die Ausgangskeimzahl je Gramm bzw. je Milliliter dieser Ansätze beträgt etwa 10^5 bis 10^6.
Nach der Beimpfung werden die Ansätze bei 20 °C aufbewahrt.

Die Bestimmungen der Keimzahl erfolgen in Abhängigkeit von den für die verschiedenen Gruppen von Zubereitungen unter „Auswertung“ festgelegten Forderungen 14d und 28d sowie erforderlichenfalls 24 h und 7d nach der Beimpfung und werden, wie unter „Prüfung auf mikrobiologische Reinheit“ (X, 5.0.) angegeben, durchgeführt. Dabei ist nach den festgelegten Zeiten jeweils 1,00 g bzw. 1,00 ml jedes Ansatzes mit nach Verfahren a_1) sterilisiertem Phosphat-Puffer Nr. 2 im Verhältnis 1:10,1:100 und 1:1000 zu verdünnen. Für die Bestimmung der mit Bakteriensuspensionen beimpften Ansätze wird Kulturmedium 1 mit Agar für Kulturmedien und für die mit Pilzsuspensionen beimpften Ansätze Kulturmedium 5 mit Agar für Kulturmedien verwendet.
Die Elimination der Konservierungsmittel erfolgt nach Methode I oder II. Bei Anwendung der Methode II werden den Kulturmedien Inaktivatoren zugesetzt.
Inaktivatoren sind z. B. für Zubereitungen, die

- quaternäre Ammoniumverbindungen enthalten:
  30,0 g Polysorbat 80 und 2,00 g Lecithin je Liter;
- 4-Hydroxy-benzoesäureester enthalten:
  30,0 g Polysorbat 80 je Liter;
- quecksilberhaltige Konservierungsmittel enthalten:
  3,0 ml Thioglycolsäure oder 5,0 g Natriumthioglycolat je Liter.

Auswertung: Bei Zubereitungen der Gruppen 1 und 2 der mikrobiologischen Reinheit (s. Tabelle XIV, 1.0.) dürfen 24 h nach der Beimpfung maximal 0,1 % der Bakterien und 7 d nach der Beimpfung maximal 0,1 % der Pilze nachweisbar sein.
Bei Zubereitungen der Gruppe 3 der mikrobiologischen Reinheit dürfen 7 d nach der Beimpfung maximal 0,1 % der Bakterien und 14 d nach der Beimpfung maximal 0,1 % der Pilze nachweisbar sein.
Bei Zubereitungen der Gruppe 4 der mikrobiologischen Reinheit dürfen 14 d nach der Beimpfung maximal 0,1 % der Bakterien und maximal 1 % der Pilze nachweisbar sein.
Bei den Bestimmungen der Keimzahl, die nach den für die Auswertung entscheidenden Zeitabständen erfolgen, darf keine Vermehrung der Bakterien bzw. Pilze nachweisbar sein.

PRÜFUNG VON DROGEN

1.0. Allgemeines

Als Drogen werden für die Verwendung als Arzneimittel und Gesundheitspflegemittel oder für die Herstellung von Arzneimitteln und Gesundheitspflegemitteln vorbereitete Pflanzen und Tiere oder Teile von ihnen sowie von Pflanzen und Tieren gewonnene Stoffgemische bezeichnet. Ausgenommen sind Antibiotika, Enzyme und Hormone, antikörperhaltige sowie antigenhaltige Stoffe und Zubereitungen (XVI, XVII). Drogen, die lebende oder tote Tiere oder Teile von diesen oder von diesen herrührende Verunreinigungen enthalten, sowie solche, die Schimmelbefall oder Fäulniserscheinungen zeigen, dürfen nicht verwendet werden. Beimengungen von Teilen solcher Pflanzen, die stark wirksame Bestandteile enthalten, dürfen nicht vorhanden sein.
Wird der Zerkleinerungsgrad von Drogen angegeben, so muß dieser den unter „Bestimmung des Zerkleinerungsgrades“ (XI, 2.0.) angegebenen Forderungen entsprechen.

9.2. Prüfung auf Rückstände von Dichlorvos, Dimethoat und Parathion-methyl

Alle im Arzneibuch aufgeführten Drogen werden geprüft. Ausgenommen sind etherische Öle, fette Öle, Fette, Wachse und Blutegel.

Ermittlung der Wiederfindungsrate

Die Bestimmungen I und II werden je 5mal durchgeführt.

I. 1,00 ml der unter „Chromatogramm S_2" angegebenen Lösung wird in einem 300-ml-Erlenmeyerkolben zu 5,00 g gepulverter Droge gegeben. Die Mischung wird 60 min geschüttelt, wobei der Inhalt des Erlenmeyerkolbens gegebenenfalls wiederholt manuell gemischt wird, und anschließend, wie unter „Herstellung des Drogenextraktes" angegeben, weiterbehandelt. Der erhaltene gereinigte Drogenextrakt wird zur gaschromatografischen Bestimmung eingesetzt.

II. 5,00 g gepulverte Droge werden, wie unter „Herstellung des Drogenextraktes" angegeben, behandelt. Der erhaltene gereinigte Drogenextrakt wird zur gaschromatografischen Bestimmung eingesetzt.

Berechnung:

$$W = \frac{5000(a - b)}{c} \, (\%)$$

a = Mittelwert der unter I ermittelten 5 Rückstandsmengen in Milligramm je Kilogramm Droge.
b = Mittelwert der unter II ermittelten 5 Rückstandsmengen in Milligramm je Kilogramm Droge.
c = Einwaage der unter I zugesetzten Vergleichssubstanzen in Milligramm.

Die Wiederfindungsrate muß in folgenden Bereichen liegen:

Dichlorvos:	70 bis 100%
Dimethoat:	70 bis 110%
Parathion-methyl:	75 bis 100%

Herstellung des Drogenextraktes

5,00 g gepulverte Droge werden in einem 300-ml-Erlenmeyerkolben mit 2,00 ml Salzsäure (0,01 mol/l) versetzt. Die Mischung wird 15 min kräftig geschüttelt. Anschließend werden 70,0 ml der Mischung aus 12 Volumenteilen Chloroform* und 2 Volumenteilen Aceton** zugegeben. Diese Mischung wird 60 min geschüttelt und anschließend unter vermindertem

Druck durch ein Filterpapier der Sorte h in einen Rundkolben filtriert. Der Rückstand wird 3mal mit je 10 ml der Chloroform*-Aceton**-Mischung gewaschen.

Reinigung

Die vereinigten Filtrate werden in einem Wasserbad von 30 °C unter Verwendung eines Vakuumrotationsverdampfers auf 3 bis 5 ml eingedampft. Der Extrakt wird unter 3maligem Spülen des Rundkolbens mit je 10,0 ml der Chloroform*-Aceton**-Mischung auf die nachstehend beschriebene Chromatografiersäule gegeben.

Chromatografiersäule: Es wird ein Glasrohr von 20 bis 22 mm innerem Durchmesser verwendet, das regulierbares Ablaufen gestattet und an dessen unterem Ende sich eine Glassinterplatte P 10 oder P 16 (Glasfilterplatte G4) bzw. P 40 (Glasfilterplatte G3) befindet. In die Säule wird etwa 10 mm hoch die Chloroform*-Aceton**-Mischung gefüllt. Anschließend werden 5,00 g Kieselgel 40 mit 15,0 ml der Chloroform*-Aceton**-Mischung in die Säule eingeschwemmt. Danach wird der Ablauf der Säule geöffnet.

15,0 g Kieselgel 40 und 1,00 g Aktivkohle werden in einem 50-ml-Becherglas gründlich gemischt. Die Mischung wird anteilweise und vorsichtig unter Rühren mit 35,0 ml der Chloroform*-Aceton**-Mischung versetzt. Diese Mischung wird zunächst langsam, dann in einem Guß in die Chromatografiersäule gegeben. Der Ablauf der Säule bleibt dabei geöffnet. Das Eluat wird zum Spülen des 50-ml-Becherglases verwendet. Der Ablauf der Säule wird geschlossen, sobald die Flüssigkeit etwa 10 mm hoch über der Kieselgel-40-Aktivkohle-Säule steht. Danach werden 5,00 g wasserfreies Natriumsulfat in kleinen Anteilen auf die Chromatografiersäule gegeben.

Nachdem der Extrakt und die Spülflüssigkeit bei geöffnetem Ablauf auf die Säule gegeben worden sind, wird bei der Ablaufgeschwindigkeit von 1 bis 2 Tropfen je Sekunde mit 170,0 ml der Chloroform*-Aceton**-Mischung eluiert und das Eluat in einem Rundkolben gesammelt.

Das Eluat wird in einem Wasserbad von 30 °C unter Verwendung eines Vakuumrotationsverdampfers auf 2 bis 3 ml eingedampft. Der Rückstand wird mit Aceton** zu 10,00 ml aufgefüllt (**gereinigter Drogenextrakt**). Hat sich der Rückstand nicht vollständig in Aceton** gelöst, wird erneut auf 2 bis 3 ml eingedampft und der Rückstand mit der Mischung aus gleichen Volumen Toluen* und wasserfreiem Ethanol zu 10,00 ml aufgefüllt (**gereinigter Drogenextrakt**).

Der gereinigte Drogenextrakt wird zur gaschromatografischen Bestimmung eingesetzt.

Die Bestimmung wird, wie unter „Gaschromatografische Bestimmung“ (III, 14.0.) angegeben, durchgeführt.

Chromatografische Bedingungen

Gepackte Säule:
  Material: Glas

Innendurchmesser: 2 mm
Länge: 1,2 m
Stationäre Flüssigphase: Nr. 1.4. (III, 14.0.5.)
Fester Träger: Nr. 2.1.3. (III, 14.0.6.), 125 bis 150 µm, desaktiviert mit Nr. 1.7. (III, 14.0.5.)

Trägergas:
Stickstoff
Volumenstrom: 30,0 ml/min

Temperatur:
Probengeber: 220 °C
Säule: Gradientenprogramm:
Anfang: 130 °C, 4 min isotherm
Heizrate: 4 K/min
Ende: 200 °C
Detektor: 250 °C

Detektion:
Phosphorspezifischer Detektor

Probengabe:
Volumen: 1,0 µl

Trennkenngröße
$h \leqq 1{,}2 \cdot 10^{-3}$ m, berechnet für Dichlorvos

Relative Standardabweichung (Präzision des chromatografischen Systems)
$s_r \leqq 0{,}05$, berechnet für Dichlorvos

Ausführung

Chromatogramm T: Zur Ermittlung der Trennkenngröße wird die unter „Chromatogramm S_2" angegebene Lösung bei 130 °C chromatografiert.
Chromatogramme A_1 bis A_5: Zur Ermittlung der relativen Standardabweichung wird die unter „Chromatogramm S_2" angegebene Lösung 5mal chromatografiert.
Chromatogramm S_2: 0,0100 g Dichlorvos-, Dimethoat- und Parathion-methyl-Vergleichssubstanz wird jeweils in Aceton** zu 100,00 ml gelöst. Die Mischung aus 1,00 ml jeder Lösung wird mit Aceton** zu 100,00 ml aufgefüllt.
1,00 ml der Lösung wird für die Ermittlung der Wiederfindungsrate verwendet.
1,00 ml der Lösung wird mit Aceton** zu 10,00 ml aufgefüllt und diese Lösung chromatografiert. Die Peaks erscheinen auf dem Chromatogramm in der Reihenfolge Dichlorvos, Dimethoat, Parathion-methyl.
Chromatogramm P_2: Der gereinigte Drogenextrakt wird chromatografiert.

Auswertungsverfahren

Bestimmung unter Verwendung des äußeren Standards

$a = 0{,}0001$

Die in Masseprozent erhaltenen Werte werden zur Umrechnung auf die Konzentrationsangabe Milligramm je Kilogramm mit dem Faktor 10^4 multipliziert.
Die maximal zulässige Rückstandsmenge an Dichlorvos, Dimethoat und Parathionmethyl beträgt insgesamt 0,2 mg/kg Droge.

9.3. Prüfung auf Rückstände von Lindan[1]) und DDT[2]) (Clofenotan)

Alle im Arzneibuch aufgeführten Drogen werden geprüft. Ausgenommen sind etherische Öle, fette Öle, Fette, Wachse und Blutegel.

Ermittlung der Wiederfindungsrate

Die Bestimmungen I und II werden je 5mal durchgeführt.

I. 1,00 ml der unter „Chromatogramm S_2" angegebenen Lösung wird in einem 100-ml-Erlenmeyerkolben zu 5,00 g gepulverter Droge gegeben. Die Mischung wird 60 min geschüttelt, wobei der Inhalt des Erlenmeyerkolbens gegebenenfalls wiederholt manuell gemischt wird, und anschließend, wie unter „Herstellung des Drogenextraktes" angegeben, weiterbehandelt. Der erhaltene gereinigte Drogenextrakt wird zur gaschromatografischen Bestimmung eingesetzt.

II. 5,00 g gepulverte Droge werden, wie unter „Herstellung des Drogenextraktes" angegeben, behandelt. Der erhaltene gereinigte Drogenextrakt wird zur gaschromatografischen Bestimmung eingesetzt.

Berechnung:

$$W = \frac{20\,000(a - b)}{c} \ (\%)$$

a = Mittelwert der unter I ermittelten 5 Rückstandsmengen in Milligramm je Kilogramm Droge.

b = Mittelwert der unter II ermittelten 5 Rückstandsmengen in Milligramm je Kilogramm Droge.

c = Einwaage der unter I zugesetzten Vergleichssubstanzen in Milligramm.

Die Wiederfindungsrate muß im Bereich von 60 bis 130% liegen.

Herstellung des Drogenextraktes

Die Mischung aus 5,00 g gepulverter Droge, 2,50 g Kieselgel 40* und 1,00 g wasserfreiem Natriumsulfat* wird in eine Extraktionshülse gegeben, die vorher unter Rückfluß-

---

1) einschließlich der Isomeren α-, β- und δ-1,2,3,4,5,6-Hexachlor-cyclohexan (α-HCH, β-HCH, δ-HCH)

2) das heißt Gesamt-DDT, bestehend aus
- 1,1,1-Trichlor-2,2-bis(4-chlor-phenyl)ethan (p,p'-DDT);
- 1,1,1-Trichlor-2-(2-chlor-phenyl)-2-(4-chlor-phenyl)ethan (o,p'-DDT);
- 1,1-Dichlor-2,2-bis(4-chlor-phenyl)ethylen (p,p'-DDE);
- 1,1-Dichlor-2,2-bis(4-chlor-phenyl)ethan (p,p'-DDD).

kühlung mit siedendem n-Hexan* 5 h gereinigt worden ist. Die Mischung wird mit Watte* abgedeckt und in einem Soxhletapparat mit 175,0 ml n-Hexan* 5 h extrahiert.

Reinigung

Der n-Hexanextrakt wird in einem Spitzkolben mit aufgesetzter Vigreux-Kolonne (Länge 200 mm) auf dem Wasserbad auf 3 bis 5 ml eingeengt. Der Extrakt wird unter 3maligem Spülen des Spitzkolbens mit je 5,0 ml n-Hexan* auf die nachstehend beschriebene Chromatografiersäule gegeben.

Chromatografiersäule: Es wird ein Glasrohr von 20 bis 22 mm innerem Durchmesser verwendet, das regulierbares Ablaufen gestattet und an dessen unterem Ende sich eine Glassinterplatte P 10 oder P 16 (Glasfilterplatte G4) bzw. P 40 (Glasfilterplatte G3) befindet. In die Säule werden nacheinander 5,0 g wasserfreies Natriumsulfat*, 3,0 g Celite 545, 20,0 g Celite-Schwefelsäure-Mischung und 8,0 g wasserfreies Natriumsulfat* unter Festdrücken mit einem Glasstab geschichtet. Anschließend wird bei der Ablaufgeschwindigkeit von 1 bis 2 Tropfen je Sekunde mit 80,0 ml n-Hexan* eluiert. Das Eluat wird verworfen.

Nachdem der Extrakt und die Spülflüssigkeit auf die Säule gegeben worden sind, wird bei der Ablaufgeschwindigkeit von 1 bis 2 Tropfen je Sekunde mit 100,0 ml n-Hexan* eluiert und das Eluat in einem Spitzkolben mit aufgesetzter Vigreux-Kolonne (Länge 200 mm) auf dem Wasserbad auf etwa 5 ml eingeengt. Der Rückstand wird unter 2maligem Spülen des Spitzkolbens mit je 2,0 ml n-Hexan* in einen 50-ml-Scheidetrichter übergeführt. Die Lösung wird 3mal mit je 20,0 ml Acetonitril* jeweils 60 s ausgeschüttelt. Die vereinigten Acetonitrilauszüge werden in einem 500-ml-Scheidetrichter mit 250,0 ml Natriumsulfat-RL versetzt und 2mal mit je 50,0 ml n-Hexan* ausgeschüttelt. Die vereinigten n-Hexanauszüge werden 2mal mit je 50,0 ml Wasser gewaschen, anschließend mit wasserfreiem Natriumsulfat* 30 min getrocknet und filtriert. Gefäß und Filter werden 3mal mit je 10,0 ml n-Hexan* gespült und die vereinigten Filtrate in einem Spitzkolben mit aufgesetzter Vigreux-Kolonne (Länge 200 mm) auf dem Wasserbad auf etwa 5 ml eingeengt. Der Rückstand wird mit n-Hexan* auf 25,00 ml aufgefüllt und die Lösung (**gereinigter Drogenextrakt**) zur gaschromatografischen Bestimmung eingesetzt.

Die Bestimmung wird, wie unter „Gaschromatografische Bestimmung" (III, 14.0.) angegeben, durchgeführt.

Chromatografische Bedingungen

Gepackte Säule:

Material: Glas
Innendurchmesser: 3 mm
Länge: 2 m
Stationäre Flüssigphase: Nr. 1.4. (III, 14.0.5.), 1,95% und Nr. 1.3. (III, 14.0.5.), 1,50%
Fester Träger: Nr. 2.1.3. (III, 14.0.6.), 150 bis 180 μm

Trägergas:

Stickstoff
Volumenstrom: 90 ml/min

Temperatur:

Probengeber: 240 °C
Säule: 175 °C
Detektor: 240 °C

Detektion:

Elektroneneinfangdetektor

Probengabe:

Volumen: 3,0 µl

Trennkenngrößen:

$h \leqq 1{,}3 \cdot 10^{-3}$ m, berechnet für p,p'-DDE
$R_S \geqq 4{,}0$, berechnet für α-HCH/Lindan

Relative Standardabweichung (Präzision des chromatografischen Systems)

$s_r \leqq 0{,}05$, berechnet für Lindan, α-HCH, β-HCH, δ-HCH, p,p'-DDE, p,p'-DDD, o,p'-DDT, p,p'-DDT

Ausführung

Chromatogramm T: Zur Ermittlung der Trennkenngrößen wird das Chromatogramm S_2 verwendet.

Chromatogramme A_1 bis A_5: Zur Ermittlung der relativen Standardabweichung wird die unter „Chromatogramm S_2" angegebene Lösung 5mal chromatografiert.

Chromatogramm S_2: 0,1000 g Lindan-, 0,0200 g α-HCH-, 0,0200 g β-HCH- und 0,0200 g δ-HCH-Vergleichssubstanz werden in n-Hexan* zu 100,00 ml gelöst (Lösung A).
0,0200 g p,p'-DDE-, 0,0200 g p,p'-DDD-, 0,0500 g o,p'-DDT- und 0,1000 g p,p'-DDT-Vergleichssubstanz werden in n-Hexan* zu 100,00 ml gelöst (Lösung B).
Die Mischung aus je 5,00 ml Lösung A und Lösung B wird mit n-Hexan* zu 100,00 ml aufgefüllt. 5,00 ml der Lösung werden mit n-Hexan* zu 100,00 ml aufgefüllt.
1,00 ml dieser Lösung wird für die Ermittlung der Wiederfindungsrate verwendet.
Die Mischung aus 0,500 ml Lösung A und 5,00 ml Lösung B wird mit n-Hexan* zu 100,00 ml aufgefüllt. 5,00 ml der Lösung werden mit n-Hexan* zu 100,00 ml aufgefüllt. 1,00 ml dieser Lösung wird mit n-Hexan* zu 25,00 ml aufgefüllt und die Lösung chromatografiert. Die Peaks erscheinen auf dem Chromatogramm in der Reihenfolge α-HCH, Lindan, β-HCH, δ-HCH, p,p'-DDE, o,p'-DDT, p,p'-DDD, p,p'-DDT.

Chromatogramm P_2: Zur Bestimmung von DDT wird der gereinigte Drogenextrakt chromatografiert.

Zur Bestimmung von Lindan wird 1,00 ml gereinigter Drogenextrakt mit n-Hexan* zu 10,00 ml aufgefüllt und die Lösung chromatografiert.

Auswertungsverfahren

Bestimmung unter Verwendung des äußeren Standards

$a = 0{,}000\,025$

Die in Masseprozent erhaltenen Werte werden zur Umrechnung auf die Konzentrationsangabe Milligramm je Kilogramm mit dem Faktor 10^4 multipliziert.
Die Werte von p,p'-DDE und p,p'-DDD werden außerdem mit dem Faktor 1,1 multipliziert.
Maximal zulässige Rückstandsmengen:

Lindan einschließlich der Isomeren: 0,5 mg/kg Droge.
Gesamt-DDT, berechnet als DDT: 0,5 mg/kg Droge.

PRÜFUNG VON RADIOAKTIVEN ARZNEIZUBEREITUNGEN

1.0. Allgemeines

Der Umgang mit radioaktiven Arzneizubereitungen unterliegt dem Arzneimittelgesetz vom 27. November 1986 (GBl. I S. 473) und den dazu ergangenen Durchführungsbestimmungen sowie der Verordnung über die Gewährleistung von Atomsicherheit und Strahlenschutz vom 11. Oktober 1984 (GBl. I S. 341) und der dazu ergangenen Durchführungsbestimmung.
Die Radioaktivität wird angegeben in
Curie (Ci) bzw. Millicurie (mCi) bzw. Mikrocurie (μCi) oder in Becquerel (Bq) bzw. Kilobecquerel (kBq) bzw. Megabecquerel (MBq).
Das Becquerel ist die Aktivität einer radioaktiven Strahlungsquelle, bei der sich im Mittel in der Zeit 1 s 1 Atomkern eines radioaktiven Nuklids umwandelt.
Es besteht die Beziehung:

$1\ \text{Ci} = 10^3\ \text{mCi} = 10^6\ \mu\text{Ci} = 3{,}7 \cdot 10^{10}\ \text{Bq} = 3{,}7 \cdot 10^{10}\ \text{s}^{-1}$

Zur Kennzeichnung radioaktiver Verbindungen werden weiterhin folgende Begriffe verwendet:

spezifische Radioaktivität = Radioaktivität je Gramm
radioaktive Konzentration = Radioaktivität je Milliliter

Als Impulsrate wird im folgenden die Anzahl der je Minute registrierten Impulse bezeichnet.
Zur Kennzeichnung eines Radionuklids (Isotops) wird vor dem Symbol des Elementes dessen Massenzahl als hochgestellter Index angegeben.
Das Meßdatum gibt die Zeit nach Tag und Stunde an, für welche die deklarierte Radioaktivität gilt.

Bestimmung des Abriebs von Tabletten

Als Abrieb oder Roll-Fall-Verschleiß wird der prozentuale Masseverlust von Tabletten bezeichnet, der unter den nachstehenden Prüfbedingungen ermittelt wird.
Zur Prüfung wird eine Prüftrommel von etwa 285 mm innerem Durchmesser und etwa 35 mm innerer Tiefe verwendet. Sie besteht aus durchsichtigem Kunststoff, hat polierte Innenflächen und darf sich nicht elektrostatisch aufladen. Eine Seite der Prüftrommel kann zum Öffnen entfernt werden. Von der Mitte der Prüftrommel bis zur Außenwand reicht ein geschweifter Steg, der bei jeder Umdrehung das Rollen und Fallen der Tabletten bewirkt. Die Prüftrommel wird auf der horizontalen Achse eines Gerätes befestigt. Die Achse führt etwa 25 Umdrehungen je Minute aus. Dabei rollen und/oder gleiten die in die Prüftrommel eingebrachten Tabletten und fallen bei jeder Umdrehung von dem Steg aus etwa 145 mm Höhe auf die Prüftrommelwand bzw. aufeinander.
Zur Prüfung werden eine 6 bis 6,5 g entsprechende Anzahl Tabletten, falls die einzelne Tablette mehr als 0,65 g wiegt, 10 Tabletten eingesetzt. Sie werden auf einem Sieb Nr. III (I, 10.0.) durch Druckluft oder mit einem weichen Pinsel entstaubt. Anschließend wird ihre Masse auf 3 Dezimalstellen genau ermittelt. Die Tabletten werden in die Prüftrommel gegeben und, nachdem diese 100 Umdrehungen durchgeführt hat, herausgenommen, erneut entstaubt und gewogen. Die Differenz zwischen Einwaage und Auswaage wird als Abrieb in Prozent angegeben. Der Abrieb darf höchstens 1 % betragen. Abweichende Forderungen, die in der jeweiligen Gütevorschrift festgelegt sind, gelten z. B. für Analgetikatabletten.
Der Abrieb wird nicht ermittelt von Tabletten, die zur Implantation bestimmt sind, sowie von Dragees (einschließlich Filmtabletten).

Hinweise:

1. Die Bestimmung wird in der Regel einmal durchgeführt. Im Zweifelsfall, oder wenn der Abrieb 0,8 bis 1,0 % beträgt, ist die Prüfung 2mal zu wiederholen, und der Mittelwert aus den 3 Bestimmungen wird der Beurteilung zugrunde gelegt.
2. Wenn bei Tabletten mit einem Durchmesser von 13 mm während der Prüfung häufig ein unregelmäßiges Fallen beobachtet wird, das den reproduzierbaren Ablauf der Bestimmung gefährdet, ist das Gerät so zu lagern, daß die Achse der Prüftrommel mit der Unterlage einen spitzen Winkel von etwa 10° bildet, und die Tabletten sich nicht mehr beim Nebeneinanderliegen verklemmen und im Fallen behindern.
3. Wenn eine Tablette in Bruchstücke zerfallen ist, die das Sieb Nr. III nicht passieren, werden diese Bruchstücke nicht zum Abrieb gerechnet. Im Zweifelsfall wird die Prüfung wiederholt.
4. Wenn sich Tabletten als hygroskopisch erweisen, ist ein zügiges Arbeiten und die Verwendung eines geschlossenen Wägeglases erforderlich.

Bestimmung der Druckfestigkeit von Tabletten

Als Druckfestigkeit wird die Kraft bezeichnet, die unter den nachstehenden Prüfbedingungen zum Zerdrücken einer Tablette erforderlich ist. Sie ist besonders für die In-Prozeß-Kontrolle ein Maß für die mechanische Widerstandsfähigkeit einer Tablette.
Zur Bestimmung wird ein geeignetes Gerät eingesetzt, in das eine Tablette zwischen einem feststehenden und einem beweglichen Prüfbacken so angeordnet wird, daß die Prüfbacken zu Beginn der Krafteinwirkung den Steg der Tablette berühren. Der bewegliche Prüfbacken wird mit gleichbleibender Geschwindigkeit zu dem festen, mit einer Kraftmeßeinrichtung versehenen Prüfbacken bewegt, so daß auf die Tablette eine zunehmende Kraft ausgeübt wird. Die zum Zeitpunkt des Zerdrückens ermittelte Kraft wird in Newton angegeben.
Zur Prüfung außerhalb der In-Prozeß-Kontrolle werden mindestens 10 Tabletten eingesetzt. Der Mittelwert der Ergebnisse darf 20 N nicht unterschreiten. Abweichende Forderungen, die in der jeweiligen Gütevorschrift festgelegt sind, gelten z. B. für Tabletten mit einem Durchmesser unter 7 mm, sowie für solche, die den Abriebforderungen entsprechen, deren Druckfestigkeit jedoch 20 N unterschreitet.

26.0. Zäpfchen

Suppositoria

Zäpfchen sind dosierte, in der Regel zylindrische, einseitig zugespitzte oder kegelförmige, formbeständige Zubereitungen, die zum Einführen in das Rektum bestimmt sind. Sie können Arzneistoffe gelöst, emulgiert oder in feinst gepulverter Form suspendiert enthalten.
Zäpfchen haben in der Regel eine Länge von 10 bis 30 mm, eine Masse von 1 bis 3 g und für die Anwendung bei Kindern stets eine Masse von etwa 1 g. Die eingearbeiteten Substanzen müssen auf alle Zäpfchen und im einzelnen Zäpfchen gleichmäßig verteilt sein.
Zäpfchen müssen in Form und Farbe von gleichmäßiger Beschaffenheit sein. Sie dürfen weder scharfe Grate und Rekristallisationserscheinungen erkennen lassen, noch mehr als unvermeidbar Luftblasen enthalten. Sie müssen sich bei Körpertemperatur verflüssigen oder im Darmsaft löslich sein.
Zäpfchen müssen hinsichtlich Bruchfestigkeit und Formbeständigkeit so beschaffen sein, daß sie der unvermeidlichen mechanischen Beanspruchung beim Abpacken, beim Transport sowie bei einer sachgemäßen Aufbewahrung und Anwendung ohne Beschädigung standhalten.

Herstellung

Wenn nichts anderes verordnet ist, wird als Grundlage Zäpfchenmasse 15 verwendet, in der die feinst gepulverten oder flüssigen Substanzen gleichmäßig verteilt werden. Die Mischung wird unter Anwendung von Druck oder Wärme zu Zäpfchen geformt.
Zur Herstellung von Zäpfchen im Gießverfahren werden die feinst gepulverten oder flüssigen Substanzen mit der gleichen bis doppelten Menge der auf dem Wasserbad oder in anderer geeigneter Weise verflüssigten Grundlage verrieben. Die Verreibung wird mit dem Rest der verflüssigten Grundlage anteilweise gemischt und bis zur gleichmäßigen Beschaffenheit bearbeitet. Nahe der Grenze der Gießbarkeit wird die Mischung unter wiederholtem Rühren in geeignete Formen gegossen und bis zum Erkalten stehengelassen.

Bestimmung des Schmelzverhaltens bzw. der Löslichkeit

1 Zäpfchen wird in einen 100-ml-Erlenmeyerkolben gegeben, der 50,0 ml Wasser von 37 °C ± 0,3 K enthält. Der Erlenmeyerkolben wird verschlossen und während der Bestimmung in ein Wasserbad von 37 °C ± 0,3 K gestellt. Dabei muß der Flüssigkeitsspiegel im Gefäß etwa 5 mm unter dem Flüssigkeitsspiegel im Wasserbad liegen. Der Erlenmeyerkolben ist zunächst in Abständen von 5 min, wenn der Endpunkt nahezu erreicht ist, in Abständen von 60 s so zu schwenken, daß Flüssigkeit und Probe in kreisende Bewegung geraten und dabei erkennen lassen, ob das Zäpfchen bereits geschmolzen ist

bzw. sich gelöst hat. Das Zäpfchen ist geschmolzen, wenn es in Form von kleinen Fetttröpfchen in der Flüssigkeit vorliegt. Dabei dürfen Arzneistoffe ungeschmolzen bzw. ungelöst zurückbleiben.
Beim Schwenken und Beurteilen darf der Erlenmeyerkolben mit der Probe kurzfristig aus dem Wasserbad genommen werden.
Zäpfchen mit wasserunlöslicher Grundlage müssen innerhalb 30 min geschmolzen sein.
Zäpfchen mit wasserlöslicher Grundlage müssen sich innerhalb 60 min gelöst haben.

Bestimmung der Masseabweichung

Von 10 Zäpfchen wird die Masse jedes Zäpfchens auf 3 Dezimalstellen bestimmt und die mittlere Masse errechnet.
Die Abweichung von der mittleren Masse darf bei 9 Zäpfchen $\pm 5\,\%$ und bei einem Zäpfchen $\pm 10\,\%$ nicht überschreiten.

3.1. Prüfung von Zellzuchtmedien

Zellzuchtmedien sind Mischungen aus Aminosäuren, Vitaminen, Kohlenhydraten, anorganischen Salzen und einem Farbindikator.
Die Mischungen werden als Pulver in den Verkehr gebracht und zur Verwendung nach Vorschrift in Wasser gelöst, wobei durch Zusatz von 0,35 g Natriumhydrogencarbonat je Liter ein pH-Wert von 7,4 ± 0,2 eingestellt wird. Die Lösung wird nach Verfahren d) (XV, 1.0.) sterilisiert. Vor der Verwendung darf dem Zellzuchtmedium steriles Serum, das von Kälbern, Pferden, Hühnern oder anderen Tieren gewonnen würde, in Mengen von 20 bis 100 ml je Liter zugesetzt werden.
Die Zellzuchtmedien werden zum Kultivieren von Einzelzellen und Zell- oder Organkulturen verwendet.

Prüfung

Die Prüfung beruht auf der Feststellung der wachstumsfördernden Eigenschaften. Sie erfolgt unter Verwendung eines Vergleichs-Zellzuchtmediums mit 2 Zellinien über mehrere Passagen. Zur Herstellung des Prüfmediums wird die gebrauchsfertig hergestellte Lösung des zu prüfenden Zellzuchtmediums mit 100 ml sterilem Kälberserum, einer 120 mg Benzylpenicillin entsprechenden Menge Benzylpenicillin-Natrium und einer 200 mg Streptomycin entsprechenden Menge Streptomycinsulfat je Liter versetzt. In gleicher Weise wird mit der Vergleichssubstanz ein Vergleichsmedium hergestellt.
Von der von menschlichem Amnion stammenden Zellinie FL und einer weiteren Zellinie werden mit dem Prüfmedium und mit dem Vergleichsmedium stationäre Einschichtzellkulturen angelegt, wobei mindestens in je 3 50-ml-Demeterflaschen jeweils 10,0 ml Medium unter Einsaat von etwa 500000 Zellen gegeben werden. Die Kulturen werden bei 37 °C 5 bis 7 d aufbewahrt, bis ein geschlossener Zellrasen entstanden ist. Innerhalb dieser Zeit dürfen die Medien einmal erneuert werden.
Nach Abschluß dieser ersten Passage werden die Medien aus den Kulturgefäßen dekantiert, und der Zellrasen wird jeweils mit 5,0 ml Trypsin-RL* bedeckt. Nach 3 min wird die Trypsin-RL* dekantiert. Die Zellen in allen Kulturgefäßen werden in der jeweils gleichen Menge Prüfmedium bzw. Vergleichsmedium aufgeschwemmt. Anschließend werden sowohl bei Prüfmedium als auch bei Vergleichsmedium jeweils die 3 zu einer Zellinie gehörenden Aufschwemmungen gemischt. Nach dem Mischen werden die erhaltenen 4 Zellsuspensionen der nachstehend beschriebenen Zellzählung unterzogen.
Das Verhältnis von eingesäten zu suspendierten lebenden Zellen ist die Vermehrungsrate.

Von jeder der vereinigten Zellsuspensionen werden mindestens 3 neue Kulturen angelegt und, wie vorstehend angegeben, weiterbehandelt. Insgesamt werden in der Regel 6 aufeinanderfolgende Passagen mit Prüfmedium und Vergleichsmedium durchgeführt. Die Vermehrungsraten werden jeweils berechnet.
Außerdem werden die Zellen auf morphologische Veränderungen hin durchgemustert. Vakuolisierung, Granulation, Nekrose oder andere degenerative Veränderungen dürfen nicht sichtbar sein. Stark veränderte Zellrasen in einzelnen Kulturgefäßen werden von der Zählung und Passagierung ausgeschlossen. Sind die Zellrasen in allen Kulturgefäßen stark verändert, ist die Prüfung zu wiederholen. Degenerieren die Zellrasen in allen Kulturgefäßen, ist das Zellzuchtmedium nicht verwendbar.

Zellzählung

0,25 ml der jeweiligen Zellsuspension werden mit 0,75 ml der Mischung aus 14 Volumenteilen Zellzuchtmedium und 1 Volumenteil Trypanblaulösung (10,0 g/l) versetzt. Die Mischung wird zur Zählung der ungefärbten Zellen in einer Zählkammer verwendet. Die Auszählung erfolgt unter dem Mikroskop. Es werden so viele Quadrate der Zählkammer durchgemustert, daß die Anzahl der festgestellten ungefärbten Zellen bei der mit dem Vergleichsmedium behandelten Probe mindestens 200 beträgt. Bei der mit dem Prüfmedium behandelten Probe ist die gleiche Anzahl von Zählquadraten durchzumustern. Die Zählungen werden unter erneuter Füllung der Zählkammer in gleicher Weise mit der mit dem Prüfmedium und dem Vergleichsmedium behandelten Probe 2mal wiederholt. Der Auswertung wird jeweils der Mittelwert der Ergebnisse der 3 Zählungen zugrunde gelegt.
Die Auswertung der Vermehrungsraten erfolgt, wie nachstehend angegeben.

Auswertung

Die Vermehrungsraten der 2 geprüften Stichproben S (Vergleichsansatz) und P (Prüfansatz) mit jeweils 6 Einzelwerten werden nach ansteigender Größe geordnet und mit den Rangzahlen 1 bis 12 belegt. Treten gleiche Werte innerhalb einer Stichprobe auf, werden die Rangzahlen fortlaufend vergeben; treten gleiche Zahlenwerte in beiden Stichproben auf, werden die zu vergebenden Rangzahlen gemittelt, und alle gleichen Werte erhalten die resultierende Rangzahl (U).
Es wird die Summe der Rangzahlen für die Vermehrungsraten der Substanz (ΣU_P) gebildet und damit die Prüfzahl $\hat{U}$ erhalten.
Bei der Irrtumswahrscheinlichkeit von $\alpha = 0{,}05$ und der Anzahl der Einzelwerte für S und P von jeweils 6 muß folgende Forderung erfüllt sein:

$$26 \leqq \hat{U} \leqq 52$$

Wird die Forderung nicht erfüllt, besteht ein signifikanter Unterschied in den Wirkungen von S und P.

Entspricht das Zellzuchtmedium nur bei einer der beiden Zellinien der Forderung, ist die Prüfung unter Einbeziehung einer 3. Zellinie zu wiederholen. Das Zellzuchtmedium ist verwendbar, wenn bei allen 3 Zellinien die Forderung erfüllt wird.

Rechenbeispiel:

Vermehrungsraten		Rangzahlen	
S	P	U_S	U_P
	2,1		1
2,6		2	
	2,7		3
	3,2		4
3,4		5	
	3,5		6
	3,7		7
4,8		8	
4,9		9	
6,5	6,5	10,5	10,5
9,5		12	
			$\Sigma U_P = \hat{U} = 31{,}5$

Die Forderung $26 \leqq \hat{U} \leqq 52$ wird erfüllt.
Es besteht kein signifikanter Unterschied zwischen S und P.

Nachtrag zu den Reagenzien

Aceton**

Aceton wird destilliert. Dabei sind je 10 Vol.-% der eingesetzten Menge als Vorlauf und als Rückstand zu verwerfen.

Acetonitril*

Frisch destilliertes Acetonitril wird in einem Scheidetrichter mit 20 Vol.-% n-Hexan* versetzt und 3 min geschüttelt. Die Acetonitrilschicht wird abgetrennt und als Acetonitril* verwendet.

Adipinsäure AB-DDR

$C_6H_{10}O_4$ (146,1)

Alizarin-S-Zirconium(IV)-oxidchlorid-RL

5,00 g Zirconium(IV)-oxidchlorid werden in 100 ml Salzsäure (3 mol/l) gelöst. 2,00 g Natriumsalz der Alizarinsulfonsäure werden in 100 ml Wasser gelöst.
Beide Lösungen werden gemischt. Die Mischung wird mit Wasser zu 1 l aufgefüllt.

Aluminiumoxid nach Brockmann

Al_2O_3 (102,0)

Aluminiumoxid, gereinigt

Aluminiumoxid nach Brockmann wird bei schwacher Rotglut (500 bis 700 °C) 120 min geglüht.
Nach dem Erkalten werden 100 g des geglühten Aluminiumoxids mit 5,0 ml Wasser versetzt, kräftig geschüttelt und nach 12 h verwendet.

Ameisensäure* z. A.

CH_2O_2 (46,03)
Gehalt 98 bis 100 %

Amidoschwefelsäure z. A. (p. a.)

HSO_3NH_2 (97,09) TGL 146-141

1-Amino-2-hydroxy-naphthalen-4-sulfonsäure rein (pur.)

$C_{10}H_9NO_4S$ (239,3)

Aminohydroxynaphthalensulfonsäure-RL

50,0 g wasserfreies Natriumsulfit, 860 g Natriumdisulfit und 7,00 g 1-Amino-2-hydroxy-naphthalen-4-sulfonsäure werden gepulvert und gemischt. 150 g der Pulvermischung werden in Wasser zu 1 l gelöst.
Die Reagenslösung ist frisch zu bereiten.

Aminophyllin AB-DDR

Gehalt 78,0 bis 84,0 Theophyllin [$C_7H_8N_4O_2$ (180,2)] und 13,0 bis 14,0% Ethylendiamin [$C_2H_8N_2$ (60,10)]

Ammoniumchlorid-Ammoniak-Puffer Nr. 4 pH-Wert ~11,5

60 g Ammoniumchlorid werden in konzentrierter Ammoniaklösung zu 1 l gelöst.

Ammoniumeisen(III)-citrat gelbbraunes Granulat

Gehalt an Eisen [Fe (55,85)] mindestens 17%

Ammoniumeisen(II)-sulfat z. A.

$(NH_4)_2Fe(SO_4)_2 \cdot 6\,H_2O$ (392,1)

Ammoniumeisen(II)-sulfat-RL

5,0 g Ammoniumeisen(II)-sulfat werden mit 5,0 ml Schwefelsäure (1,5 mol/l) versetzt. Die Mischung wird mit Wasser zu 1 l aufgefüllt.

Ammoniummolybdat-RL

50,0 ml Schwefelsäure (9 mol/l) werden mit Ammoniummolybdatlösung (10 g/l) zu 1 l aufgefüllt.

Ammoniummolybdat-RL*

50 g Ammoniummolybdat werden mit 1 l Schwefelsäure (0,5 mol/l) versetzt. Die Mischung wird unter wiederholtem Schütteln mindestens 3 d aufbewahrt.
Die klare, überstehende Lösung wird als Reagenslösung verwendet.

Ammoniumperoxodisulfat z. A.

$(NH_4)_2S_2O_8$ (228,2)

Anti-Brucella-Serum vom Rind lyophilisiert

Zu beziehen vom Staatlichen Veterinärmedizinischen Prüfungsinstitut beim Ministerium für Land-, Forst- und Nahrungsgüterwirtschaft der Deutschen Demokratischen Republik, Hannoversche Straße 27, Berlin, DDR-1040

Anti-Human-Serum (polyspezifisch)

Zu beziehen vom Staatlichen Institut für Immunpräparate und Nährmedien, Klement-Gottwald-Allee 125, Berlin, DDR-1120

L-Asparagin für biochemische Zwecke

$C_4H_8N_2O_3 \cdot H_2O$ (150,1)

Aspergillus niger ATCC 16404

Zu beziehen vom Zentralinstitut für Mikrobiologie und experimentelle Therapie der Akademie der Wissenschaften der Deutschen Demokratischen Republik, Beuthenbergstraße 11, Jena, DDR-6900

Aufschlußgemisch Nr. 1

125 ml Wasser werden mit 250 ml konzentrierter Schwefelsäure versetzt. Nach dem Erkalten wird die Mischung mit 125 ml konzentrierter Perchlorsäure versetzt und mit konzentrierter Wasserstoffperoxidlösung zu 1 l aufgefüllt.

Barbital-Acetat-Puffer Nr. 2 pH-Wert ~8,5

9,81 g Barbital-Natrium und 6,47 g Natriumacetat werden in 800 ml Wasser gelöst. Die Lösung wird mit Salzsäure (0,1 mol/l) auf einen pH-Wert im Bereich von 8,4 bis 8,6 eingestellt und mit Wasser zu 1 l aufgefüllt.

Bemegrid AB-DDR

$C_8H_{13}NO_2$ (155,2)

Benzilsäure rein (pur.)

$C_{14}H_{12}O_3$ (228,3)

Benzin AB-DDR

Mischung aus flüssigen gesättigten Kohlenwasserstoffen

N^{α}-Benzoyl-DL-arginin-4-nitro-anilid-hydrochlorid für biochemische Zwecke

$C_{19}H_{23}ClN_6O_4$ (434,9)

Benzoylargininnitro-anilid-hydrochlorid-RL

10,8725 g N^{α}-Benzoyl-DL-arginin-4-nitro-anilid-hydrochlorid werden in Dimethylsulfoxid unter Erwärmen im Wasserbad zu 1 l gelöst.
Die Reagenslösung ist bei 2 bis 8 °C aufzubewahren und 3 d verwendbar.

Blei(II)-chlorid rein (pur.)

$PbCl_2$ (278,1)

Borat-Puffer Nr. 4 pH-Wert ~ 10,4

35,0 g Borsäure und 24,0 g Kaliumhydroxid werden in Wasser zu 1 l gelöst.

Brucella abortus, Biotyp 1 Stamm 544 oder Stamm 1119

Zu beziehen vom Staatlichen Veterinärmedizinischen Prüfungsinstitut beim Ministerium für Land-, Forst- und Nahrungsgüterwirtschaft der Deutschen Demokratischen Republik, Hannoversche Straße 27, Berlin, DDR-1040

Brucella melitensis, Biotyp 1 Stamm 16 M

Zu beziehen vom Staatlichen Veterinärmedizinischen Prüfungsinstitut beim Ministerium für Land-, Forst- und Nahrungsgüterwirtschaft der Deutschen Demokratischen Republik, Hannoversche Straße 27, Berlin, DDR-1040

Brucella suis, Biotyp 1 Stamm 1330

Zu beziehen vom Staatlichen Veterinärmedizinischen Prüfungsinstitut beim Ministerium für Land-, Forst- und Nahrungsgüterwirtschaft der Deutschen Demokratischen Republik, Hannoversche Straße 27, Berlin, DDR-1040

n-Butylacetat z. A.

$C_6H_{12}O_2$ (116,2)

n-Butylamin zur Synthese

$C_4H_{11}N$ (73,14)

tert.-Butylamin z. Synthese

$C_4H_{11}N$ (73,14)

Cadmiumchlorid reinst

$CdCl_2 \cdot H_2O$ (201,3)

Calciumchlorid, entwässertes pulverisiert

$CaCl_2$ (110,9)

Calciumchlorid-Trometamol-Puffer pH-Wert ~ 7,8

12,1140 g Trometamol und 5,4700 g Calciumchlorid werden nacheinander in 900 ml Wasser gelöst. Die Lösung wird mit Salzsäure (1 mol/l) auf den pH-Wert (III, 7.0.) von 7,8 eingestellt und mit Wasser zu 1 l aufgefüllt.

Calciumgluconat reinst

$C_{12}H_{22}CaO_{14} \cdot H_2O$ (448,4)

Candida albicans ATCC 10231

Zu beziehen vom Zentralinstitut für Mikrobiologie und experimentelle Therapie der Akademie der Wissenschaften der Deutschen Demokratischen Republik, Beuthenbergstraße 11, Jena, DDR-6900

Casein-RL**

2,00 g Casein werden in 500 ml Wasser suspendiert. Die Mischung wird mit 20,0 ml Natronlauge (0,1 mol/l) versetzt und in einem Wasserbad von 40 °C ± 1 K 90 min aufbewahrt. Die Lösung wird mit 300 ml Wasser sowie 52,0 ml Salzsäure (1 mol/l) versetzt und danach rasch geschwenkt, bis sich der entstandene Niederschlag gelöst hat. Nach dem Erkalten wird die Lösung mit Wasser zu 1 l aufgefüllt.
Die Reagenslösung ist frisch zu bereiten.

Celite-Schwefelsäure-Mischung

1000 g Celite 545 und 50 ml rauchende Schwefelsäure werden in einem Becherglas mit einem Glasstab gemischt. Nach Zusatz von 100 ml konzentrierter Schwefelsäure wird erneut gemischt. Diese Mischung wird in einem mit Glasstopfen verschließbaren Glasgefäß aufbewahrt.

Cellulosepulver FND*

Etwa 20 g Cellulosepulver FND werden mit 50 ml Ethanol versetzt und 12 bis 15 h stehengelassen. Danach wird abgesaugt, die Cellulose noch 3mal mit Ethanol gewaschen und bei 40 bis 50 °C 3 h getrocknet.
Der Wassergehalt der Cellulose, der bei etwa 4 % liegt, wird durch diese Behandlung nicht wesentlich verändert.

Chloranil rein (pur.)

$C_6Cl_4O_2$ (245,8)

Chloranil-RL

33,0 g Chloranil werden in 1,4-Dioxan zu 1 l gelöst.

Chloroform*

Chloroform wird destilliert. Dabei sind je 10 Vol.-% der eingesetzten Menge als Vorlauf und als Rückstand zu verwerfen. Das destillierte Chloroform wird mit 1,0 Vol.-% wasserfreiem Ethanol versetzt.

Chromatografierpapier — VEB Spezialpapierfabrik Niederschlag

FN 11, doppelt säuregewaschen
FN 13, doppelt säuregewaschen
FN 14, doppelt säuregewaschen

Citronensäure-Essigsäureanhydrid-RL

4,00 g Citronensäure werden mit 1 l Essigsäureanhydrid versetzt und 5 min geschüttelt. Anschließend wird die Lösung durch einen Sinterfiltertiegel P 10 oder P 16 (Glasfiltertiegel G4) filtriert.
Das Filtrat wird als Reagenslösung verwendet.
Die Reagenslösung ist frisch zu bereiten.

Citronensäure-Phosphat-Puffer Nr. 5 — pH-Wert $\sim$ 3,5

696,5 ml Citronensäure-RL werden mit Dinatriumhydrogenphosphat-RL* zu 1 l aufgefüllt.

Cocainhydrochlorid — AB-DDR

$(C_{17}H_{21}NO_4)$ HCl (339,8)

Codeinphosphat — AB-DDR

$(C_{18}H_{21}NO_3)H_3PO_4 \cdot {}^1/_2H_2O$ (406,4) bzw. $(C_{18}H_{21}NO_3)H_3PO_4 \cdot 1^1/_2H_2O$ (424,4)

Coffein — AB-DDR

$C_8H_{10}N_4O_2$ (194,2)

2,4,6-Collidin — z. A.

$C_8H_{11}N$ (121,2)

Cyclohexan*

Cyclohexan* muß folgende Forderung erfüllen:

2,00 ml Cyclohexan werden mit 15,0 ml aldehydfreiem Ethanol, 2,00 ml Tetrazoliumblau-RL und 2,00 ml Tetramethylammoniumhydroxid-RL versetzt. Die Mischung wird mit

aldehydfreiem Ethanol zu 25,00 ml aufgefüllt und vor Licht geschützt 90 min stehengelassen. Anschließend wird die Lichtabsorption (III, 5.0.) der Lösung bei 525 nm gegen die Blindprobe gemessen. Die Extinktion darf höchstens 0,030 betragen.
Wird diese Forderung nicht erfüllt, muß Cyclohexan durch Destillation gereinigt werden. Dabei sind je 5 Vol.-% der eingesetzten Menge als Vorlauf und als Rückstand zu verwerfen.

Cyclohexylamin — z. Synthese

$C_6H_{13}N$ (99,18)

Dextran-Gelatine — z. Labordiagnostik

Staatliches Institut für Immunpräparate und Nährmedien, Berlin

Dibutylether — zur Synthese

$C_8H_{18}O$ (130,2)

Dichlormethan — z. Chromatografie

CH_2Cl_2 (84,93)

Dicyandiamid

$C_2H_4N_4$ (84,08)

Dimethylaminobenzaldehyd-RL***

5,0 g 4-Dimethylamino-benzaldehyd werden in 1 l der Mischung aus 10 Volumenteilen Wasser und 16 Volumenteilen konzentrierter Schwefelsäure gelöst.
Die Reagenslösung ist höchstens 4 d haltbar.

Dimethylaminobenzaldehyd-RL****

20,0 g 4-Dimethylaminobenzaldehyd werden in Salzsäure (2 mol/l) zu 1 l gelöst.
Die Reagenslösung ist frisch zu bereiten.

2,6-Dimethylanilin — zur Synthese

$C_8H_{11}N$ (121,2)

Dimethylsulfoxid — z, A.

C_2H_6OS (78,13)

3,5-Dinitro-benzoesäure — rein (pur.)

$C_7H_4N_2O_6$ (212,1)

Dinitrobenzoesäure-RL

20,0 g 3,5-Dinitro-benzoesäure werden in Ethanol zu 1 l gelöst.
Die Reagenslösung ist frisch zu bereiten.

Dinitrophenylhydrazin-RL**

2,00 g 2,4-Dinitrophenylhydrazin werden in der Mischung aus 2 Volumenteilen Essigsäure*, 2 Volumenteilen Salzsäure (6 mol/l) und 1 Volumenteil Methanol zu 1 l gelöst.

1,4-Dioxan*

1,4-Dioxan wird mit wasserfreiem Natriumsulfat versetzt und unter wiederholtem Schütteln 24 h stehengelassen. Die Mischung wird filtriert.

1,5-Diphenylcarbazon z. A. (p. a.)

$C_{13}H_{12}N_4O$ (240,3) TGL 9713

Diphenylcarbazon-Quecksilber(II)-chlorid-RL

Lösung I: 2,00 g 1,5-Diphenylcarbazon werden in Ethanol zu 1 l gelöst.
Lösung II: 20,0 g Quecksilber(II)-chlorid werden in Ethanol zu 1 l gelöst.
Gleiche Volumen der Lösungen I und II werden gemischt und als Reagenslösung verwendet.

Dipikrylamin z. A.

Gehalt an Dipikrylamin [$C_{12}H_5N_7O_{12}$ (439,2)] mindestens 50%

Dipikrylamin-RL

0,100 g Dipikrylamin wird in Methylenchlorid* zu 1 l gelöst.
Die Reagenslösung ist frisch zu bereiten.

Echtblausalz BB C. I. Nr. 37175

$C_{17}H_{18}BF_4N_3O_3$ (399,2) für histologische Zwecke

Eisen(III)-chlorid-RL***

0,500 g Eisen(III)-chlorid werden in 10,0 ml Salzsäure (1 mol/l) gelöst. Die Lösung wird mit Wasser zu 1 l aufgefüllt.
Die Reagenslösung ist unmittelbar vor der Verwendung zu bereiten.

Eisen(III)-chlorid-Phosphorsäure-RL

10,0 ml Eisen(III)-chloridlösung (100 g/l) und 10,0 ml Phosphorsäure (3 mol/l) werden mit Methanol zu 1 l aufgefüllt.

DL-Ephedrinhydrochlorid AB-DDR

$(C_{10}H_{15}NO)HCl$ (201,7)

Escherichia coli ATCC 8739

Zu beziehen vom Zentralinstitut für Mikrobiologie und experimentelle Therapie der Akademie der Wissenschaften der Deutschen Demokratischen Republik, Beuthenbergstraße 11, Jena, DDR-6900

Escherichia coli O25:K11:H6 Stamm C 1

Zu beziehen vom Staatlichen Kontrollinstitut für immunbiologische Arzneimittel, Wollankstraße 15—17, Berlin, DDR-1100

Escherichia coli O26:K60: — Stamm C 13

Zu beziehen vom Staatlichen Kontrollinstitut für immunbiologische Arzneimittel, Wollankstraße 15—17, Berlin, DDR-1100

Escherichia coli O44:K74:H18 Stamm C 22

Zu beziehen vom Staatlichen Kontrollinstitut für immunbiologische Arzneimittel, Wollankstraße 15—17, Berlin, DDR-1100

Escherichia coli O55:K59:— Stamm C 33

Zu beziehen vom Staatlichen Kontrollinstitut für immunbiologische Arzneimittel, Wollankstraße 15—17, Berlin, DDR-1100

Escherichia coli O78:K80: — Stamm C 50

Zu beziehen vom Staatlichen Kontrollinstitut für immunbiologische Arzneimittel, Wollankstraße 15—17, Berlin, DDR-1100

Escherichia coli O86: K61: H25 Stamm C 54

Zu beziehen vom Staatlichen Kontrollinstitut für immunbiologische Arzneimittel, Wollankstraße 15—17, Berlin, DDR-1100

Escherichia coli O111: K58: — Stamm C 73

Zu beziehen vom Staatlichen Kontrollinstitut für immunbiologische Arzneimittel, Wollankstraße 15—17, Berlin, DDR-1100

Escherichia coli O114: K90: H32 Stamm C 81

Zu beziehen vom Staatlichen Kontrollinstitut für immunbiologische Arzneimittel, Wollankstraße 15—17, Berlin, DDR-1100

Escherichia coli O119: K69: H27 Stamm C 86

Zu beziehen vom Staatlichen Kontrollinstitut für immunbiologische Arzneimittel, Wollankstraße 15—17, Berlin, DDR-1100

Escherichia coli O124: K72: — Stamm C 90

Zu beziehen vom Staatlichen Kontrollinstitut für immunbiologische Arzneimittel, Wollankstraße 15—17, Berlin, DDR-1100

Escherichia coli O125: K70: H19 Stamm C 91

Zu beziehen vom Staatlichen Kontrollinstitut für immunbiologische Arzneimittel, Wollankstraße 15—17, Berlin, DDR-1100

Escherichia coli O126: K71: H2 Stamm C 101

Zu beziehen vom Staatlichen Kontrollinstitut für immunbiologische Arzneimittel, Wollankstraße 15—17, Berlin, DDR-1100

Escherichia coli O127: K63: — Stamm C 102

Zu beziehen vom Staatlichen Kontrollinstitut für immunbiologische Arzneimittel, Wollankstraße 15—17, Berlin, DDR-1100

Escherichia coli O128: K67: H2 Stamm C 108

Zu beziehen vom Staatlichen Kontrollinstitut für immunbiologische Arzneimittel, Wollankstraße 15—17, Berlin, DDR-1100

Ethanol (60 Vol.-%)

550,0 g Ethanol werden mit 300 ml Wasser versetzt. Nach dem Abkühlen auf 20 °C wird die Mischung mit Wasser zu 1 l aufgefüllt.

Ethylmorphinhydrochlorid AB-DDR

$(C_{19}H_{23}NO_3)HCl \cdot 2\,H_2O$ (385,9)

Fluorescein-Natrium-RL**

1,00 g Fluorescein-Natrium wird in Ethanol zu 1 l gelöst.

Fuchsin-Phenol-RL*

75,0 g Fuchsin werden in 1 l Ethanol gelöst. Die Lösung wird mit 10,0 g Fuchsin versetzt und zur Sättigung unter wiederholtem Schütteln mindestens 120 min stehengelassen.
Bei Bedarf wird die erforderliche Menge der überstehenden Lösung filtriert.
100 ml des Filtrates und 900 ml der Lösung von verflüssigtem Phenol (50 g/l) werden gemischt und als Reagenslösung verwendet.

Gelatine, hydrolysierte

50 g Gelatine werden in 1 l Wasser gelöst. Die Lösung wird nach Verfahren a_1) (XV, 1.0.) 90 min sterilisiert und anschließend lyophilisiert.

Gelatine-Phosphat-Puffer Nr. 1 pH-Wert ~ 6,5

500 ml Phosphat-Puffer Nr. 7 und 500 ml Wasser werden gemischt. In der Mischung werden 120 min vor dem Gebrauch des Puffers 0,660 g hydrolysierte Gelatine gelöst.

Hämoglobin-RL

Blut von Menschen wird, wie unter „Prüfung von Blutgruppentestseren für Erythrozyten", Herstellung der Blutkörperchenaufschwemmungen (XVI, 7.0.) angegeben, entnommen und weiterbehandelt.
1 Volumenteil Sediment wird mit 10 Volumenteilen Wasser versetzt. Die Mischung wird bei 4 °C ± 1 K mindestens 48 h aufbewahrt und anschließend als Reagenslösung verwendet.
Die Reagenslösung ist höchstens 48 h verwendbar.

n-Heptanol rein (pur.)

$C_7H_{16}O$ (116,2)

n-Hexan*

n-Hexan wird mit Kaliumhydroxid versetzt und unter Rückflußkühlung 8 h im Sieden gehalten. Anschließend wird das n-Hexan über eine mit Sattelkörpern gefüllte Kolonne (Länge 1,2 m) destilliert. Dabei sind je 10 Vol.-% der eingesetzten Menge als Vorlauf und als Rücklauf zu verwerfen.

Hyaluronsäure für biochemische Zwecke

Es wird das Kaliumsalz der Hyaluronsäure, gewonnen aus menschlichen Nabelschnüren, verwendet.
Das Reagens ist bei 2 bis 8 °C aufzubewahren.

Hyaluronsäure-RL

0,500 g bei höchstens 0,5 kPa über Phosphor(V)-oxid 48 h getrocknetes Kaliumsalz der Hyaluronsäure werden in Wasser zu 1 l gelöst. Die Lösung ist bei der Aufbewahrung im Bereich von 2 bis 8 °C 30 d haltbar. Unmittelbar vor dem Gebrauch der Reagenslösung werden 1 Volumenteil der Lösung und 1 Volumenteil Phosphat-Puffer Nr. 7 gemischt. Die Mischung wird als Reagenslösung verwendet.

Hyamin 1622

N-Benzyl-N,N-dimethyl-N-[4-(1,1,3,3-tetramethyl-butyl)phenoxyethyl]ammoniumchlorid
$C_{27}H_{42}ClNO_2$ (448,1)

Hydrazinhydratlösung (25%) rein (pur.)
N_2H_5OH (50,06) WS 30–69

Hydraziniumhydroxid zur Synthese
etwa 80% N_2H_5OH (50,06)

Hydraziniumsulfat z. A.
$H_6N_2O_4S$ (130,1)

8-Hydroxy-chinolinsulfat
$(C_9H_7NO)_2H_2SO_4$ (388,4)

Iod-RL*

20,0 g Iod werden in Ethanol zu 1 l gelöst.

Isoniazid AB-DDR
$C_6H_7N_3O$ (137,1)

Isoniazid-RL

4,00 g Isoniazid werden in der Mischung aus 5,0 ml konzentrierter Salzsäure und 995 ml Methanol gelöst.

Kaliumacetat-Puffer Nr. 1 pH-Wert ~ 4,3

14,0 g Kaliumacetat werden in 100 ml Wasser gelöst. Die Lösung wird mit 20,5 ml Essigsäure* versetzt und mit Wasser zu 1 l aufgefüllt.

Kaliumbromid-Methanol-RL

50 g Kaliumbromid werden mit 1 l Methanol versetzt. Die Mischung wird unter gelegentlichem Schwenken mindestens 24 h stehengelassen.
Die überstehende Lösung wird als Reagenslösung verwendet.

Kaliumchlorid-RL

6,560 g Kaliumchlorid werden in 400 ml Wasser gelöst. Die Lösung wird mit 12,0 ml Salzsäure (1 mol/l) versetzt und mit Wasser zu 1 l aufgefüllt.

Kaliumchlorid-RL*

340 g Kaliumchlorid werden in 1 l Wasser gelöst. Die Lösung wird mit 60 g Kaliumchlorid versetzt und unter wiederholtem Schütteln mindestens 120 min stehengelassen.
Bei Bedarf wird eine entsprechende Menge der überstehenden, klaren Lösung entnommen und als Reagenslösung verwendet.

Kaliumchlorid-Urtiter

500 ml Kaliumchlorid-RL* werden mit 1 l konzentrierter Salzsäure versetzt. Die entstandenen Kristalle werden in einem Sinterfiltertiegel gesammelt, 3mal mit je 100 ml Salzsäure (3 mol/l) gewaschen und zum Entfernen der Salzsäure in einer Schale auf dem Wasserbad erhitzt. Anschließend werden die Kristalle bei 200 °C 120 min getrocknet.

Kaliumcitrat reinst z. A.

$C_6H_5K_3O_7 \cdot H_2O$ (324,4)

Kaliumhydroxid-RL

70 g Kaliumhydroxid werden in Ethylenglycol zu 1 l gelöst.

Kaliumhydroxid-RL*

6,00 g Kaliumhydroxid werden in aldehydfreiem Ethanol zu 1 l gelöst.

Kaliumiodid* z. A. (p. a.)

KI (166,0) TGL 8501

Kaliumperoxodisulfat z. A.

$K_2S_2O_8$ (270,3)

Kaliumplumbat(II)-RL

16,7 g Blei(II)-acetat, 33,3 g Kaliumcitrat und 500 g Kaliumhydroxid werden in 700 ml Wasser gelöst. Die Lösung wird nach dem Abkühlen auf 20 °C mit Wasser zu 1 l aufgefüllt.

Kaliumsulfat-Urtiter

Kaliumsulfat wird bei 180 °C bis zur Massekonstanz getrocknet.

Kieselgel 40 für die Säulenchromatografie

Korngröße 0,063 – 0,200 mm (70 – 230 mesh ASTM)

Kieselgel 40*

Kieselgel 40 wird in einem Soxhletapparat mit n-Hexan* 5 h extrahiert. Das Kieselgel 40 wird bei 130 °C 5 h erhitzt und anschließend mit 7,5 % Wasser versetzt.

Kieselgel 60 HF_{254} für die Dünnschichtchromatografie

Kupfer elektrolytisch rein (pur.)

Cu (63,54) pulv.

Kupfer(II)-acetat-RL

2,50 g Kupfer(II)-acetat werden in Ethanol zu 1 l gelöst.

Kupfer(II)-acetat-Schwefelkohlenstoff-RL

80 ml Kupfer(II)-acetat-RL werden nach Zusatz von 280 ml Schwefelkohlenstoff und 40 ml Essigsäure* mit Ethanol zu 1 l aufgefüllt.
Die Reagenslösung ist frisch zu bereiten.

Kupfer(II)-nitrat-RL*

10,0 g Kupfer(II)-nitrat werden in Ethanol zu 1 l gelöst.

Lactalbumin-Hydrolysat — enzymatisch hydrolysiert für die Mikrobiologie

Lecithin — aus Eiern

Leuchtpigment ZS Super — z. Dünnschichtchromatografie

Lithiumcarbonat — z. A.

Li_2CO_3 (73,89)

Magnesium — gepulvert

Mg (24,31)

Magnesiumcitrat — puriss.

$C_{12}H_{10}Mg_3O_{14} \cdot xH_2O$
(relative Molekülmasse des wasserfreien Magnesiumcitrates 451,1)

Malachitgrün — C. I. Nr. 42000

Bis(N, N, N′, N′-Tetramethyl-4-amino-fuchsonimmoniumchlorid)oxalat
$C_{48}H_{50}N_4O_4$ (747,0)

L-Methionin — pur.

$C_5H_{11}NO_2S$ (149,2)

Methylenchlorid-RL

75 Volumenteile Methylenchlorid werden in einem Scheidetrichter mit 25 Volumenteilen konzentrierter Ammoniaklösung versetzt und 30 s kräftig geschüttelt. Nach dem Entmischen wird die untere Schicht als Reagenslösung verwendet.

Methylisobutylketon — Lösungsmittel zur Extraktionsanalyse

$C_6H_{12}O$ (100,2)

Methylthioniniumchlorid-RL

10,0 g Methylthioniniumchlorid werden in 1 l Ethanol gelöst. Die Lösung wird mit 5,0 g Methylthioniniumchlorid versetzt und zur Sättigung unter wiederholtem Schütteln mindestens 120 min stehengelassen.
Bei Bedarf wird die erforderliche Menge der überstehenden Lösung filtriert.
300 ml des Filtrates und 1 l Kaliumhydroxidlösung (0,100 g/l) werden gemischt und als Reagenslösung verwendet.

Molybdatophosphorsäure-RL*

50,0 g Molybdatophosphorsäure werden in Ethanol zu 1 l gelöst.
Die Reagenslösung ist frisch zu bereiten.

Mykoplasma-pneumoniae-Kontrollserum — z. Labordiagnostik Staatliches Institut für Immunpräparate und Nährmedien

Naphthalen — AB-DDR

$C_{10}H_8$ (128,2)

Naphthylethylendiammoniumdichlorid-RL*

1,00 g N-(Naphth-1-yl)ethylendiammonium-dichlorid wird in der Mischung aus 875 ml 1,2-Propylenglycol und 125 ml Wasser gelöst.

Natriumchlorid-Phosphat-Puffer Nr. 3 — pH-Wert ~ 7,4

1,45 g Kaliumdihydrogenphosphat, 7,60 g Dinatriumhydrogenphosphat* und 4,80 g Natriumchlorid werden in Wasser zu 1 l gelöst.

Natriumcitrat-Salzsäure-RL

16,46 g Natriumcitrat werden in 440 ml Salzsäure (0,1 mol/l) gelöst. Die Lösung wird mit Wasser zu 1 l aufgefüllt.
15,0 ml dieser Lösung werden mit 40,0 ml Wasser versetzt und als Reagenslösung verwendet.

Natriumdiethyldithiocarbamat-RL

0,100 g Natriumdiethyldithiocarbamat und 1,00 g Natriumcarbonat werden in Wasser zu 1 l gelöst.
Die Reagenslösung ist frisch zu bereiten.

Natriumdodecylsulfat

$C_{12}H_{25}NaO_4S$ (288,4)

für biochemische Zwecke und
für Tensiduntersuchungen

Natriumdodecylsulfat-Urtiter

Der Natriumdodecylsulfat-Urtiter dient zur Faktorbestimmung von Benzyldodecyldimethylammoniumchloridlösung (0,02 mol/l) (VII, 10.0.3.).
Bei dem Natriumdodecylsulfat-Urtiter handelt es sich um Natriumdodecylsulfat, dessen Gehalt ermittelt und durch Berücksichtigung der enthaltenen alkalisch bzw. sauer reagierenden Verunreinigungen korrigiert wird.

Bestimmung des Gehaltes des Natriumdodecylsulfates: 5,0000 g über Silicagel bis zur Massekonstanz getrocknetes Natriumdodecylsulfat werden in einem 250-ml-Rundkolben mit 25,00 ml Schwefelsäure (0,5 mol/l) versetzt. Die Mischung wird unter Rückflußkühlung vorsichtig im Sieden gehalten, bis sie klar ist und nicht mehr schäumt. Anschließend wird die Lösung 110 min im Sieden gehalten. Nach dem Erkalten werden 30,0 ml Ethanol und 10,0 ml Wasser durch den Rückflußkühler gegeben. Kühlerende und Kolbenhals werden mit jeweils 5,0 ml Wasser gespült. Nach Zusatz von 5 Tropfen Phenolphthalein-I wird der Überschuß an Schwefelsäure (0,5 mol/l) mit Natronlauge (1 mol/l) bis zur Rosafärbung titriert.
Unter den gleichen Bedingungen ist ein Blindversuch durchzuführen.

Berechnung:

Gehalt des getrockneten Natriumdodecylsulfates in Masseprozent $= \frac{28{,}84(a - b)}{Ew}$

a = Anzahl Milliliter verbrauchter Natronlauge (1 mol/l).
b = Anzahl Milliliter verbrauchter Natronlauge (1 mol/l) im Blindversuch.
Ew = Einwaage des getrockneten Natriumdodecylsulfates in Gramm.

Bestimmung des Gehaltes an alkalisch bzw. sauer reagierenden Verunreinigungen im Natriumdodecylsulfat: 3,0000 g über Silicagel bis zur Massekonstanz getrocknetes Natriumdodecylsulfat werden in 50,0 ml Wasser gelöst. Die Lösung wird mit 25,0 ml Natriumchlorid-RL, 40,0 ml Ether und 5 Tropfen Phenolphthalein-I versetzt und gemischt. Ist die wäßrige Schicht rot gefärbt, wird mit Salzsäure (0,1 mol/l) bis zur Entfärbung titriert, ist die wäßrige Schicht farblos, wird mit Natronlauge (0,1 mol/l) bis zur Rosafärbung titriert (Feinbürette).
Unter den gleichen Bedingungen ist ein Blindversuch durchzuführen.

Berechnung:

Als Natriumdodecylsulfat berechnete alkalisch bzw. sauer reagierende Verunreinigungen in Masseprozent $= \frac{2{,}884(a - b)}{Ew}$

a = Anzahl Milliliter verbrauchter Salzsäure (0,1 mol/l) bzw. Natronlauge (0,1 mol/l).

b = Anzahl Milliliter verbrauchter Salzsäure (0,1 mol/l) bzw. Natronlauge (0,1 mol/l) im Blindversuch.
Ew = Einwaage des getrockneten Natriumdodecylsulfates in Gramm.

Ermittlung des korrigierten Gehaltes des Natriumdodecylsulfat-Urtiters:

Bei Vorliegen alkalisch reagierender Verunreinigungen wird deren erhaltener Wert zu dem Gehalt des Natriumdodecylsulfates addiert.
Bei Vorliegen sauer reagierender Verunreinigungen wird deren erhaltener Wert vom Gehalt des Natriumdodecylsulfates subtrahiert.

Natriumhydroxid-RL*

125,0 g Natriumhydroxid werden in kohlendioxidfreiem Wasser zu 1 l gelöst.
Die Reagenslösung wird in Gefäßen aus Polyethylen aufbewahrt.

Natriumhypobromit-RL

40 g Brom werden in 80 ml Natronlauge (3 mol/l) gelöst. Die Lösung wird mit Wasser zu 1 l aufgefüllt.
Die Reagenslösung ist frisch zu bereiten.

Natriumhypochloritlösung TGL 8590

etwa 15 % aktives Chlor

Natriumoxalat reinst

$C_2Na_2O_4$ (134,0)

Natriumsulfat*, wasserfreies

Wasserfreies Natriumsulfat wird in einem Soxhletapparat mit n-Hexan* 5 h extrahiert. Anschließend wird das wasserfreie Natriumsulfat bei 200 °C 120 min erhitzt.

Natriumsulfat-RL

50 g wasserfreies Natriumsulfat* werden in Wasser zu 1 l gelöst.

Natriumsulfit, wasserfreies rein (pur.)

Na_2SO_3 (126,0) TGL 8482

Natriumtetraoxoiodat-RL

5,50 g Natriumtetraoxoiodat werden in 200 ml Wasser gelöst. Die Lösung wird mit Essigsäure zu 1 l aufgefüllt.

Natriumthioglycolat* für die Mikrobiologie

$C_2H_3NaO_2S$ (114,1)

Natronlauge (0,5 mol/l)

500 ml Natronlauge (1 mol/l) werden mit kohlendioxidfreiem Wasser zu 1 l aufgefüllt.

Nicotinsäure AB-DDR

$C_6H_5NO_2$ (123,1)

4-Nitro-anilin z. A. (p. a.)

$C_6H_6N_2O_2$ (138,1)

4-Nitro-anilin-RL

10,0 g 4-Nitro-anilin werden in Salzsäure (3 mol/l) zu 1 l gelöst.

Nitrobenzen* rein (pur.)

$C_6H_5NO_2$ (123,1)

Nitromethan rein (pur.)

CH_3NO_2 (61,04)

1-Nitroso-naphth-2-ol z. A.

$C_{10}H_7NO_2$ (173,2)

n-Octylalkohol techn. (techn.)

$C_8H_{18}O$ (130,2)

Gehalt mindestens 90%

n-Octylalkohol*

1 l n-Octylalkohol wird nach Zusatz von 20,0 g Kaliumhydroxid destilliert. Das im Bereich von 192 bis 198 °C übergehende Destillat wird verwendet.

Oxybuprocainhydrochlorid AB-DDR

$(C_{17}H_{28}N_2O_3)HCl$ (344,9)

Oxytetracyclinhydrochlorid AB-DDR

$(C_{22}H_{24}N_2O_9)HCl$ (496,9)

Perchlorsäure 60% reinst z. A. (puriss.)

$HClO_4$ (100,5) TGL 9578

Perchlorsäure (3 mol/l)

260 ml konzentrierte Perchlorsäure werden mit Wasser zu 1 l aufgefüllt.

Phenobarbital-Natrium AB-DDR

$C_{12}H_{11}N_2NaO_3$ (254,2)

Phenylendiaminhydrochlorid-RL*

0,900 g 1,4-Phenylendiaminhydrochlorid und 0,190 g Natriumazid werden in Natriumacetat-Puffer Nr. 5 zu 1 l gelöst.
Die Reagenslösung ist unmittelbar vor der Verwendung zu bereiten.

Phosphat-Puffer Nr. 7 pH-Wert ~ 6,5

2,50 g Natriumdihydrogenphosphat, 2,523 g Dinatriumhydrogenphosphat* und 8,20 g Natriumchlorid werden in Wasser zu 1 l gelöst.

Phosphat-Puffer Nr. 8 pH-Wert 6,8 ± 0,1

6,800 g Kaliumdihydrogenphosphat werden in 236,0 ml Natronlauge (0,1 mol/l) gelöst. Die Lösung wird mit Wasser zu 1 l aufgefüllt.

Phosphat-Puffer Nr. 9 pH-Wert ~7,2

1,150 g Dinatriumhydrogenphosphat*, 0,200 g Kaliumdihydrogenphosphat, 0,200 g Kaliumchlorid und 8,00 g Natriumchlorid werden in Wasser zu 1 l gelöst.

Phosphor(V)-oxid-Schwefelsäure-RL

300 g Phosphor(V)-oxid werden in 1 l konzentrierter Schwefelsäure gelöst.

Plaque-Medium 1 zur biologischen Wertbestimmung von Poliomyelitis-Impfstoff

Salzmischung nach Hanks	1,657 g
Lactalbumin-Hydrolysat	0,848 g
Streptomycinsulfat	20000 IE Streptomycin
Benzylpenicillin-Natrium	20000 IE
Kälberserum, das bei 56 °C ± 1K 30 min aufbewahrt wurde	10,0 ml
Magnesiumchloridlösung (406 g/l)	2,0 ml
Natriumhydrogencarbonatlösung (75 g/l)	3,0 ml
Wasser	zu 100,0 ml
Agargel, verflüssigt	100,0 ml

Die Salzmischung nach Hanks wird in 80,0 ml Wasser gelöst und die Lösung mit den weiteren angegebenen Bestandteilen, außer dem verflüssigten Agargel, versetzt. Die Mischung wird mit Wasser zu 100,0 ml aufgefüllt und nach Verfahren a_1) (XV, 1.0.) sterilisiert. Danach wird diese Mischung mit 100,0 ml verflüssigtem Agargel gemischt.

Plaque-Medium 2 — zur biologischen Wertbestimmung von Poliomyelitis-Impfstoff

Salzmischung nach HANKS	1,852 g
Lactalbumin-Hydrolysat	0,948 g
Streptomycinsulfat	20000 IE Streptomycin
Benzylpenicillin-Natrium	20000 IE
Magnesiumchloridlösung (406 g/l)	2,0 ml
Natriumhydrogencarbonatlösung (75 g/l)	3,0 ml
Neutralrotlösung (3,0 g/l)	5,0 ml
Wasser	zu 100,0 ml
Agargel, verflüssigt	100,0 ml

Die Salzmischung nach HANKS wird in 80,0 ml Wasser gelöst und die Lösung mit den weiteren angegebenen Bestandteilen, außer dem verflüssigten Agargel, versetzt. Die Mischung wird mit Wasser zu 100,0 ml aufgefüllt und nach Verfahren a_1) (XV, 1.0.) sterilisiert. Danach wird diese Mischung mit 100,0 ml verflüssigtem Agargel gemischt.

Polysorbat 80 — AB-DDR

Aus äquimolaren Mengen Ölsäure und Sorbitol bzw. Sorbitolanhydriden gewonnener Ester, der durchschnittlich im molaren Verhältnis von 1:20 mit Ethylenoxid verethert ist

Präzipitierendes Serum „Anti-Kaninchen" — z. biologischen Eiweißdifferenzierung

Geprüft vom Staatlichen Kontrollinstitut für immunbiologische Arzneimittel, Wollankstraße 15–17, Berlin, DDR-1100

Prednisolon — AB-DDR

$C_{21}H_{28}O_5$ (360,5)

Pseudomonas aeruginosa ATCC 9027

Zu beziehen vom Zentralinstitut für Mikrobiologie und experimentelle Therapie der Akademie der Wissenschaften der Deutschen Demokratischen Republik, Beuthenbergstraße 11, Jena, DDR-6900

Salmonella anatum 3,10:e,h:1,6 — Stamm S 141

Zu beziehen vom Staatlichen Kontrollinstitut für immunbiologische Arzneimittel, Wollankstraße 15–17, Berlin, DDR-1100

Salmonella cholerae-suis 6,7:c:1,5 Stamm S 34

Zu beziehen vom Staatlichen Kontrollinstitut für immunbiologische Arzneimittel, Wollankstraße 15—17, Berlin, DDR-1100

Salmonella illinois 3,15,34:z_{10}:1,5 Stamm S 133

Zu beziehen vom Staatlichen Kontrollinstitut für immunbiologische Arzneimittel, Wollankstraße 15—17, Berlin, DDR-1100

Salmonella newport 6,8:e,h:1,2 Stamm S 50

Zu beziehen vom Staatlichen Kontrollinstitut für immunbiologische Arzneimittel, Wollankstraße 15—17, Berlin, DDR-1100

Salmonella paratyphi-A var. durazzo 2,12:a:— Stamm S 2

Zu beziehen vom Staatlichen Kontrollinstitut für immunbiologische Arzneimittel, Wollankstraße 15—17, Berlin, DDR-1100

Salmonella schleissheim 4,12,27:b:— Stamm S 31

Zu beziehen vom Staatlichen Kontrollinstitut für immunbiologische Arzneimittel, Wollankstraße 15—17, Berlin, DDR-1100

Salmonella typhi 9,12:Vi:d:— Stamm S 59

Zu beziehen vom Staatlichen Kontrollinstitut für immunbiologische Arzneimittel, Wollankstraße 15—17, Berlin, DDR-1100

Salmonella typhi-murium 1,4,5,12:i:1,2 Stamm S 9

Zu beziehen vom Staatlichen Kontrollinstitut für immunbiologische Arzneimittel, Wollankstraße 15—17, Berlin, DDR-1100

Salzmischung nach Hanks z. Labordiagnostik

8,0 g Natriumchlorid, 0,400 g Kaliumchlorid, 0,100 g wasserfreies Magnesiumsulfat, 0,060 g wasserfreies Dinatriumhydrogenphosphat, 0,060 g Kaliumdihydrogenphosphat, 0,140 g wasserfreies Calciumchlorid, 1,00 g Glucose und 0,010 g Phenolrot werden sorgfältig gemischt.
Die Salzmischung ist bei 2 bis 15 °C und in sehr gut verschlossenen Gefäßen aufzubewahren.

Salzsäure (2 mol/l)

165 ml konzentrierte Salzsäure werden mit Wasser zu 1 l aufgefüllt.

Schwefelsäure, rauchende ca. 65 % freies SO_3
WS 020 — LA

Schwefelsäure (36,0%)

169,0 ml konzentrierte Schwefelsäure werden zu 500 ml Wasser gegeben. Nach dem Erkalten auf 20 °C wird die Mischung als Reagenslösung verwendet.

Schwefelsäure (13 mol/l)

700 ml konzentrierte Schwefelsäure werden langsam zu 350 ml Wasser gegeben. Nach dem Abkühlen auf 20 °C wird die Mischung mit Wasser zu 1 l aufgefüllt.

Schwefelsäure (9 mol/l)

509 ml konzentrierte Schwefelsäure werden zu 450 ml Wasser gegeben. Nach dem Erkalten wird die Mischung mit Wasser zu 1 l aufgefüllt.

Schwefelsäure (1 mol/l)

56,0 ml konzentrierte Schwefelsäure werden zu 900 ml Wasser gegeben. Nach dem Mischen und Erkalten wird die Lösung mit Wasser zu 1 l aufgefüllt.

Schwefelsäure (0,5 mol/l)

28,0 ml konzentrierte Schwefelsäure werden zu 900 ml Wasser gegeben. Nach dem Mischen und Erkalten wird die Lösung mit Wasser zu 1 l aufgefüllt.

Schwefelwasserstoff-Entwicklermasse

25,0 g hartes Paraffin werden in einer Porzellanschale auf dem Wasserbad geschmolzen. Nach Zusatz von 15,0 g gereinigtem Schwefel wird gerührt, bis die Mischung homogen ist. Anschließend werden 7,0 g Kieselgur zugesetzt. Die Mischung wird gerührt, bis sie zähflüssig ist, und danach stehengelassen. Nach dem Abkühlen auf 30 bis 40 °C werden aus der Masse 1 bis 2 g schwere, längliche Stücke geformt.

Schweflige Säure z. A. (p. a.)

Gehalt an SO_2 mindestens 5,0% TGL 9711

Serum-RL

1 Volumenteil Serum vom Rind oder Pferd und 9 Volumenteile Kaliumacetat-Puffer Nr. 1 werden gemischt. Der pH-Wert der Mischung wird potentiometrisch (III, 7.0.) mit Salzsäure (3 mol/l) auf 3,1 eingestellt. Die Mischung wird mindestens 18 h vor dem Gebrauch hergestellt. Sie ist bei 2 bis 8 °C 30 d haltbar. 1 Volumenteil dieser Mischung und 3 Volumenteile Kaliumacetat-Puffer Nr. 1 werden gemischt, auf eine Temperatur von 20 °C gebracht und als Reagenslösung verwendet.

Shigella boydii 6 Stamm Sh 77

Zu beziehen vom Staatlichen Kontrollinstitut für immunbiologische Arzneimittel, Wollankstraße 15—17, Berlin, DDR-1100

Shigella dysenteriae 1 Stamm Sh 1

Zu beziehen vom Staatlichen Kontrollinstitut für immunbiologische Arzneimittel, Wollankstraße 15—17, Berlin, DDR-1100

Shigella flexneri 1a Stamm Sh 12

Zu beziehen vom Staatlichen Kontrollinstitut für immunbiologische Arzneimittel, Wollankstraße 15—17, Berlin, DDR-1100

Shigella sonnei, S-Form Stamm Sh 87

Zu beziehen vom Staatlichen Kontrollinstitut für immunbiologische Arzneimittel, Wollankstraße 15—17, Berlin, DDR-1100

Shigella sonnei, R-Form Stamm Sh 91

Zu beziehen vom Staatlichen Kontrollinstitut für immunbiologische Arzneimittel, Wollankstraße 15—17, Berlin, DDR-1100

Silbernitrat-RL**

10,0 g Silbernitrat werden in 500 ml Ammoniaklösung (1 mol/l) gelöst. Die Lösung wird mit Wasser zu 1 l aufgefüllt.

Sorbimacrogololeat AB—DDR

Aus äquimolaren Mengen Ölsäure und Sorbitol bzw. Sorbitolanhydriden gewonnener Ester, der durchschnittlich im molaren Verhältnis von 1:20 mit Ethylenoxid verethert ist.

Sorbitantrioleat 85 AB—DDR

Sorbitanölsäureester aus 3 Molekülen Ölsäure und einem Molekül Sorbitol bzw. einem Molekül eines Sorbitolanhydrids

Staphylococcus aureus ATCC 6538 — P

Zu beziehen vom Zentralinstitut für Mikrobiologie und experimentelle Therapie der Akademie der Wissenschaften der Deutschen Demokratischen Republik, Beuthenbergstraße 11, Jena, DDR-6900

Stickstoff, kohlendioxidfreier

Bei Bedarf wird Stickstoff durch Calciumhydroxid geleitet.

Streptococcus faecalis ATCCM 19

Zu beziehen vom Zentralinstitut für Mikrobiologie und experimentelle Therapie der Akademie der Wissenschaften der Deutschen Demokratischen Republik, Beuthenbergstraße 11, Jena, DDR-6900

Sulfanilamid AB–DDR

$C_6H_8N_2O_2S$ (172,2)

Sulfathiazol AB–DDR

$C_9H_9N_3O_2S_2$ (255,3)

Sulfisomidin AB–DDR

$C_{12}H_{14}N_4O_2S$ (278,3)

Testserum „Anti-Poliomyelitis Serotyp 1"

Geprüft vom Staatlichen Kontrollinstitut für immunbiologische Arzneimittel, Wollankstraße 15–17, Berlin, DDR-1100

Testserum „Anti-Poliomyelitis Serotyp 2"

Geprüft vom Staatlichen Kontrollinstitut für immunbiologische Arzneimittel, Wollankstraße 15–17, Berlin, DDR-1100

Testserum „Anti-Poliomyelitis Serotyp 3"

Geprüft vom Staatlichen Kontrollinstitut für immunbiologische Arzneimittel, Wollankstraße 15–17, Berlin, DDR-1100

Tetra-n-butylammoniumiodid p. a.

$C_{16}H_{36}IN$ (369,4)

Tetracainhydrochlorid AB–DDR

$(C_{15}H_{24}N_2O_2)HCl$ (300,8)

Tetrachlorkohlenstoff, schwefelfreier

125 ml Tetrachlorkohlenstoff werden mit 10,0 ml Ethanol und 30,0 ml Kaliumplumbat(II)-RL versetzt. Die Mischung wird unter Rückflußkühlung 20 min im Sieden gehalten. Nach dem Erkalten wird die wäßrige Schicht abgetrennt und verworfen. Der Tetrachlorkohlenstoff wird so oft mit Wasser gewaschen, bis die Waschflüssigkeit neutral reagiert. Nach dem Abtrennen der Waschflüssigkeit wird der Tetrachlorkohlenstoff durch ein trockenes Papierfilter filtriert.

Theophyllin AB–DDR

$C_7H_8N_4O_2$ (180,2)

Tolazolinhydrochlorid AB–DDR

$(C_{10}H_{12}N_2)HCl$ (196,7)

o-Tolidin z. A.

$C_{14}H_{16}N_2$ (212,3)

Tolidin-RL

0,3200 g o-Tolidin werden in 60,0 ml Essigsäure gelöst. Die Lösung wird mit 2,0 g Kaliumiodid versetzt und mit Wasser zu 1 l aufgefüllt.

Toluen*

Toluen wird destilliert. Dabei sind je 10 Vol.-% der eingesetzten Menge als Vorlauf und als Rückstand zu verwerfen.

Toluen-4-sulfonsäure rein (pur.)

$C_7H_8O_3S \cdot H_2O$ (190,2)

Treponema pallidum Stamm Nichols

Zu beziehen vom Staatlichen Kontrollinstitut für immunbiologische Arzneimittel, Wollankstraße 15—17, Berlin, DDR-1100

Triethylenglycol AB—DDR

$C_6H_{14}O_4$ (150,2)

Triketohydrindenhydrat-RL***

1,50 g Triketohydrindenhydrat werden in 750 ml Ethanol gelöst. Die Lösung wird mit 150 ml Essigsäure sowie 30 ml 2,4,6-Collidin versetzt und mit Kupfer(II)-nitrat-RL* zu 1 l aufgefüllt.
Die Reagenslösung ist frisch zu bereiten.

Trypsin für biochemische Zwecke

Trypsin* zur Zellzucht

Das Reagens ist höchstens 2 Jahre verwendbar.

Trypsin-RL

0,0500 g Trypsin werden in Calciumchlorid-Trometamol-Puffer zu 1 l gelöst.
Trypsin-RL muß folgende Forderung erfüllen: Bei der Wertbestimmung, wie in der Monografie „Aprotinin" angegeben, muß der Mittelwert der Extinktionen (III, 5.0.) der Ansätze A_1 bis A_5 bei 405 nm im Bereich von 0,35 bis 0,50 liegen. Anderenfalls muß die Einwaage des Trypsins erhöht werden.
Die Reagenslösung ist bei 2 bis 8 °C aufzubewahren und 6 d verwendbar.

Trypsin-RL*

Lösung I: 2,500 g Trypsin* werden in Phosphat-Puffer Nr. 9 zu 1 l gelöst.
Lösung II: 0,200 g Dinatriumdihydrogenethylendiamintetraacetat-2-hydrat werden in Phosphat-Puffer Nr. 9 zu 1 l gelöst.
Bei Bedarf werden 1 Volumenteil der Lösung I und 3 Volumenteile der Lösung II gemischt. Die Mischung wird als Reagenslösung verwendet.

Wasserstoffperoxidlösung, verdünnte

Gehalt etwa 3,0 % Wasserstoffperoxid [H_2O_2 (34,01)].
0,10 g gepulvertes Phenacetin wird in 100,0 ml Wasser unter Erhitzen gelöst. Die heiße Lösung wird mit 800,0 ml Wasser und nach dem Erkalten mit 90,0 g konzentrierter Wasserstoffperoxidlösung versetzt.
Die Lösung ist höchstens ein Jahr zu verwenden.

Watte*

Watte wird in einem Soxhletapparat mit n-Hexan* 5 h extrahiert.

Xylen, wasserfreies

Xylen ist 24 h über Natrium aufzubewahren.

Zinn(II)-chlorid-Salzsäure-RL**

5,05 g Zinn(II)-chlorid werden in 10,0 ml konzentrierter Salzsäure gelöst. Die Lösung wird mit Wasser zu 1 l aufgefüllt.
Die Reagenslösung ist frisch zu bereiten.

Zirconium(IV)-oxidchlorid z. A.

$ZrOCl_2 \cdot 8\,H_2O$ (322,3)

Nachtrag zu den Standards

Standard	Erläuterungen	zu beziehen von
Ajmalin		IFAR
Allopurinol	International Chemical Reference Substance	IFAR
Aminodisulfamid		IFAR
Ampicillin	International Chemical Reference Substance	IFAR
Ampicillintrihydrat	International Chemical Reference Substance	IFAR
BCG-Impfstoff		SKIA[1])
Carbaril		IFAR
Dichlorvos		IFAR
Dihydralazinsulfat		IFAR
Dihydroergotoxinmesilat	Mischung aus gleichen Teilen Dihydroergocornin-, Dihydroergocryptin- und Dihydroergocristinmesilat	IFAR
Ergotamintartrat	International Chemical Reference Substance	IFAR
Estradiol	CM-RGW-Arbeitsstandard der Ungarischen Volksrepublik	IFAR
Estradiolbenzoat	International Chemical Reference Substance	IFAR
Estron	International Chemical Reference Substance	IFAR
Ethinylestradiolpropansulfonat		IFAR
Etilefrinhydrochlorid		IFAR
Flumetasonpivalat		IFAR
Heparin	3rd International Standard 1973; Heparin; from porcine intestinal mucosa (1370 IU per ampoule); CM-RGW-Arbeitsstandard der ČSSR	IFAR
Human-Immunglobulin „Anti-D"		SKIA[1])
Hyaluronidase	1st International Standard 1955; Hyaluronidase, bovine; dried bovine testicular hyaluronidase diluted with lactose (0,1 mg per IU)	IFID[2])
Hydrocortison	International Chemical Reference Substance	IFAR
Insulin	4th International Standard 1958; Insulin; bovine and porcine, for bioassay (0,041 67 mg per IU)	Berlin-Chemie
Iprazochrom		IFAR
Levonorgestrel		IFAR
Mesterolon		IFAR
Methylethylbernsteinsäuredinitril		IFAR

Standard	Erläuterungen	zu beziehen von
Neamin	CM-RGW-Arbeitsstandard der UdSSR	IFAR
Neomycinsulfat	2nd International Reference Preparation 1974; Neomycin; neomycin sulfate (775 IU per mg)	ZIMET
Nifedipin		IFAR
Oxytetracyclinhydrochlorid		IFAR
Phenoxymethylpenicillin	International Chemical Reference Substance	IFAR
Plast-Standard I		IFAR
Plast-Standard II		IFAR
Poliomyelitis-Impfstoff Serotyp 1		SKIA[1])
Poliomyelitis-Impfstoff Serotyp 2		SKIA[1])
Poliomyelitis-Impfstoff Serotyp 3		SKIA[1])
Poliomyelitis-Impfstoff Serotypen 1, 2 und 3		SKIA[1])
Pyrogen-Standard	CM-RGW-Arbeitsstandard der Deutschen Demokratischen Republik; Natriumnucleinat	IFAR
Pyrviniumembonat		IFAR
g-Strophanthin	International Chemical Reference Standard (Ouabain)	IFAR
Sulfaclomid		IFAR
Terephthalaldehydsäure	CM-RGW-Arbeitsstandard der Deutschen Demokratischen Republik	IFAR
Thiazinamiummetilsulfat		IFAR
Thioctsäure		IFAR
Thrombin	1st International Standard 1975; Thrombin, human; human thrombin with sucrose, freeze-dried (0,0853 mg per IU)	IFAR
Tolnaftat	International Chemical Reference Substance	IFAR
Triamcinolon		IFAR
Triamcinolonacetonid	CM-RGW-Arbeitsstandard der Ungarischen Volksrepublik	IFAR
Tuberkulin	Purified tuberculin (PPD) RT 23 for Mantoux tests (2 TU per 0,1 ml)	SKIA[1])

[1]) Staatliches Kontrollinstitut für immunbiologische Arzneimittel, Wollankstraße 15—17, Berlin, DDR-1100

[2]) Institut für Impfstoffe Dessau der Akademie der Landwirtschaftswissenschaften der Deutschen Demokratischen Republik, Jahnstraße 8, Dessau 2, DDR-4500

5.0. Vergleichssubstanzen

Vergleichssubstanzen können bezogen werden vom
Institut für Arzneimittelwesen der Deutschen Demokratischen Republik,
Große Seestraße 4, Berlin, DDR-1120

Vergleichssubstanz	Vergleichssubstanz
Adeninsulfat	Codeinphosphat
Aloin	Cumarin
Amidotrizoesäure	Curcumin
Aminoessigsäure	
3-Aminopropanol	Decansäuremethylester
3-Amino-2,4,6-triiodbenzoesäure	Denaverinhydrochlorid
cis-Anethol	Dichlordifluormethan
trans-Anethol	Diclofenac-Natrium
Anisaldehyd	Didrovaltrat
Apiol	Dienestroldiacetat
Äscin	1,8-Dihydroxyanthrachinon
Atropinsulfat	3,20-Dioxo-pregna-4,6-dien-17α-yl-acetat
Aucubin	Dipenten
	Disulfiram
Baclofen	
Barbital	Emetindihydrochlorid
Bendamustinhydrochlorid	Erythrosin-Natrium
Bisabolol	Estradiol
10-Bromcarbamazepin	Ethacridinlactat
1,3-Bis(3,7-dimethyl-purin-2,6-dion)propan	Ethylbromisovalerat
Brucin	Eugenol
Butonat	
	Farbstoffe (Lebensmittelfarbstoffe)
Campher	1 Tartrazin
Capsaicin	2 Chinolingelb
Car-3-en	3 Gelborange S
Carvacrol	4 Azorubin
Carvon	5 Amaranth
Chininhydrochlorid	6 Ponceau 4R
4-Chlor-acetanilid	7 Erythrosin
1-Chlor-5-amino-benzen-2,4-disulfonamid	8 Indigotin
Chlormerodrin	9 Patentblau V
1,8-Cineol	10 Brillantschwarz BN
Citral	Fenchon
Citronellal	Formylsulfisomidin
Clenbuterolhydrochlorid	Fructose

Vergleichssubstanz

Geranylacetat
Glibenclamid
Glucose
18β-Glycyrrhetinsäure
Guajazulen
Guanosin

Halothan I
(Gehalt an 1,1,2-Trichlor-1,2,2-trifluor-ethan 0,01 Vol.-%)
Halothan II
(Gehalt an 1,1,2-Trifluor-1-brom-2-chlor-ethan 0,01 Vol.-%)
Hautpulver
Hydroxychinolinsulfat
2-Hydroxy-2,2-diphenyl-essigsäure-1-methyl-piperid-4-ylester-hydrochlorid

Iminodibenzyl
Iminodibenzyl-5-carbonsäureamid
Ioglycaminsäure
Isobornylacetat
Isoleucin
Isopromethazinhydrochlorid

Juglon

Ketaminhydrochlorid

Lactose
Levothyroxin
Limonen
Linalool
Linalylacetat

Mannitol
Menthylacetat
Methylacetamid
2-Methyl-benzensulfonsäureamid
Metriphonat
Morphinhydrochlorid
Myristicin

17-Oxo-estra-1,3,5(10)-trien-3,16α-diol
Oxytetracyclinhydrochlorid

Vergleichssubstanz

Papaverinhydrochlorid
Pentoxifyllin
Pflanzen- und Vorratsschutzmittel[1])
p,p'-DDD
p,p'-DDE
o,p'-DDT
p,p'-DDT
Desmetryn
Dichlorvos
Dimethoat
α-HCH
β-HCH
δ-HCH
Lindan
Pflanzen- und Vorratsschutzmittel[1])
Parathion-methyl
Prometryn
Simazin
Phenothiazin
Phenylbutazon
Prazosinhydrochlorid
Promethazinhydrochlorid
Protoveratrin A
Propiverinhydrochlorid
Pyridin-4-aldoxim
Pyridostigminbromid
Pyridostigmin-Manganbromid

Reserpin
Rhaponticin
Rutosid

Scopolaminhydrobromid
Streptomycinsulfat
Strychnin
Sulfaclomid
Sulfamerazin
Sulfisomidin

Talinolol
Tetramethoxyallylbenzen
Thymol
Tolbutamid
Trapidil
Triclocarban
Triclosan

Vergleichssubstanz	Vergleichssubstanz
Trimethoprim	Zellzuchtmedien[2])
Tyrosin	Zellzuchtmedium nach EAGLE (Basalmedium)
	Zellzuchtmedium nach EAGLE (MEM)
DL-Valin	Zellzuchtmedium 199 nach PARKER
Verbandzellstoff	Zellzuchtmedium L-15 nach LEIBOVITZ

[1]) in begründeten Fällen vom IFAR zu beziehen
[2]) zu beziehen vom Staatlichen Kontrollinstitut für immunbiologische Arzneimittel, Wollankstraße 15–17, Berlin, DDR-1100

7.0. Anweisung zum Einsortieren der VI. Lieferung in das Arzneibuch der Deutschen Demokratischen Republik

Soweit aus dieser Anweisung hervorgeht, daß Teile des Arzneibuches der Deutschen Demokratischen Republik auszusondern oder zu streichen sind, bedeutet das gleichzeitig ihre Außerkraftsetzung.
Das Verbindlichkeitsjahr ist bei den Titeln des Bandes 1 den Findern und bei den Monografien deren Namen nachgestellt.

Band 1

Titelblatt: Arzneibuch der Deutschen Demokratischen Republik 1987 – AB-DDR 87 –	anstelle Titelblatt: Arzneibuch der Deutschen Demokratischen Republik in der ab 1. Dezember 1985 verbindlichen Fassung – AB-DDR 85 –
Nachweis der Berücksichtigung der Anlagen 11 und 12, Seite II, 5	einfügen
Allgemeine Hinweise zum Arzneibuch der Deutschen Demokratischen Republik 1987, Seiten III bis IV	anstelle von – Allgemeine Hinweise zu der ab 1. Dezember 1985 verbindlichen Fassung – Seiten III bis IV
Vorwort zum Arzneibuch der Deutschen Demokratischen Republik 1987, Seiten XVI, 13 bis XVI, 14	einfügen
Inhaltsverzeichnis zum Arzneibuch der Deutschen Demokratischen Republik 1987, Seiten XVII bis LVIII	anstelle von – Inhaltsverzeichnis zum Arzneibuch der Deutschen Demokratischen Republik in der ab 1. Dezember 1985 verbindlichen Fassung – Seiten XVII bis LXIV
I, 3.0.1. bis 3.0.2./87, Volumenangaben, Volumenmessung	anstelle von I, 3.0.1. bis 3.0.2./83
I, 12.0.1. und 13.0.1./87, Verbindlichkeit der Prüfverfahren und Qualitätsforderungen/Beurteilung und Berechnung von Prüfergebnissen	anstelle von I, 12.0.1. und 13.0.1./85
III, 14.0.1. bis 14.0.7./87, Gaschromatografische Bestimmung	anstelle von III, 14.0.1. bis 14.0.4./83
III, 18.0.1./87, Bestimmung der spezifischen Leitfähigkeit	anstelle von III, 18.0.1./83
III, 19.0.1. bis 19.0.2./87, Hochleistungsflüssigkeitschromatografische Bestimmung	anstelle von III, 19.0.1./83
VII, 10.0.3./87	anstelle von VII, 10.0.3./85
VII, 10.0.5.1./87	einfügen
VII, 10.0.6./87	anstelle von VII, 10.0.6./85
VII, 10.0.6.1./87	einfügen

Band 1

VII, 10.0.8./87	anstelle von VII, 10.0.8./83
VII, 10.0.9. und 10.0.9.1./87	anstelle von VII, 10.0.9./75
VIII, 1.0.1. bis 1.0.1.3./87, Art der Aufbewahrung	anstelle von VIII, 1.0.1./83
IX, 1.0.1./75, Dosierung	entfernen
X, 9.0.1./87, Prüfung der antimikrobiellen Konservierung	einfügen
XI, 1.0.1./87, Allgemeines	anstelle von XI, 1.0.1./75
XI, 9.2.1. bis 9.2.2./87, Prüfung auf Rückstände von Dichlorvos, Dimethoat und Parathion-methyl	einfügen
XI, 9.3.1. bis 9.3.2./87, Prüfung auf Rückstände von Lindan und DDT (Clofenotan)	einfügen
XIII, 1.0.1./87, Allgemeines	anstelle von XIII, 1.0.1./78
XIV, 21.0.3. bis 21.0.4./87, Tabletten, Dragees	einfügen
XIV, 26.0.1./87, Zäpfchen	anstelle von XIV, 26.0.1./75
XVII, 3.1.1. bis 3.1.2./87	einfügen
Anlagen 2.25.1. bis 2.25.13./87	anstelle von Anlagen 2.25.1. bis 2.25.11./85
Anlagen 4.1.4./87	anstelle von Anlagen 4.1.4./85
Anlagen 5.0.1. bis 5.0.2./87	anstelle von Anlagen 5.0.1./85
Anlagen 7.0.1. bis 7.0.3./85	entfernen
Anlagen 7.0.1. bis 7.0.7./87	einfügen
Anlagen 8.0.1./78	entfernen
Anlagen 9.1.1. bis 9.1.2./87	anstelle von Anlagen 9.1.1. bis 9.1.2./85
Anlagen 9.3.71. bis 9.3.95./87 und 9.3.139./87	einfügen
Anlagen 10.0.1./83	entfernen
Anlagen 10.2.1./87	einfügen
Anlagen 11.0.32.ff./87	einfügen
Anlagen 12.0.3.ff./87	einfügen

Monografien

Acetonum 87	anstelle von Acetonum 75
Acetylaminonitropropoxybenzenum 87	anstelle von Acetylaminonitropropoxybenzolum 75
Acetylcholinum chloratum 87	anstelle von Acetylcholinum chloratum 75

Monografien

Acidum acetylosalicylicum 87	anstelle von Acidum acetylosalicylicum 75
Acidum agaricinicum 75	entfernen
Acidum amidotrizoicum 87	einfügen
Acidum aminoaceticum 87	anstelle von Acidum aminoaceticum 75
Acidum aminobenzoicum 87	anstelle von Acidum aminobenzoicum 75
Acidum aminocaproicum 87	anstelle von Acidum aminocaproicum 75
Acidum aminohippuricum 87	anstelle von Acidum aminohippuricum 76
Acidum aminomethylbenzoicum 87	anstelle von Acidum aminomethylbenzoicum 75
Acidum ascorbicum 87	anstelle von Acidum ascorbicum 75
Acidum asparticum 87	anstelle von Acidum asparticum 75
Acidum benzoicum 87	anstelle von Acidum benzoicum 75
Acidum boricum 87	anstelle von Acidum boricum 75
Acidum chlorphibricum 75	entfernen
Acidum citricum 87	anstelle von Acidum citricum 75
Acidum clofibricum 87	einfügen
Acidum diacetylaminotrijodbenzoicum 75	entfernen
Acidum folicum 87	anstelle von Acidum folicum 75
Acidum glutamicum 87	anstelle von Acidum glutamicum 75
Acidum hydrochloricum dilutum 87	anstelle von Acidum hydrochloricum dilutum 75
Acidum ioglycamicum	s. Zent.bl. Pharm. Pharmakother. Lab.diagn. **126** (1987), 609 bis 676
Acidum nicotinicum 87	anstelle von Acidum nicotinicum 75
Acidum propionicum 87	anstelle von Acidum propionicum 75
Acidum stearinicum 87	anstelle von Acidum stearinicum 75
Acidum tartaricum 87	anstelle von Acidum tartaricum 75
Acidum thiocticum	s. Zent.bl. Pharm. Pharmakother. Lab.diagn. **126** (1987), 609 bis 676
Acriflavinium chloratum 87	anstelle von Acriflavinum hydrochloricum 75
Adeps Cacao 87	anstelle von Adeps Cacao 75
Aether 75	entfernen

Aethophyllinum 75	entfernen
Aethylium bromisovalerianicum 75	entfernen
Aethylium oleinicum 75	entfernen
Aethylmorphinum hydrochloricum 75	entfernen
Agar 87	anstelle von Agar 75
Agar für Kulturmedien 87	anstelle von Agar für Kulturmedien 75
Ajmalinum 87	anstelle von Ajmalinum 76
Alaninum 87	anstelle von Alaninum 76
Albuminum tannicum 87	anstelle von Albuminum tannicum 75
Alcohol benzylicus 75	entfernen
Alcohol benzylicus 87	s. Zent.bl. Pharm. Pharmakother. Lab.diagn. **125** (1986), 569 bis 618
Alcohol stearylicus 87	anstelle von Alcohol stearylicus 75
Alcoholes emulsificantes 87	anstelle von Alcoholes emulsificantes 75
Alcoholes emulsificantes non ionogeni 87	anstelle von Alcoholes emulsificantes non ionogeni 76
Allylthiourea 87	s. Zent.bl. Pharm. Pharmakother. Lab.diagn. **126** (1987), 609 bis 676
Almasilatum 87	einfügen
Aloe 75	entfernen
Alumen 87	anstelle von Alumen 75
Aluminium chloratum 87	anstelle von Aluminium chloratum 75
Aluminium Magnesium silicicum 75	entfernen
Aluminium sulfuricum 87	anstelle von Aluminium sulfuricum 75
Ambazonum 87	anstelle von Ambazonum 75
Aminodisulfamidum 76	entfernen
Aminodisulfamidum 87	s. Zent.bl. Pharm. Pharmakother. Lab.diagn. **125** (1986), 569 bis 618
Aminophenazonum 75	entfernen
Ammonium bromatum 87	anstelle von Ammonium bromatum 75
Ammonium sulfobituminosum 87	anstelle von Ammonium sulfobituminosum 75
Analginum 75	entfernen
Anthrarobinum 87	anstelle von Anthrarobinum 75
Argininum hydrochloricum 87	anstelle von Argininum hydrochloricum 75

Monografien

Baclofenum	einfügen
Barium sulfuricum 87	anstelle von Barium sulfuricum 75
Barverinum 75	entfernen
Barverinum 87	s. Zent.bl. Pharm. Pharmakother. Lab.diagn. **125** (1986), 569 bis 618
Bemegridum 87	anstelle von Bemegridum 75
Bengalrosa-Natrium 87	anstelle von Bengalrosa-Natrium 75
Benzaldazinum 76	entfernen
Benzinum 87	anstelle von Benzinum 75
Benzylium amygdalicum 87	anstelle von Benzylium amygdalicum 75
Benzylium benzoicum 87	anstelle von Benzylium benzoicum 75
Benzylium nicotinicum 87	anstelle von Benzylium nicotinicum 75
Bisacodylum 87	anstelle von Bisacodylum 75
Bismutum subnitricum 87	anstelle von Bismutum subnitricum 75
Bismutum subsalicylicum 87	anstelle von Bismutum subsalicylicum 75
Bromchlortrifluoraethanum 75	entfernen
Bromhexinum hydrochloricum 75	entfernen
Bromhexinum hydrochloricum 87	s. Zent.bl. Pharm. Pharmakother. Lab.diagn. **125** (1986), 569 bis 618
Bupivacainum hydrochloricum	einfügen
Calcium chloratum 87	anstelle von Calcium chloratum 75
Calcium pantothenicum 87	anstelle von Calcium pantothenicum 75
Calcium propionicum 87	anstelle von Calcium propionicum 75
Carbo medicinalis 87	anstelle von Carbo medicinalis 75
Carboneum dioxydatum 75	entfernen
Carboneum tetrachloratum 87	anstelle von Carboneum tetrachloratum 75
Carmellosum Natrium 87	einfügen
DL-Cathinum Phenobarbitalum 87	einfügen
Cera Carnauba 87	anstelle von Cera Carnauba 75
Cera flava 87	anstelle von Cera flava 75
Cera Lanae cruda 87	anstelle von Cera Lanae cruda 75

Cera perliquida 87	anstelle von Cera perliquida 75
Cera subliquida 87	anstelle von Cera subliquida 75
Cetaceum 87	anstelle von Cetaceum 75
Chirurgisches nichtresorbierbares Näh- und Unterbindungsmaterial 87	anstelle von Chirurgisches nichtresorbierbares Näh- und Unterbindungsmaterial 75
Chirurgisches resorbierbares Näh- und Unterbindungsmaterial 87	anstelle von Chirurgisches resorbierbares Näh- und Unterbindungsmaterial 75
Chloralum hydratum 87	anstelle von Chloralum hydratum 75
Chlorobutanolum 87	anstelle von Chlorbutanolum 75
Chlorochinum diphosphoricum 75	entfernen
Chloroformium 87	anstelle von Chloroformium 75
Chloroquinum diphosphoricum 87	einfügen
Chlorphenolum 87	anstelle von Chlorphenolum 75
Chlorpromazinum hydrochloricum 87	anstelle von Chlorpromazinum hydrochloricum 75
Cholecalciferolum 75	entfernen
Cholinum chloratum 87	anstelle von Cholinum chloratum 75
Chromium trioxidatum 87	anstelle von Chromium trioxydatum 75
Chrysoidinum hydrochloricum 87	anstelle von Chrysoidinum hydrochloricum 75
Clonidinum tosilatum 83	entfernen
Cocainum hydrochloricum 87	anstelle von Cocainum hydrochloricum 75
Codeinum phosphoricum 87	anstelle von Codeinum phosphoricum 75
Colecalciferolum 87	einfügen
Collodium 87	anstelle von Collodium 75
Cresolum 87	anstelle von Cresolum 75
Cresolum crudum 87	anstelle von Cresolum crudum 75
Cyclobarbitalum Calcium 87	anstelle von Cyclobarbitalum Calcium 75
Cyclodrinum hydrochloricum 87	anstelle von Cyclodrinum hydrochloricum 75
Cyclopenthiazidum 75	entfernen; ebenso entfällt Monografiefassung im Zent.bl. Pharm. Pharmakother. Lab.diagn. **125** (1986), 569 bis 618
Cysteinum hydrochloricum 75	entfernen

Monografien

Cysteinum hydrochloricum 87	s. Zent.bl. Pharm. Pharmakother. Lab.diagn. **125** (1986), 569 bis 618
Cystinum 75	entfernen
Cystinum 87	s. Zent.bl. Pharm. Pharmakother. Lab.diagn. **125** (1986), 569 bis 618
Detajmium hydrogentartaricum 87	anstelle von Detajmium hydrogentartaricum 83
Dextrinum flavum 75	entfernen
Dextrinum flavum 87	s. Zent.bl. Pharm. Pharmakother. Lab.diagn. **125** (1986), 569 bis 618
Diacetylaminoazotoluenum 87	anstelle von Diacetylaminoazotoluolum 75
Diaethylaminoaethanolum 75	entfernen
Dibutylium phthalicum 76	entfernen
Dibutylium phthalicum 87	s. Zent.bl. Pharm. Pharmakother. Lab.diagn. **125** (1986), 569 bis 618
Dichlorbenzenum 87	anstelle von Dichlorbenzolum 75
Diclofenacum Natrium	einfügen
Dienoestrolum diaceticum 75	entfernen
Diethylaminoethanolum 87	einfügen
Dihydrostreptomycinum sulfuricum 87	anstelle von Dihydrostreptomycinum sulfuricum 75
Diisopropylaminum dichloraceticum 87	anstelle von Diisopropylaminum dichloraceticum 75
Dimethamphetaminum hydrochloricum 76	entfernen
Dimeticonum 200	einfügen
Ether 87	einfügen
Ethylium bromisovalerianicum 87	einfügen
Ethylium oleinicum 87	einfügen
Ethylmorphinum hydrochloricum 87	einfügen
Etofyllinum 87	einfügen
Eugenolum 87	anstelle von Eugenolum 75
Ferrum gluconicum 85	entfernen
Flores Chamomillae 87	anstelle von Flores Chamomillae 75
Fructus Foeniculi 87	anstelle von Fructus Foeniculi 75

Gallaminum triethiodidum 87	anstelle von Gallaminum triaethjodidum 75
Gereinigte Baumwolle 87	anstelle von Gereinigte Baumwolle 75
Glucosum depuratum 87	anstelle von Glucosum depuratum 75
Halothanum 87	einfügen
Herba Stramonii 75	entfernen
Histidinum hydrochloricum 76	entfernen
Histidinum hydrochloricum 87	s. Zent.bl. Pharm. Pharmakother. Lab.diagn. **126** (1987), **609** bis **676**
Hyaluronidasum 78	entfernen
Hyaluronidasum 87	s. Zent.bl. Pharm. Pharmakother. Lab.diagn. **126** (1987), 609 bis 676
Hydrargyrum 87	anstelle von Hydrargyrum 75
Hydrargyrum bichloratum 87	anstelle von Hydrargyrum bichloratum 75
Hydrargyrum bijodatum 75	entfernen
Hydrargyrum chloratum 75	entfernen
Hydrargyrum oxydatum flavum 75	entfernen
Hydrargyrum oxydatum rubrum 75	entfernen
Hydrargyrum oxycyanatum 87	anstelle von Hydrargyrum oxycyanatum 75
Hydrocortisonum	einfügen
Hydroxymethylpyridinum bitartaricum 75	entfernen
Hydroxymethylpyridinum hydrogentartaricum 87	s. Zent.bl. Pharm. Pharmakother. Lab.diagn. **126** (1987), 609 bis 676
Indometacinum	einfügen
Injectio Bengalrosae (^{131}J) 75	entfernen
Iodoformium 87	einfügen
Iodum 87	einfügen
Isoamylium nitrosum 75	entfernen
Isoamylium nitrosum 87	s. Zent.bl. Pharm. Pharmakother. Lab.diagn. **126** (1987), 609 bis 676
Isobornylium aceticum 87	anstelle von Isobornylium aceticum 75

Monografien

Isoleucinum 78	entfernen
Isoleucinum 87	s. Zent.bl. Pharm. Pharmakother. Lab.diagn. **126** (1987), 609 bis 676
Jodoformium 75	entfernen
Jodum 75	entfernen
Kalium aceticum 87	anstelle von Kalium aceticum 75
Kalium adipinicum 75	entfernen
Kalium adipinicum 87	s. Zent.bl. Pharm. Pharmakother. Lab.diagn. **126** (1987), 609 bis 676
Kalium carbonicum 87	anstelle von Kalium carbonicum 75
Kalium chloricum 75	entfernen
Kalium chloricum 87	s. Zent.bl. Pharm. Pharmakother. Lab.diagn. **126** (1987), 609 bis 676
Kalium citricum 87	anstelle von Kalium citricum 75
Kalium hydrogencarbonicum 87	anstelle von Kalium hydrogencarbonicum 75
Kalium hydroxidatum 87	anstelle von Kalium hydroxydatum 75
Kalium iodatum 87	anstelle von Kalium jodatum 75
Ketaminum hydrochloricum	einfügen
Kohlenhydratfreies pankreatisches Pepton 75	entfernen
Leucinum 75	entfernen
Leucinum 87	s. Zent.bl. Pharm. Pharmakother. Lab.diagn. **126** (1987), 609 bis 676
Lithium carbonicum 75	entfernen
Lithium carbonicum 87	s. Zent.bl. Pharm. Pharmakother. Lab.diagn. **125** (1986), 569 bis 618
Macrogolum 600 87	einfügen
Macrogolum 1500 87	einfügen
Macrogolum 5000 87	einfügen
Macrogolum 35000	einfügen
Magnesium asparticum 75	entfernen

Magnesium hydrogenasparticum 87	s. Zent.bl. Pharm. Pharmakother. Lab.diagn. **126** (1987), 609 bis 676
Magnesium salicylicum 75	entfernen
Magnesium salicylicum 87	s. Zent.bl. Pharm. Pharmakother. Lab.diagn. **125** (1986), 569 bis 618
Malachitgrün 75	entfernen
Malachitgrün 87	s. Zent.bl. Pharm. Pharmakother. Lab.diagn. **126** (1987), 609 bis 676
Masern-Impfstoff 87	anstelle von Masern-Impfstoff 75
Medazepamum 87	anstelle von Medazepamum 76
Mercaptopurinum 78	entfernen
Mercaptopurinum 87	s. Zent.bl. Pharm. Pharmakother. Lab.diagn. **126** (1987), 609 bis 676
Metalliburum Zincum 76	entfernen
Metalliburum Zincum 87	s. Zent.bl. Pharm. Pharmakother. Lab.diagn. **126** (1987), 609 bis 676
Metamizolum Natrium 87	einfügen
Methylium hydroxybenzoicum 87	anstelle von Methylium hydroxybenzoicum 75
Methylium nicotinicum 78	entfernen
Methylium nicotinicum 87	s. Zent.bl. Pharm. Pharmakother. Lab.diagn. **125** (1986), 569 bis 618
Methylium salicylicum 87	anstelle von Methylium salicylicum 75
Methylpromethazinium methylsulfuricum 75	entfernen
Metronidazolum 87	anstelle von Metronidazolum 75
Monospezifisches Testserum „Anti-Shigella-sonnei, S-Form", markiert mit Fluoreszeinisothiozyanat 76	entfernen
Natrium boricum peroxydatum 75	entfernen
Natrium boricum peroxidatum 87	s. Zent.bl. Pharm. Pharmakother. Lab.diagn. **125** (1986), 569 bis 618
Natrium carboxymethylcellulosum 75	entfernen
Natrium glycerolum phosphoricum 75	entfernen
Natrium glycerolum phosphoricum 87	s. Zent.bl. Pharm. Pharmakother. Lab.diagn. **125** (1986), 569 bis 618
Natrium jodatum 75	entfernen

Monografien

Natrium iodatum 87	s. Zent.bl. Pharm. Pharmakother. Lab.diagn. **125** (1986), 569 bis 618
Natrium tetraboricum 87	anstelle von Natrium tetraboricum 75
Niclosamidum 76	entfernen
Niclosamidum 87	s. Zent.bl. Pharm. Pharmakother. Lab.diagn. **126** (1987), 609 bis 676
Nicotinhydroxymethylamidum 75	entfernen
Nicotinhydroxymethylamidum 87	s. Zent.bl. Pharm. Pharmakother. Lab.diagn. **125** (1986), 569 bis 618
Nifedipinum 87	anstelle von Nifedipinum 83
Nitrogenium 75	entfernen
Norpseudoephedrinum Phenobarbitalum 78	entfernen
Oleum Carvi 87	anstelle von Oleum Carvi 75
Oleum Foeniculi	einfügen
Oleum Foeniculi 55 87	anstelle von Oleum Foeniculi 75
Oleum Lavandulae	einfügen
Oleum Lavandulae 35 87	anstelle von Oleum Lavandulae 75
Oleum Origani	einfügen
Oleum Origani 35 87	anstelle von Oleum Origani 75
Oleum Petroselini 87	anstelle von Oleum Petroselini 75
Oxygenium 75	entfernen
Pankreatisches Pepton 75	entfernen
Papaverinum 75	entfernen
Paracetamolum 87	anstelle von Paracetamolum 75
Pengitoxinum 75	entfernen
Pengitoxinum 87	s. Zent.bl. Pharm. Pharmakother. Lab.diagn. **126** (1987), 609 bis 676
Pentoxifyllinum	einfügen
Peptisches Pepton 75	entfernen
Phenacetinum 87	anstelle von Phenacetinum 75
Phenobarbitalum 87	anstelle von Phenobarbitalum 75
Phenobarbitalum Natrium 87	anstelle von Phenobarbitalum Natrium 75
Pholedrinum formicicum 85	entfernen

Pholedrinum formicicum 87	s. Zent.bl. Pharm. Pharmakother. Lab.diagn. **126** (1987), 609 bis 676
Pilocarpinum 87	anstelle von Pilocarpinum 75
Piperazinum 75	entfernen
Piperazinum 87	s. Zent.bl. Pharm. Pharmakother. Lab.diagn. **126** (1987), 609 bis 676
Podophyllinum 78	entfernen
Podophyllinum 87	s. Zent.bl. Pharm. Pharmakother. Lab.diagn. **126** (1987), 609 bis 676
Poliomyelitis-Impfstoff 87	anstelle von Poliomyelitis-Impfstoff 76
Polyaethylenglycolum 600 75	entfernen
Polyaethylenglycolum 1500 75	entfernen
Polyaethylenglycolum 5000 75	entfernen
Polysorbatum 80 87	einfügen
Polyspezifisches Testserum „Anti-Koli I", markiert mit Fluoreszeinisothiozyanat 76	entfernen
Polyspezifisches Testserum „Anti-Koli II", markiert mit Fluoreszeinisothiozyanat 76	entfernen
Polyspezifisches Testserum „Anti-Koli III", markiert mit Fluoreszeinisothiozyanat 76	entfernen
Polyvidonum 15	s. Zent.bl. Pharm. Pharmakother. Lab.diagn. **126** (1987), 609 bis 676
Polyvinylazetatdispersion 78	entfernen
Polyvinylacetatdispersion 87	s. Zent.bl. Pharm. Pharmakother. Lab.diagn. **125** (1986), 569 bis 618
Prazosinum hydrochloricum	einfügen
Promazinum phosphoricum 87	anstelle von Promazinum phosphoricum 75
Promethazinum hydrochloricum 87	anstelle von Promethazinum hydrochloricum 75
Propiverinum hydrochloricum	einfügen
Propylium hydroxybenzoicum 87	anstelle von Propylium hydroxybenzoicum 75
Proscillaridinum 75	entfernen
Protaminum sulfuricum 75	entfernen
Protaminum sulfuricum 87	s. Zent.bl. Pharm. Pharmakother. Lab.diagn. **125** (1986), 569 bis 618

Monografien

Pyridostigminum bromatum 87	anstelle von Pyridostigminum bromatum 83
Pyrithyldionum 87	anstelle von Pyrithyldionum 83
Pyrvinium embonatum 78	entfernen
Pyrvinium embonatum 87	s. Zent.bl. Pharm. Pharmakother. Lab.diagn. **126** (1987), 609 bis 676
Radix Ononidis 75	entfernen
Radix Valerianae 87	anstelle von Radix Valerianae 75
Rafoxanidum	einfügen
Rescinnaminum 76	entfernen
Scopolaminum 75	entfernen
Scopolaminum 87	s. Zent.bl. Pharm. Pharmakother. Lab.diagn. **125** (1986), 569 bis 618
Sirupus Rubi idaei 75	entfernen
Sorbimacrogolum oleinicum 80 75	entfernen
Stannum 75	entfernen
Stannum 87	s. Zent.bl. Pharm. Pharmakother. Lab.diagn. **126** (1987), 609 bis 676
Stannum dioxydatum 75	entfernen
Stannum dioxidatum 87	s. Zent.bl. Pharm. Pharmakother. Lab.diagn. **126** (1987), 609 bis 676
Sulbentinum 75	entfernen
Suspensio Almasilati	einfügen
Thiadrinum thiocyanatum 75	entfernen
Thiazinamium metilsulfuricum 87	einfügen
Thiocarbamidum 76	entfernen
Thiosinaminum 75	entfernen
DL-Threoninum, Blatt 1/87	anstelle von DL-Threoninum, Blatt 1/83
Tollwut-Impfstoff 87	anstelle von Tollwut-Impfstoff 75
Trimethoprimum 87	anstelle von Trimethoprimum 78
Vliesstoffe	einfügen
Xantinolum nicotinicum 87	anstelle von Xantinolum nicotinicum 78

Der Band „Rezepturen“ ist nicht mehr Bestandteil des AB-DDR.

Verzeichnis der Standardspektren

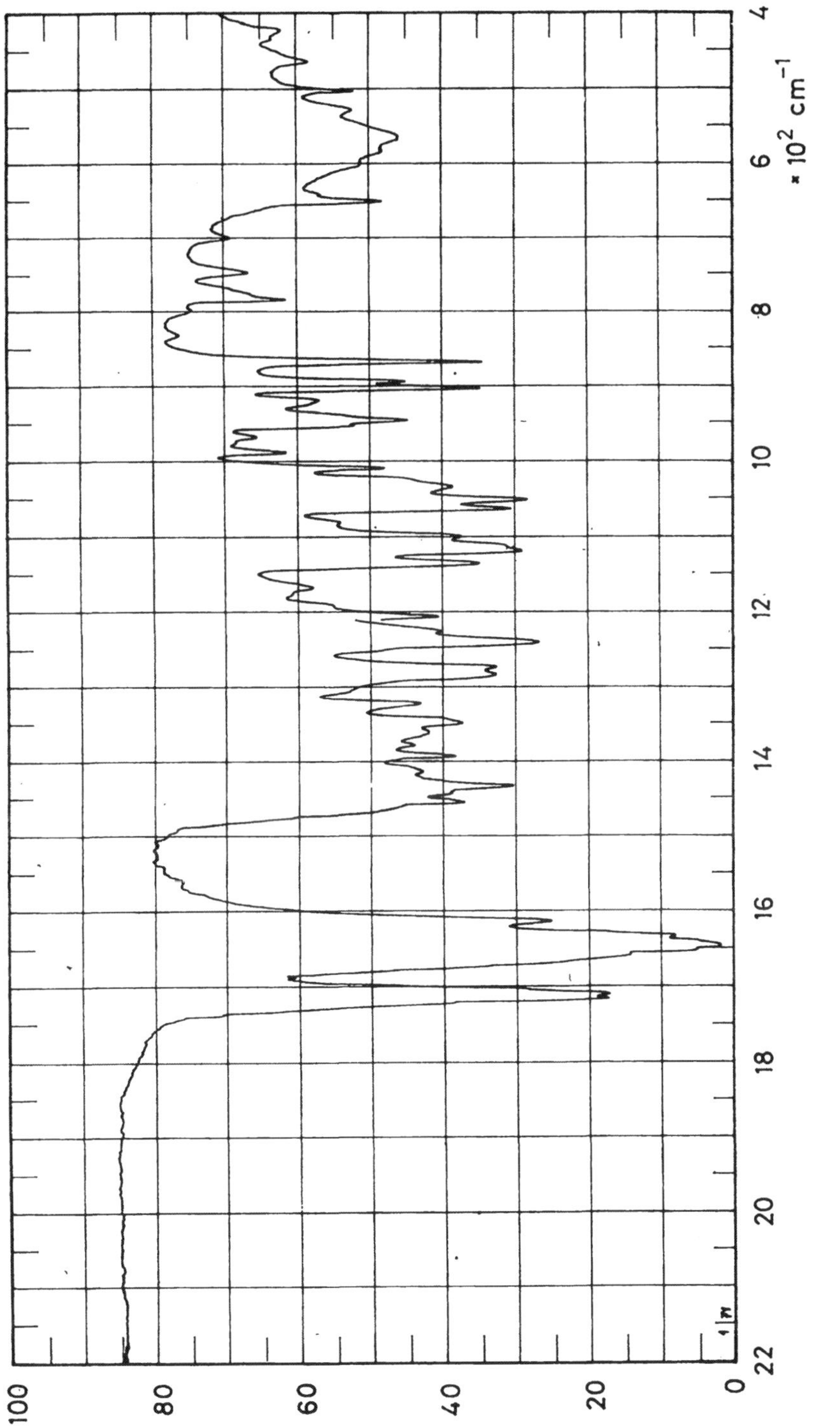

Substanz: **Hydrocortison** (aus Methanol)
Kaliumbromid-Preßling

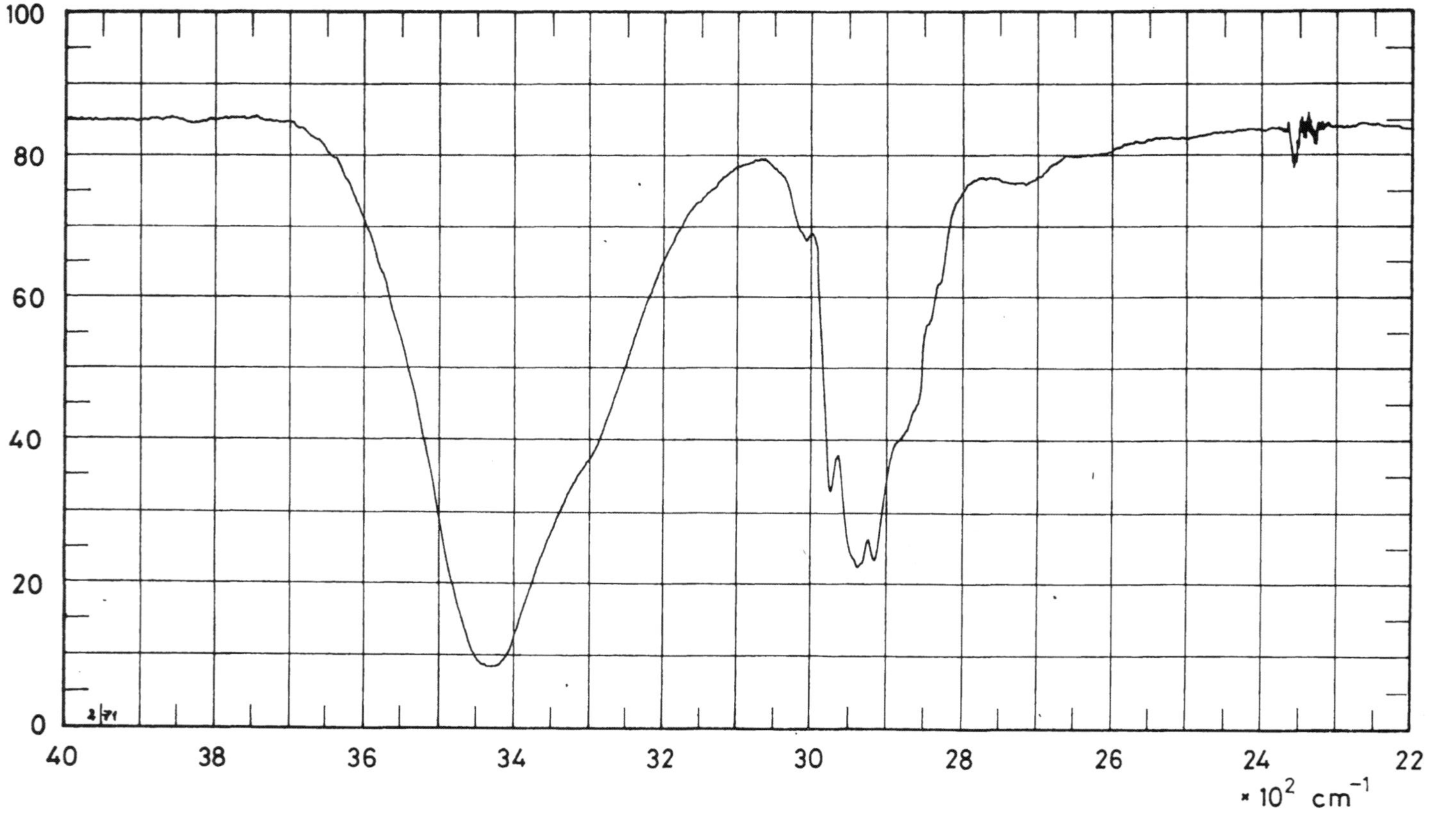

Substanz: **Hydrocortison** (aus Methanol)
Kaliumbromid-Preßling

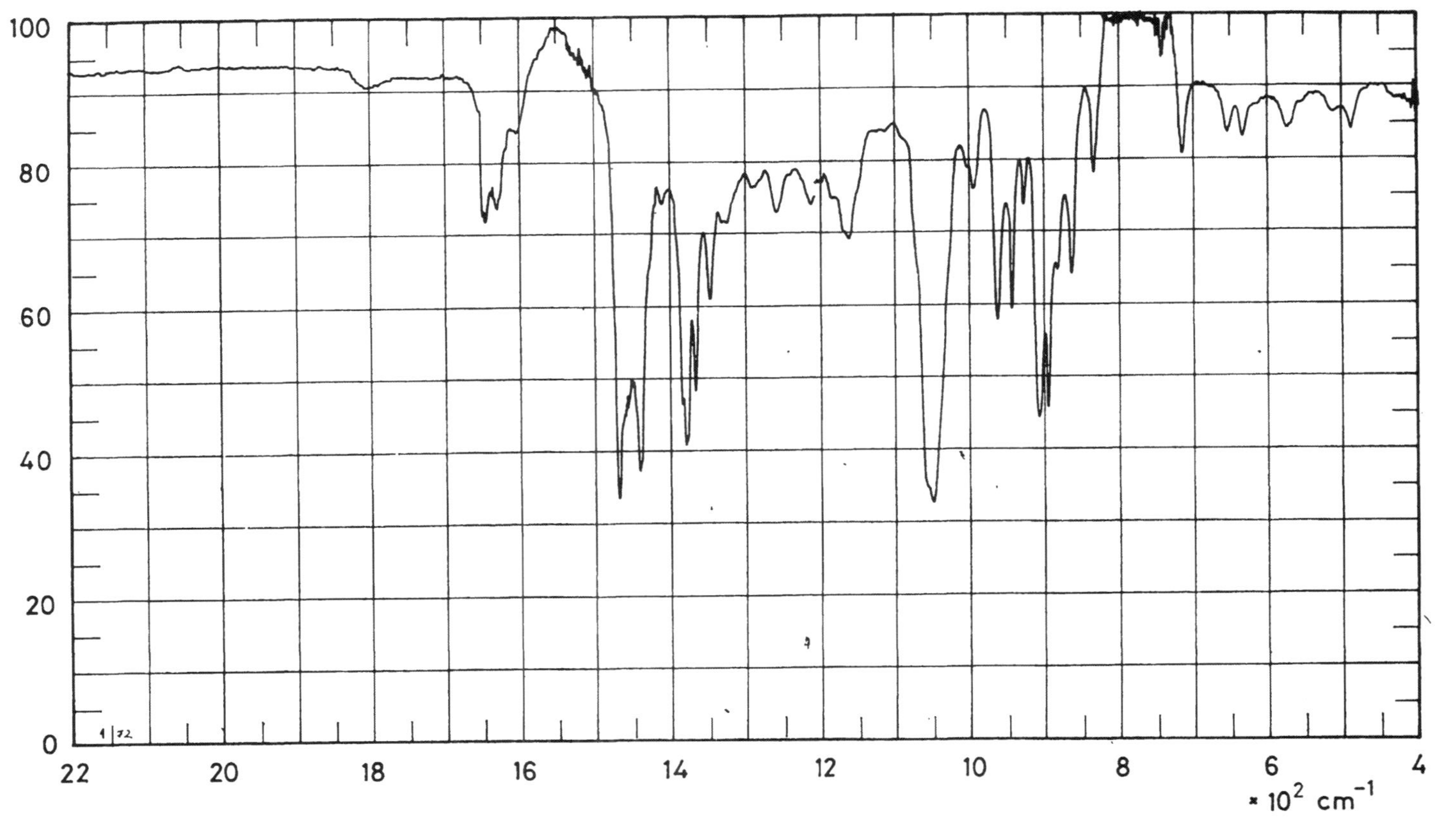

Substanz: **Colecalciferol**
Lösungsmittel: Tetrachlorkohlenstoff
Konzentration: 100 g/l
Schichtdicke: 0,12 mm

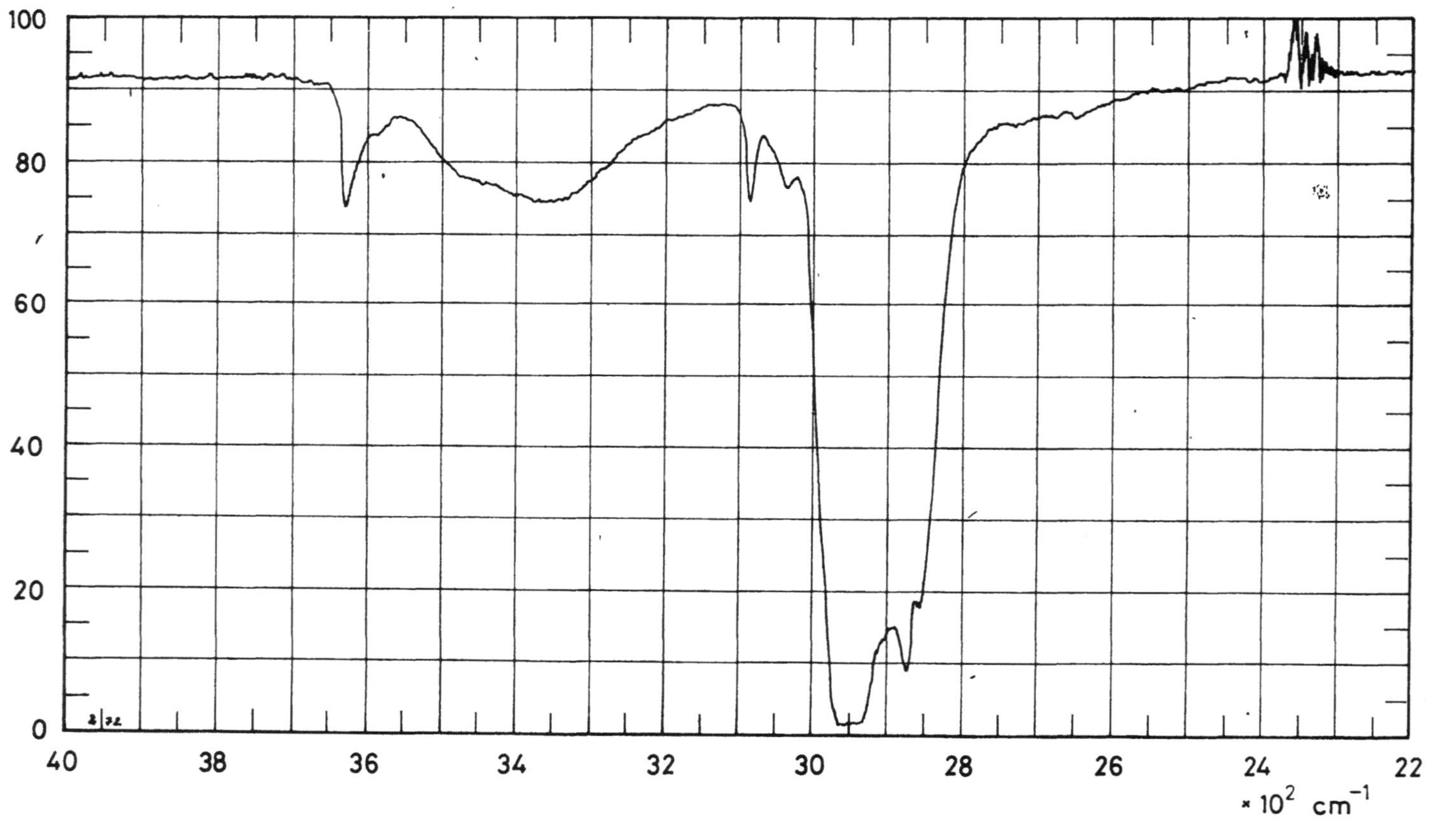

Substanz: **Colecalciferol**
Lösungsmittel: Tetrachlorkohlenstoff
Konzentration: 100 g/l
Schichtdicke: 0,12 mm

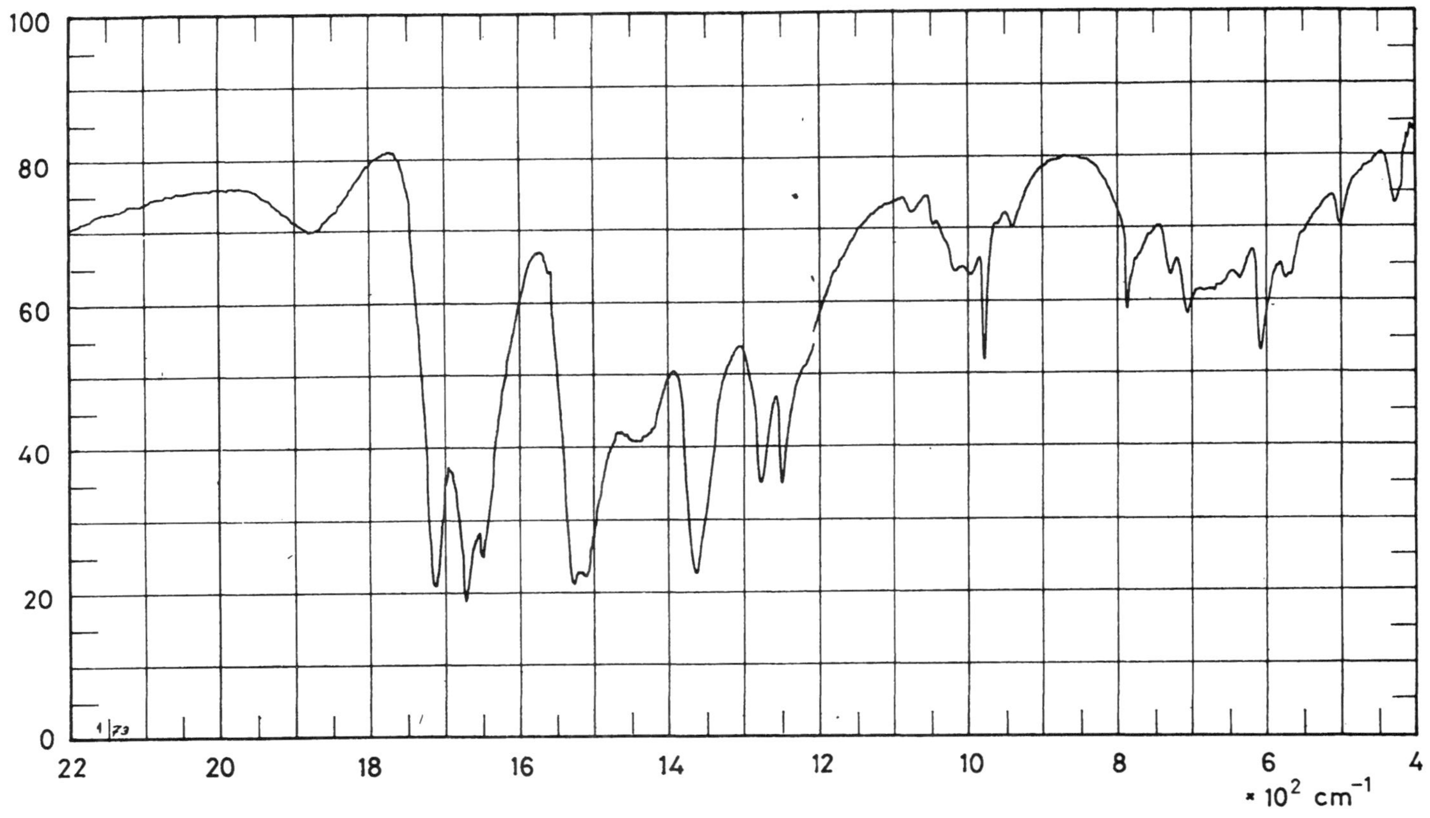

Substanz: **Amidotrizoesäure** [aus Natronlauge (0,1 mol/l) mit Salzsäure (0,1 mol/l) gefällt]
Kaliumbromid-Preßling

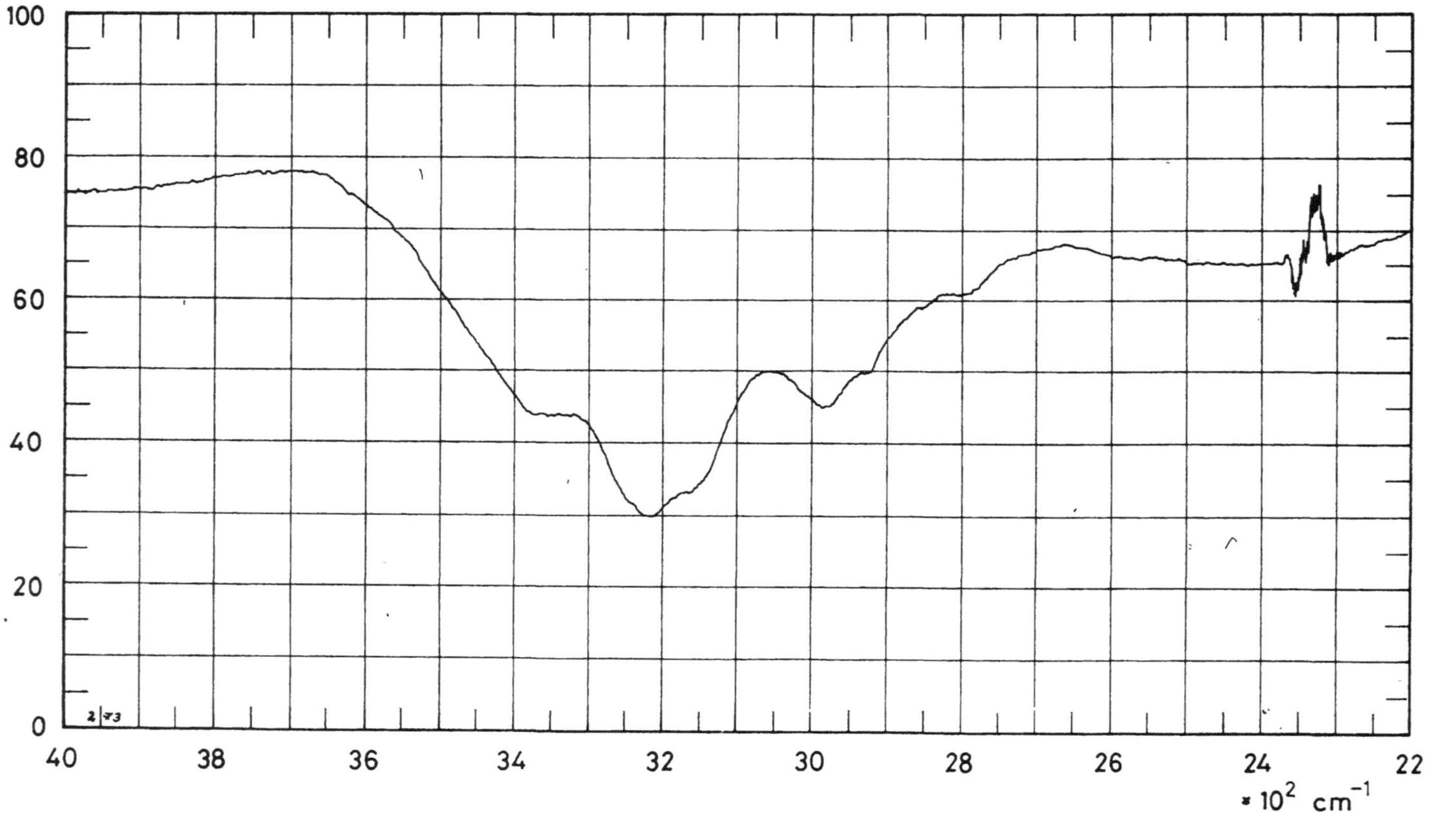

Substanz: **Amidotrizoesäure** [aus Natronlauge (0,1 mol/l) mit Salzsäure (0,1 mol/l) gefällt]
Kaliumbromid-Preßling

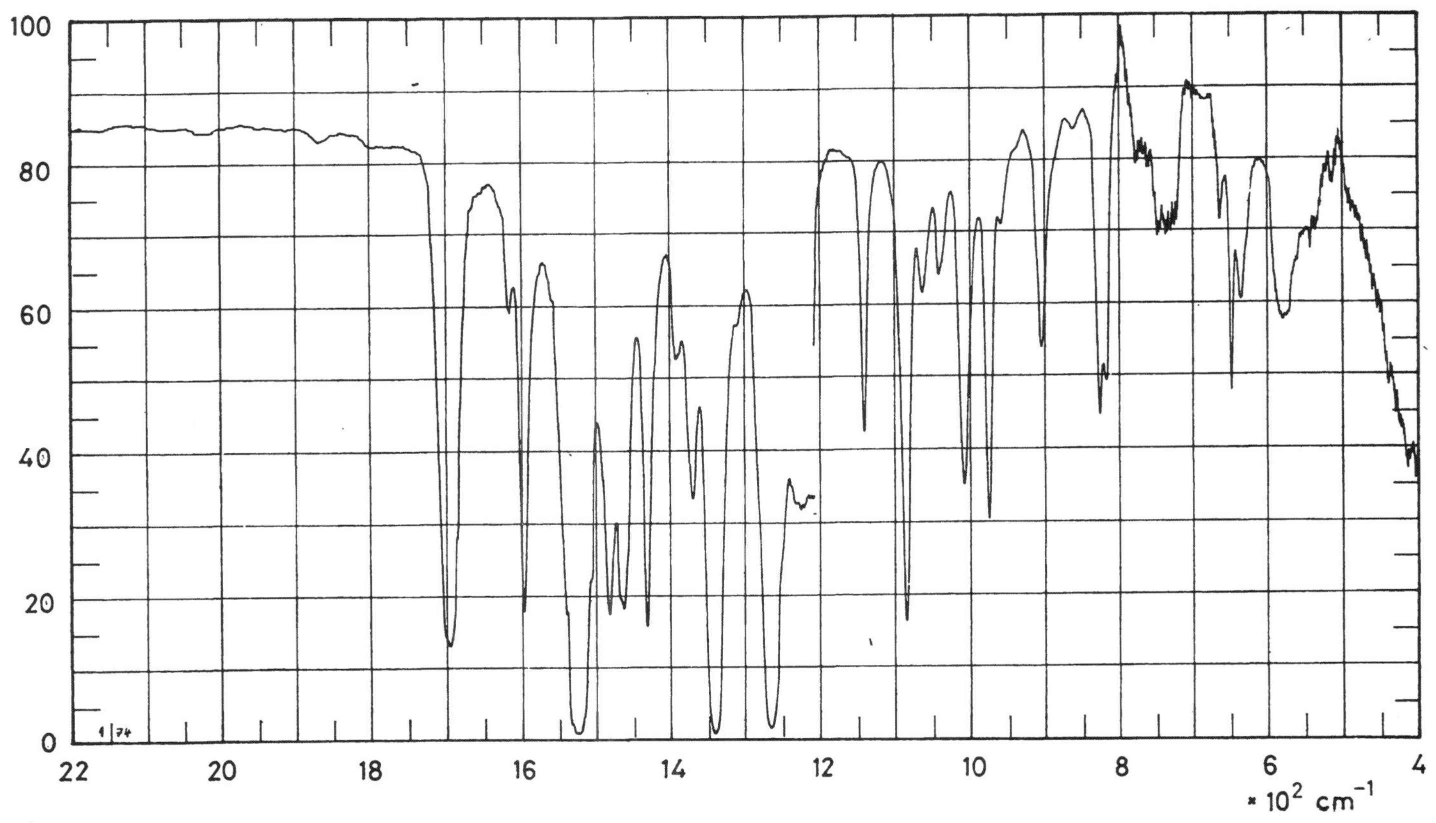

Substanz: **Acetylaminonitropropoxybenzen**
Lösungsmittel: Chloroform
Konzentration: 50 g/l
Schichtdicke: 0,11 mm

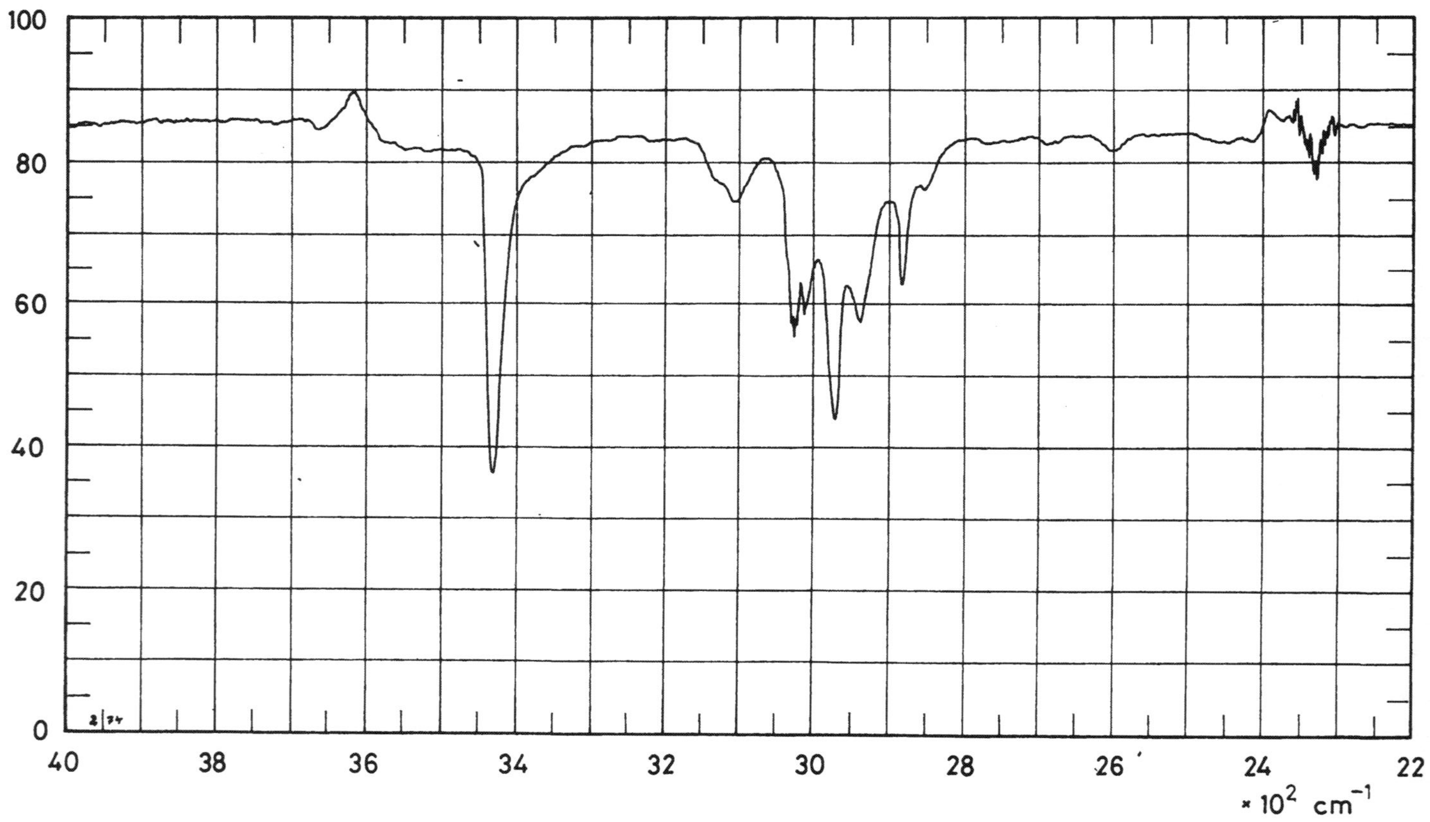

Substanz: **Acetylaminonitropropoxybenzen**
Lösungsmittel: Chloroform
Konzentration: 50 g/l
Schichtdicke: 0,11 mm

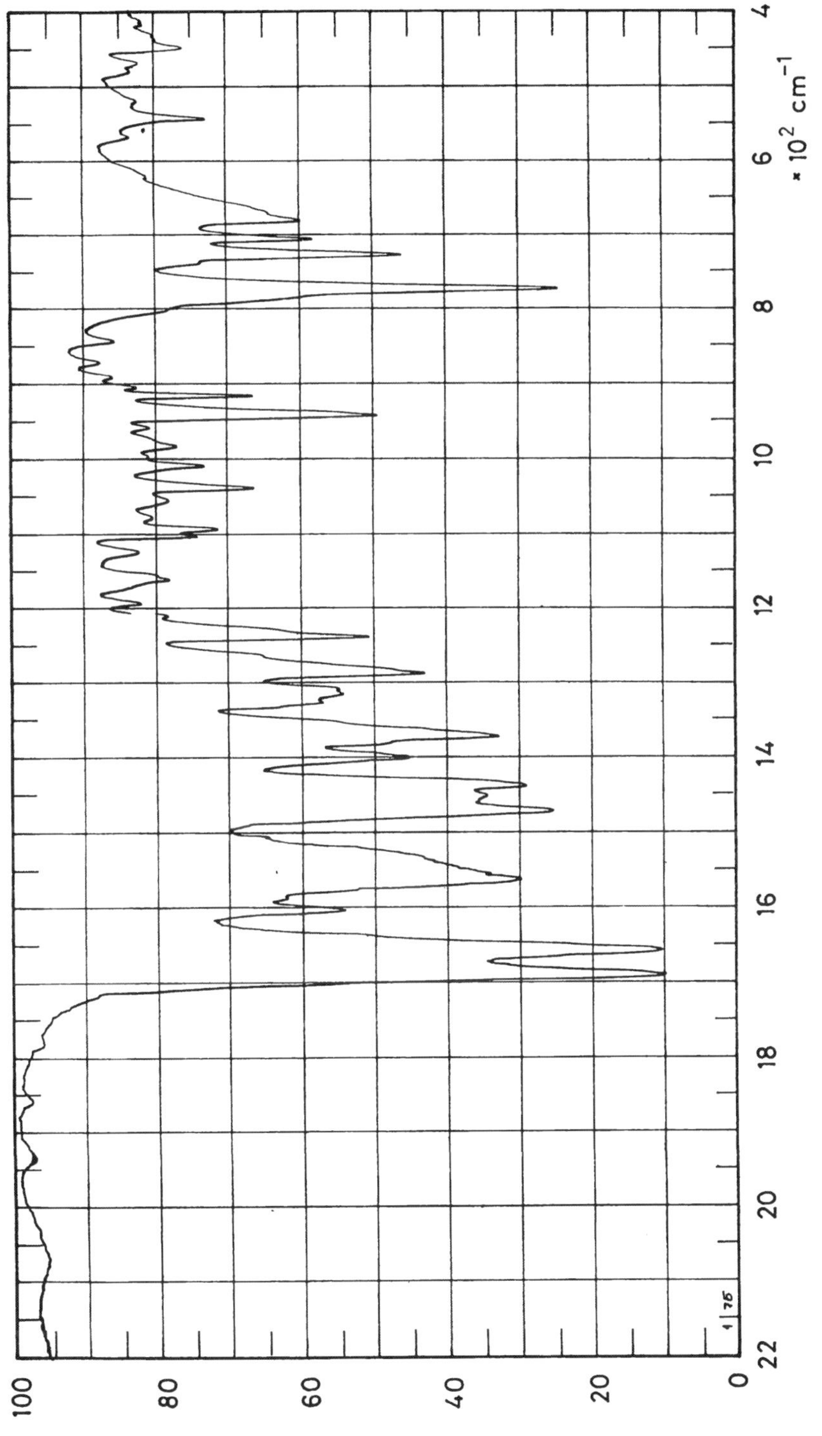

Substanz: **Bupivacainhydrochlorid**
Kaliumbromid-Preßling

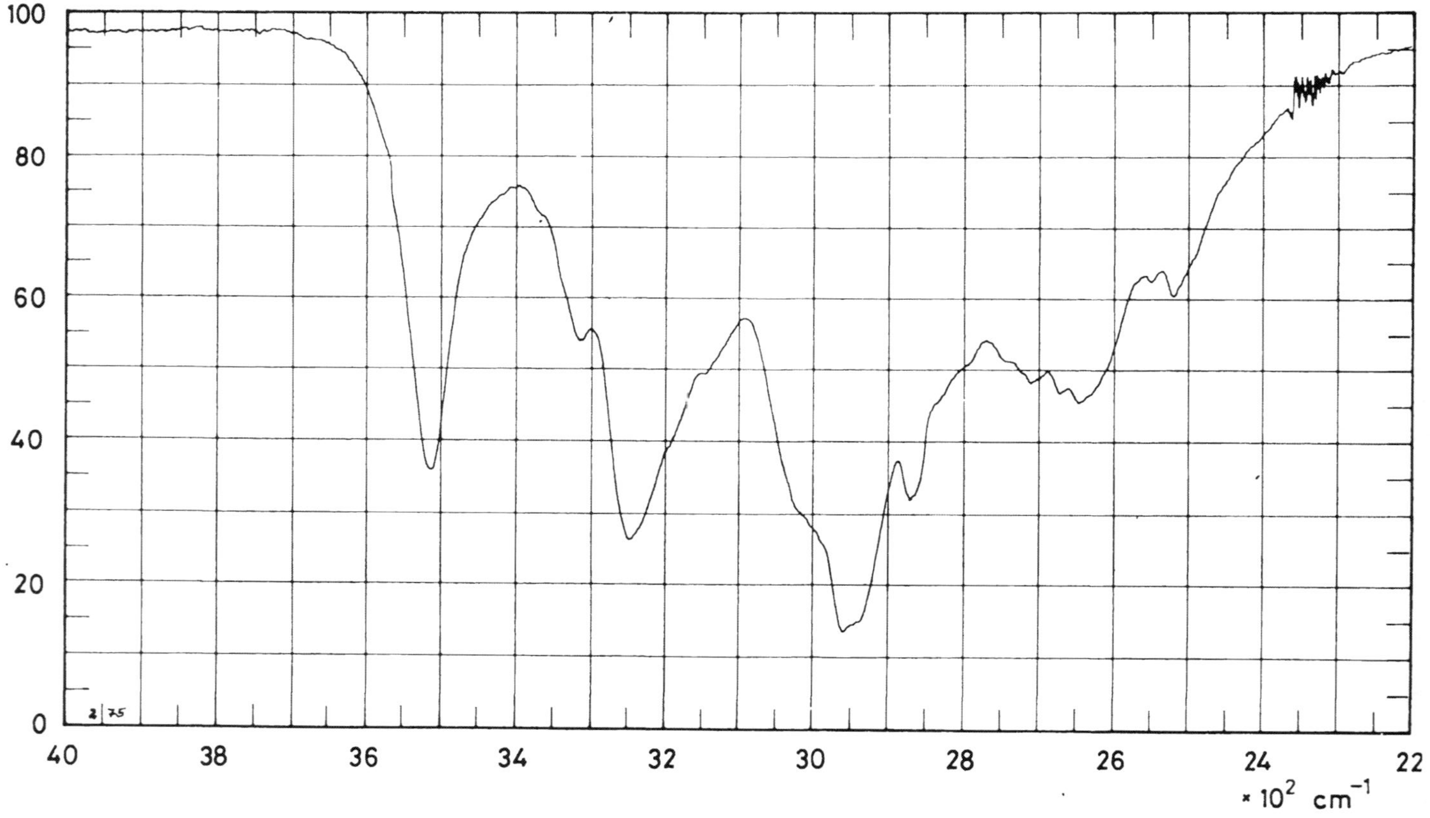

Substanz: **Bupivacainhydrochlorid**
Kaliumbromid-Preßling

Anlagen
9.3.75.1.

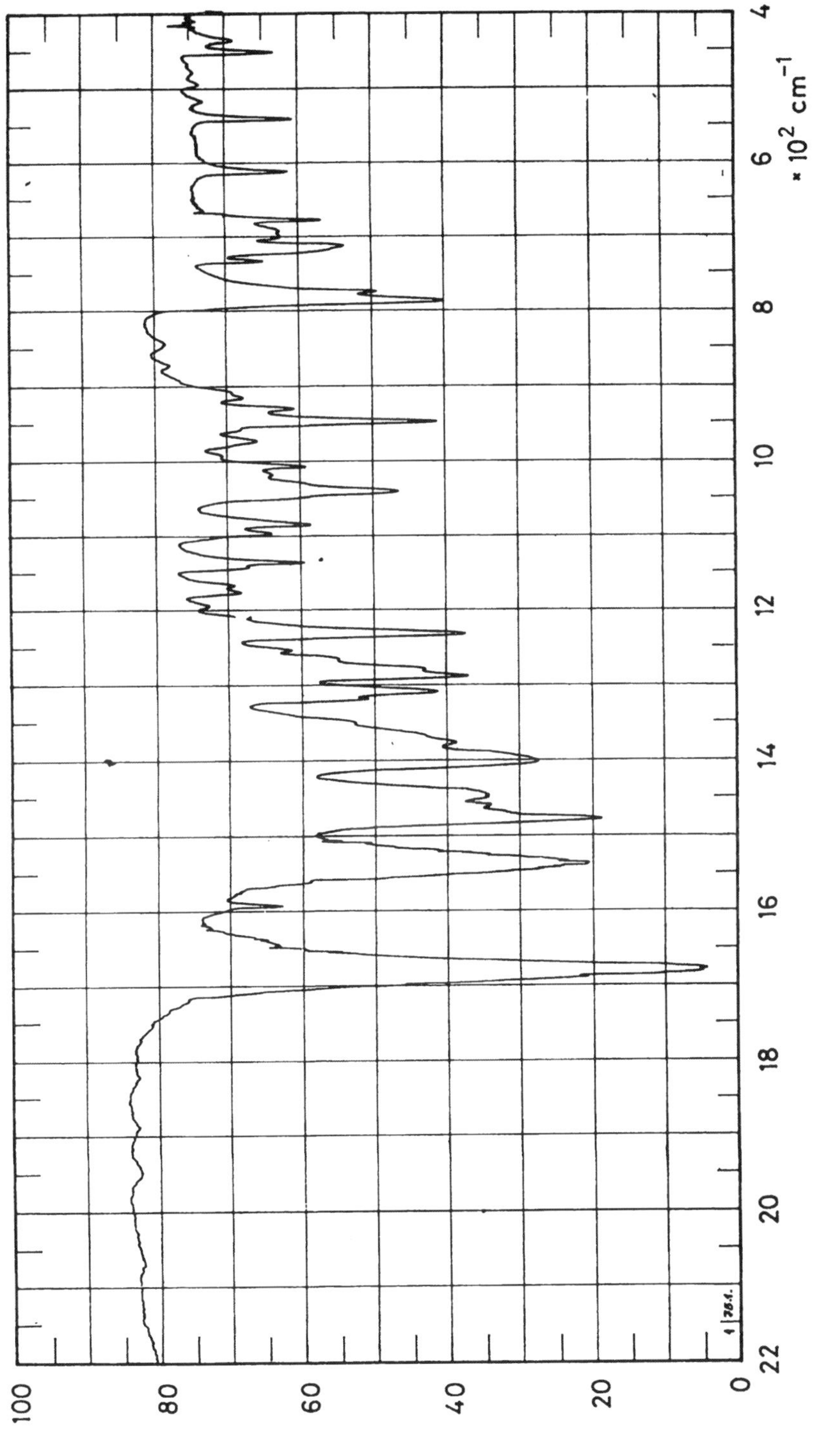

Substanz: **Bupivacainhydrochlorid** (aus Methanol)
Kaliumbromid-Preßling

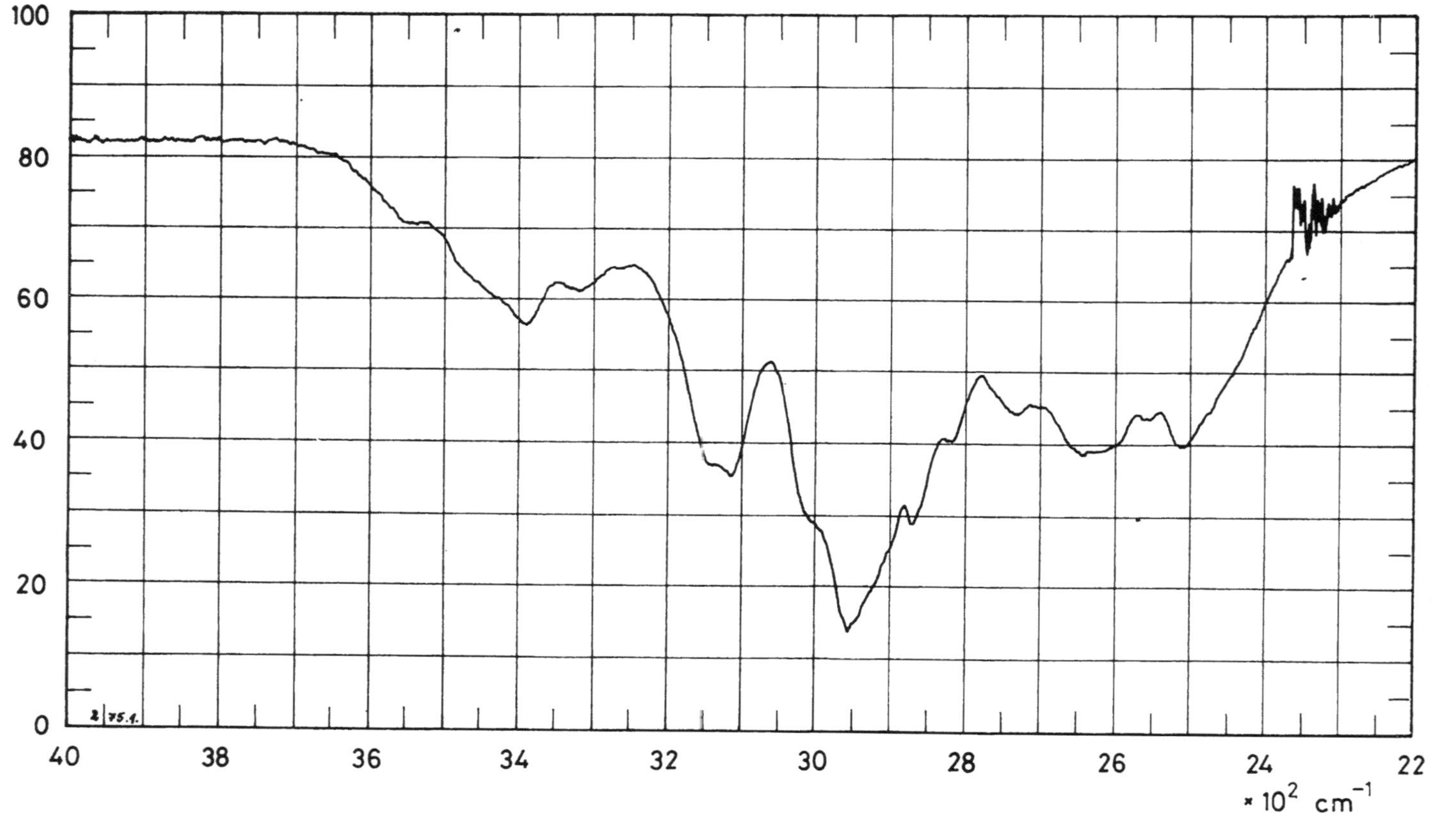

Substanz: **Bupivacainhydrochlorid** (aus Methanol)
Kaliumbromid-Preßling

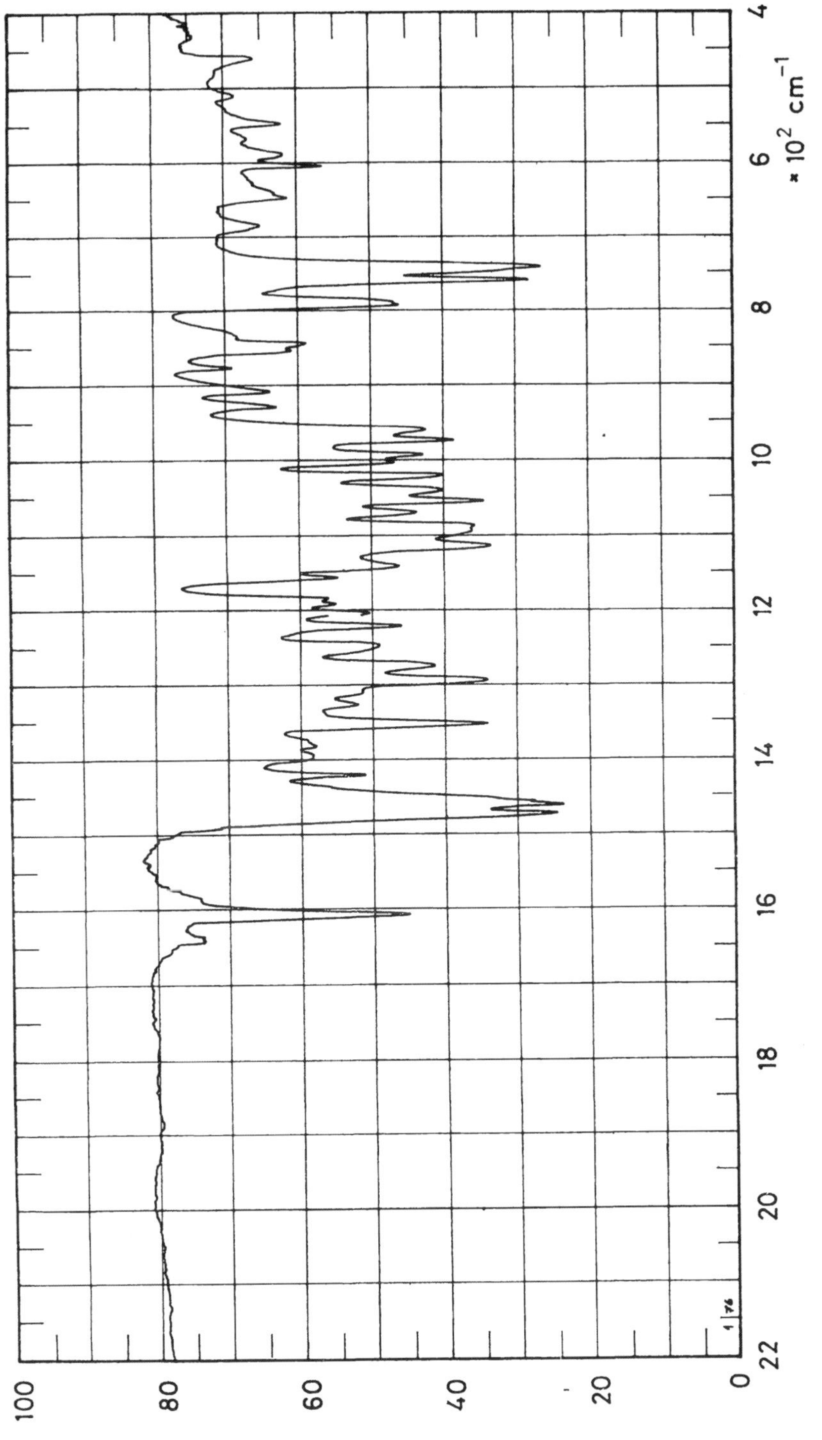

Substanz: **Ajmalin**
Kaliumbromid-Preßling

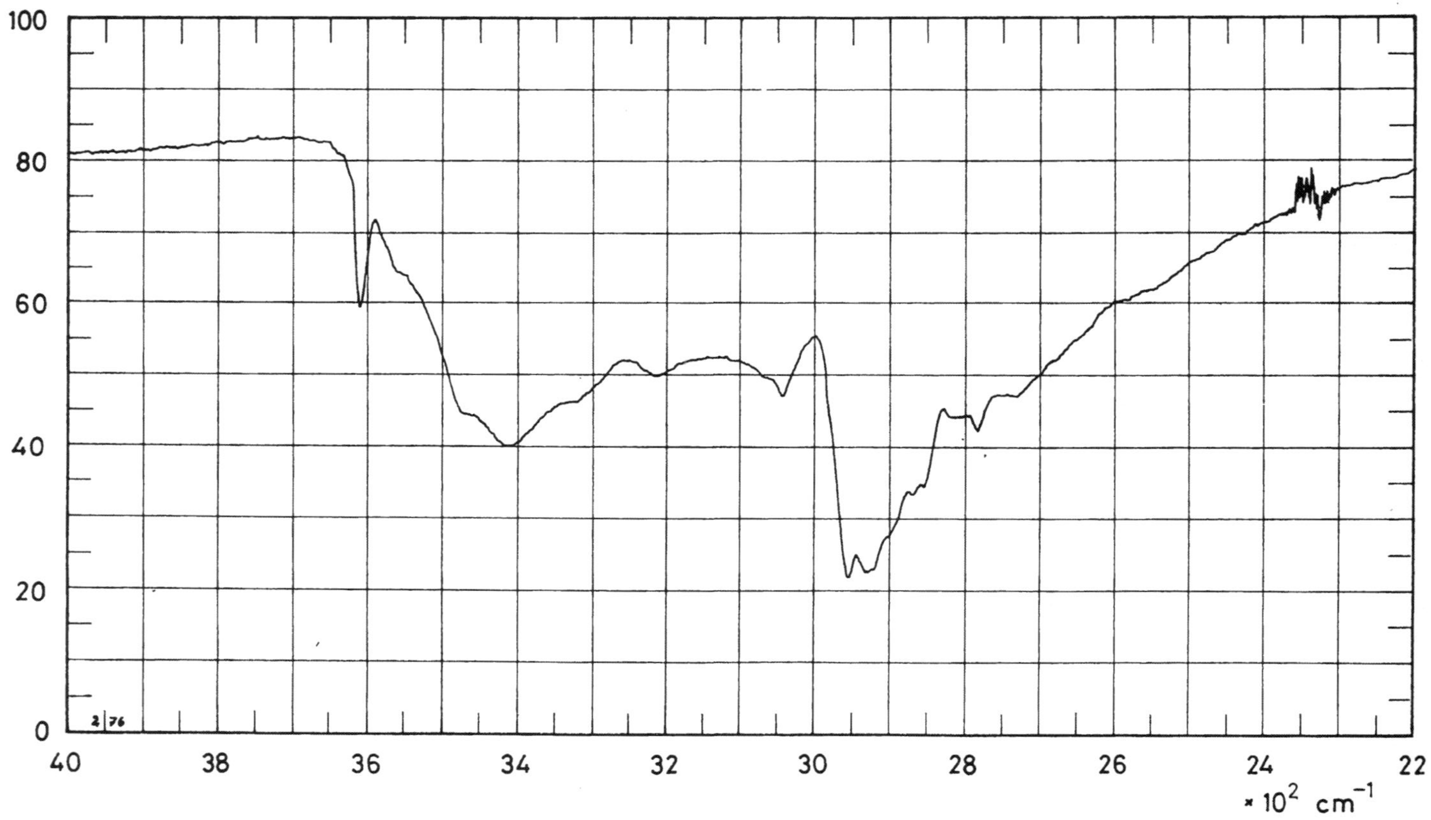

Substanz: **Ajmalin**
Kaliumbromid-Preßling

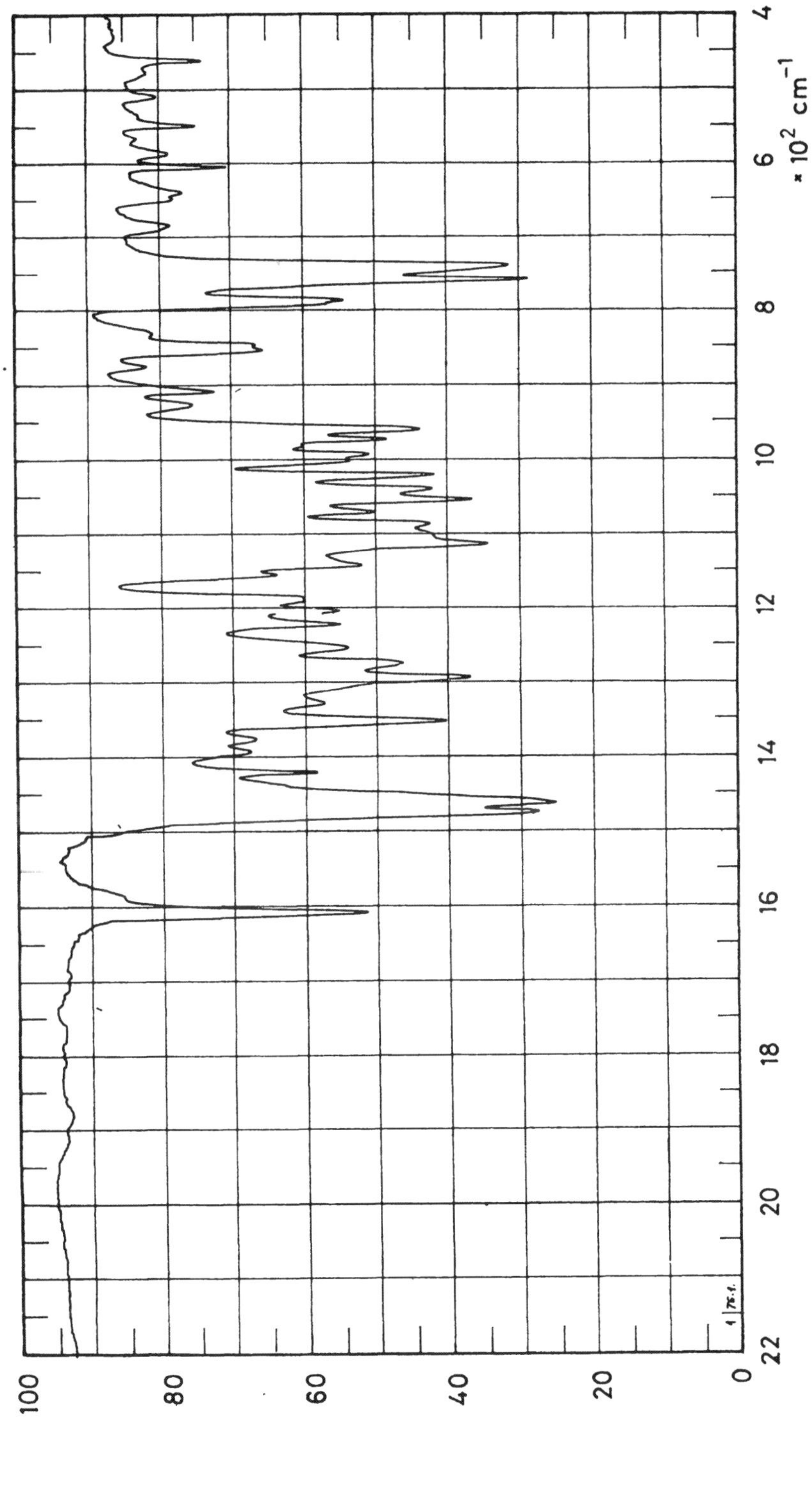

Substanz: **Ajmalin** (aus Chloroform, bei 120 °C 120 min getrocknet)
Kaliumbromid-Preßling

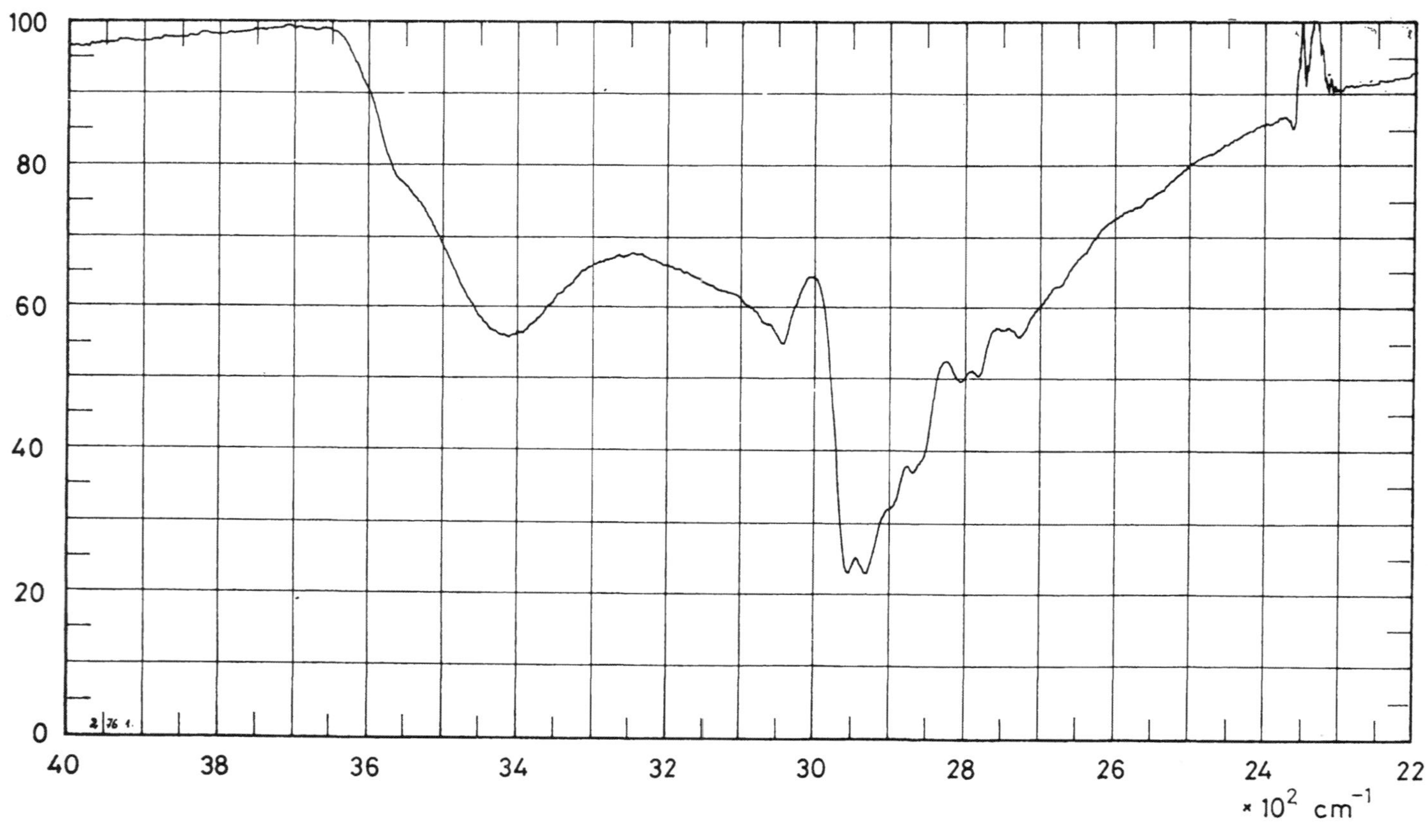

Substanz: **Ajmalin** (aus Chloroform, bei 120 °C 120 min getrocknet)
Kaliumbromid-Preßling

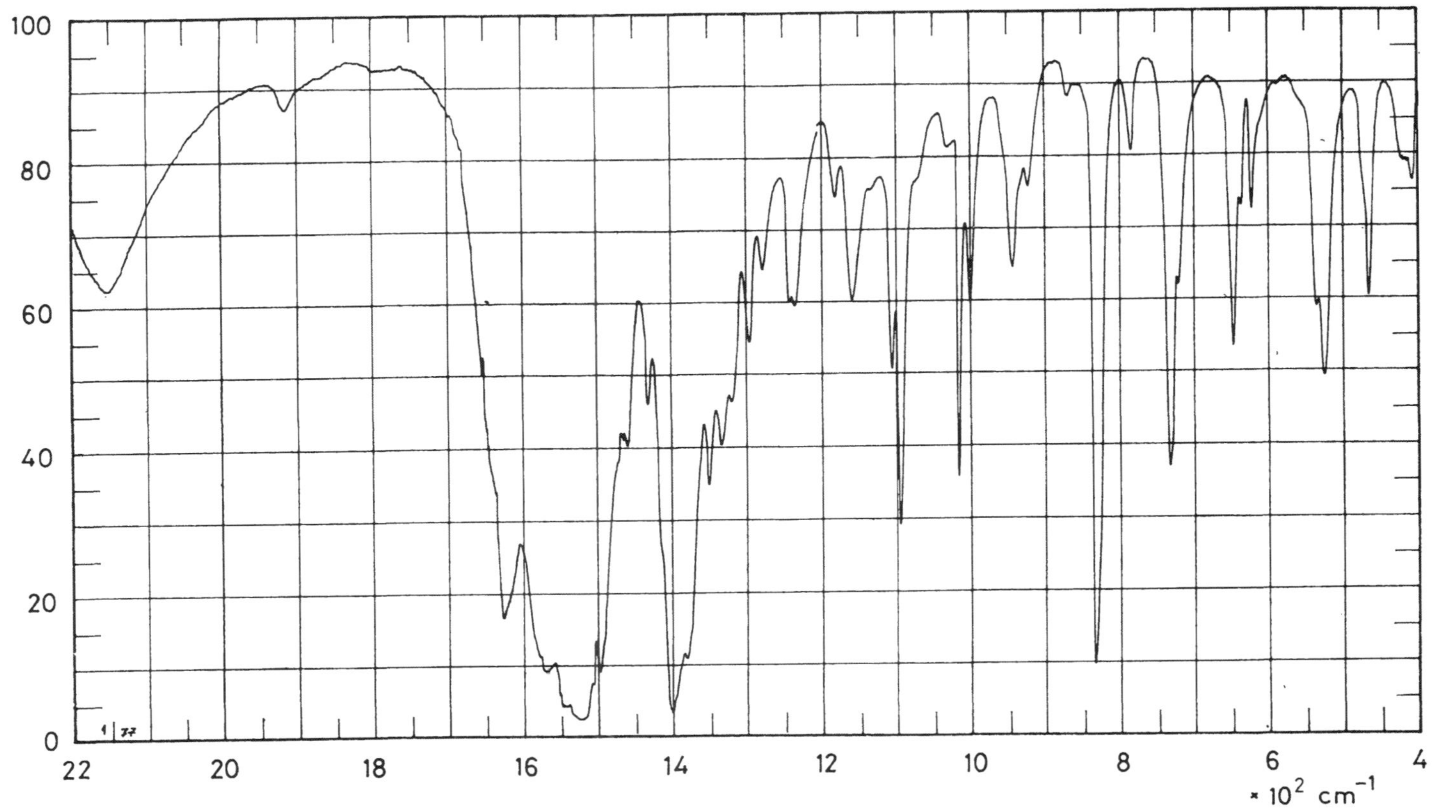

Substanz: **Baclofen** [aus Kalilauge (0,1 mol/l) mit Essigsäure (5 mol/l) gefällt, Niederschlag mit Wasser gewaschen und bei 105 °C 30 min getrocknet]

Kaliumbromid-Preßling

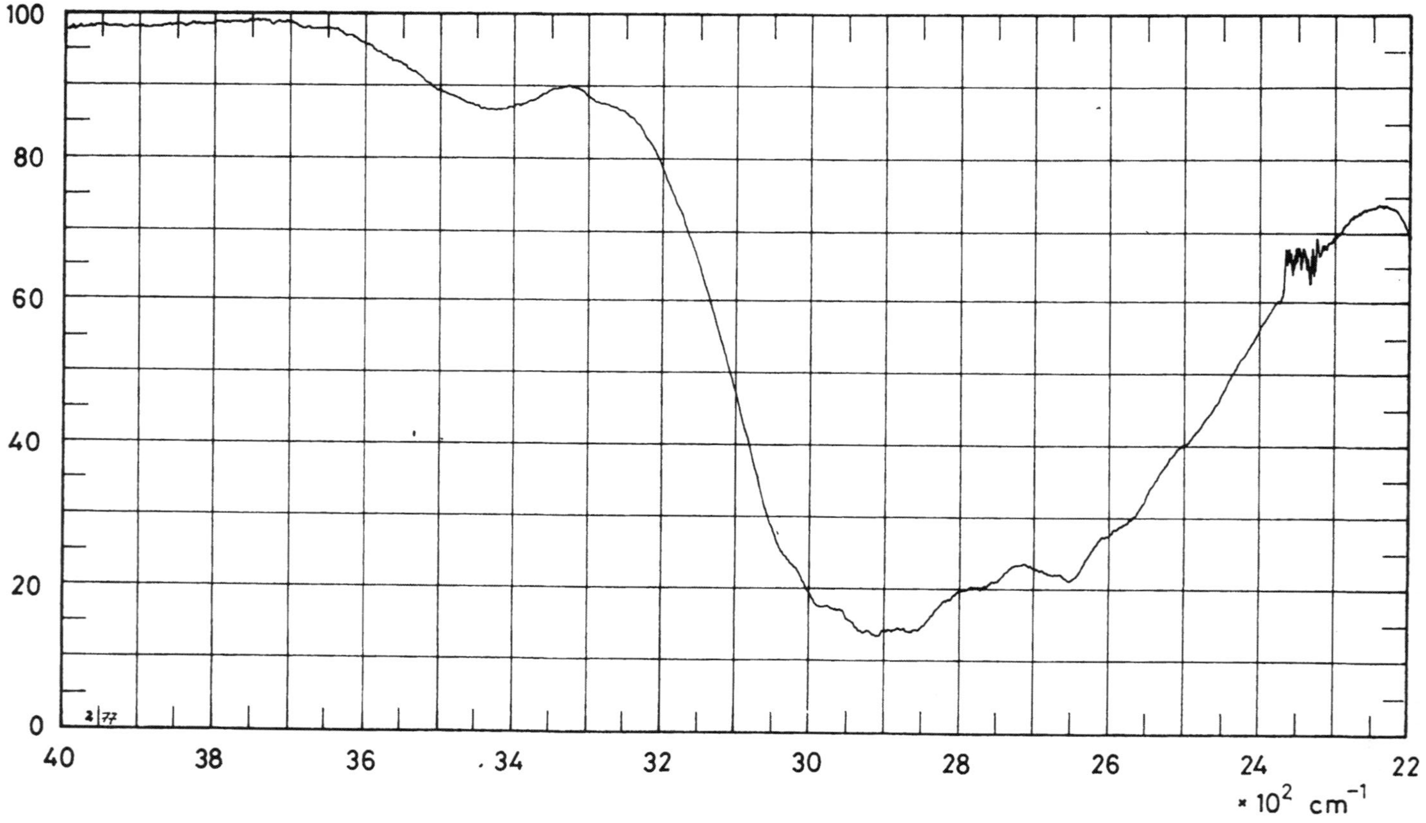

Substanz: **Baclofen** [aus Kalilauge (0,1 mol/l) mit Essigsäure (5 mol/l) gefällt, Niederschlag mit Wasser gewaschen und bei 105 °C 30 min getrocknet]
Kaliumbromid-Preßling

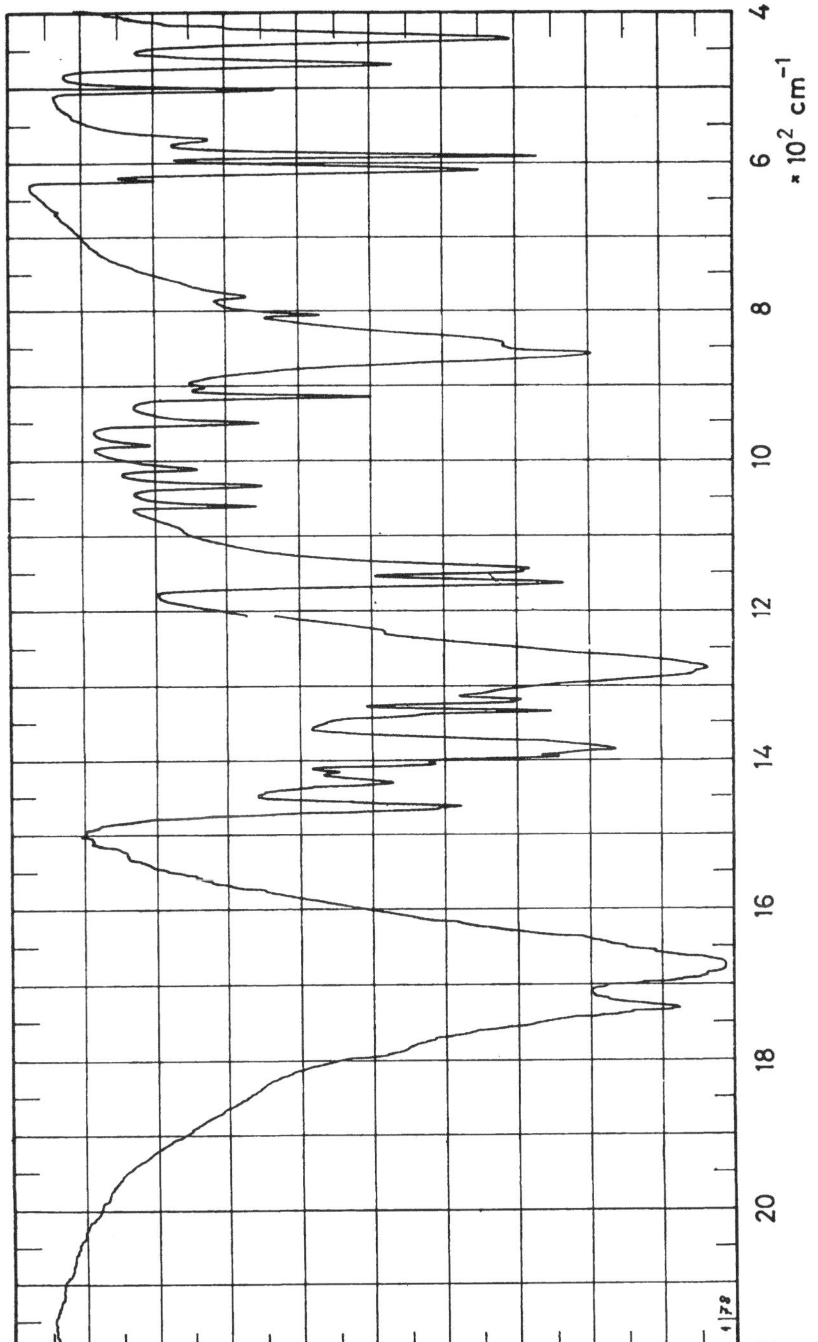

Substanz: **Bemegrid** (aus Chloroform)
Kaliumbromid-Preßling

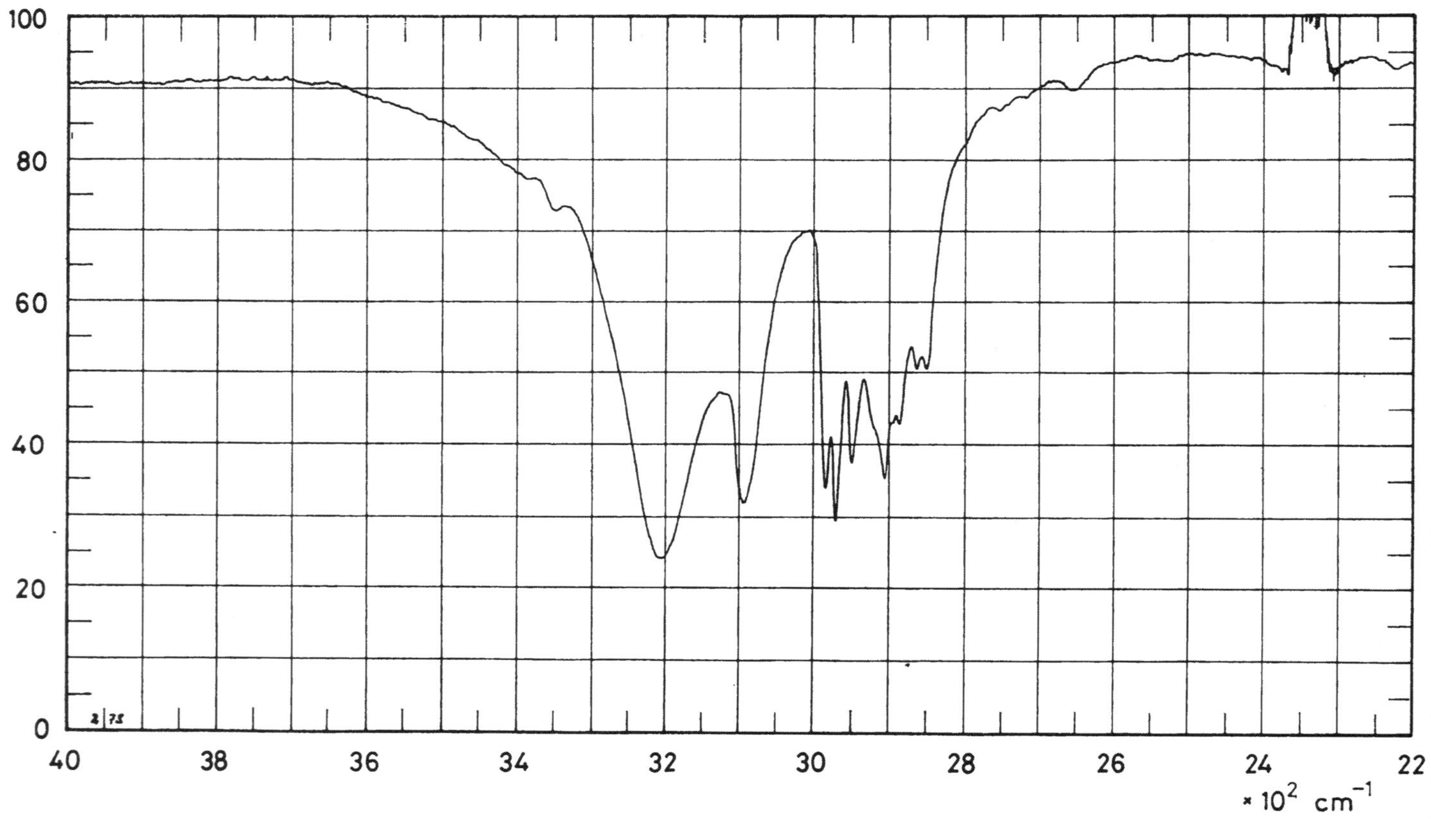

Substanz: **Bemegrid** (aus Chloroform)
Kaliumbromid-Preßling

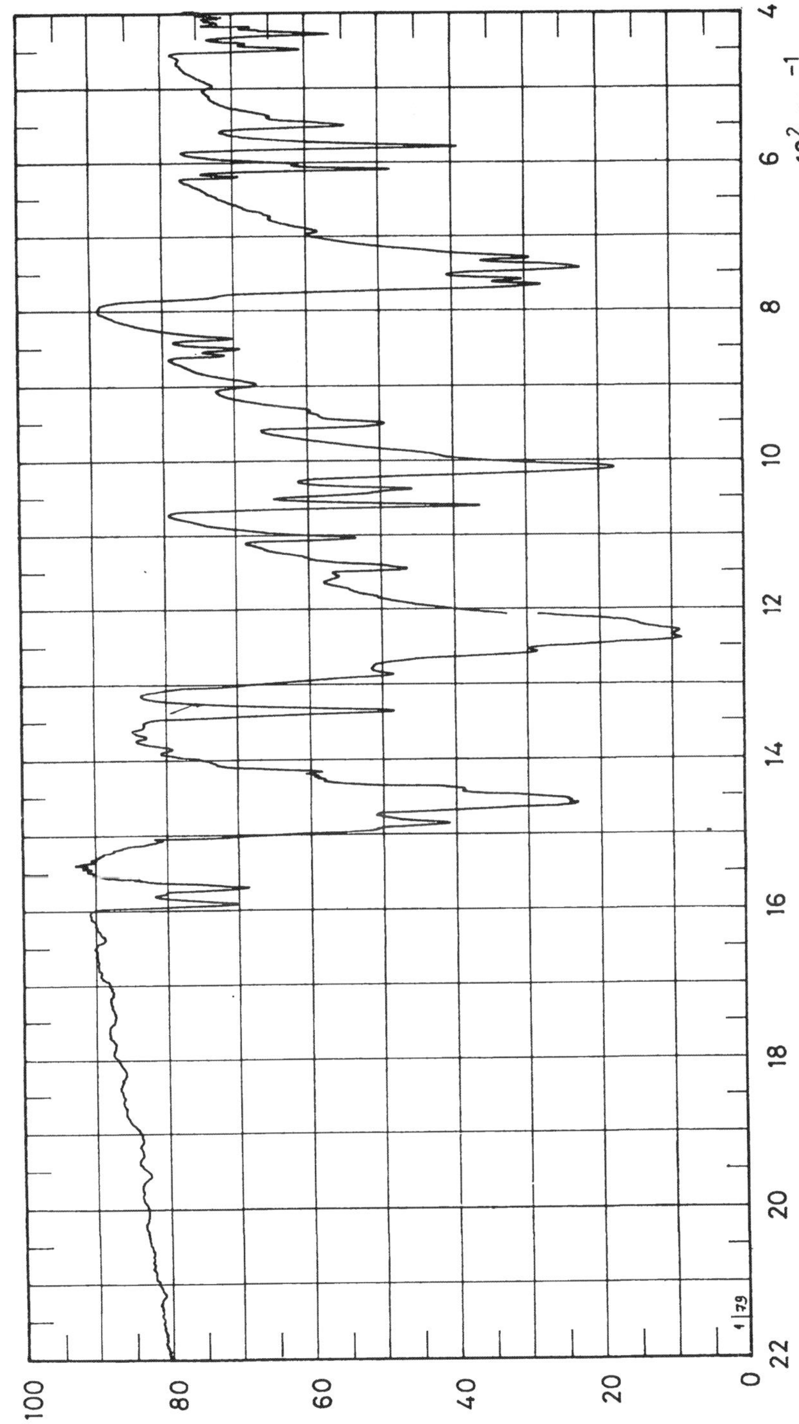

Substanz: **Thiazinamiummetilsulfat** (aus Methanol, bei 105 °C 120 min getrocknet)
Kaliumbromid-Preßling

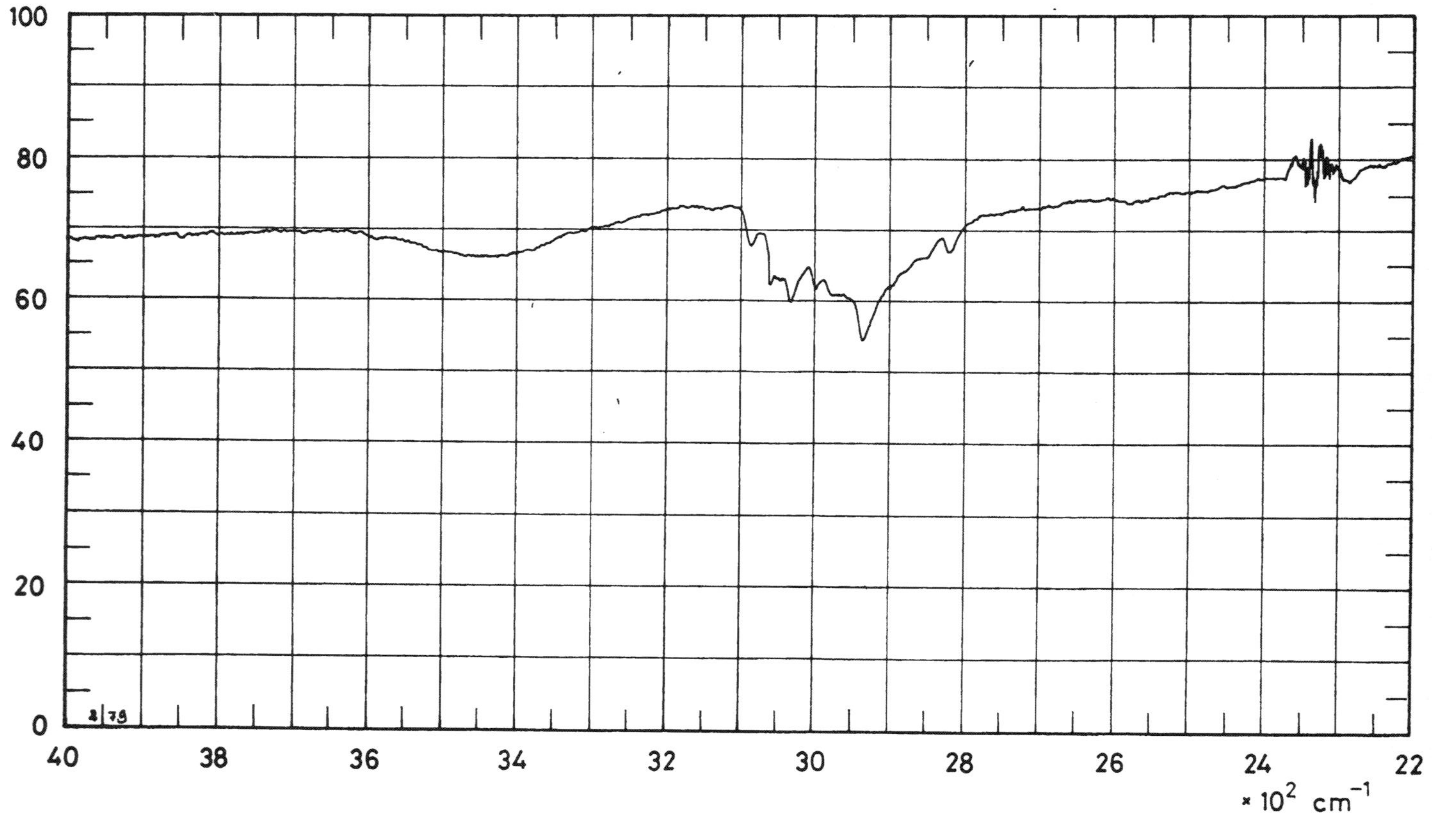

Substanz: **Thiazinamiummetilsulfat** (aus Methanol, bei 105°C 120 min getrocknet)
Kaliumbromid-Preßling

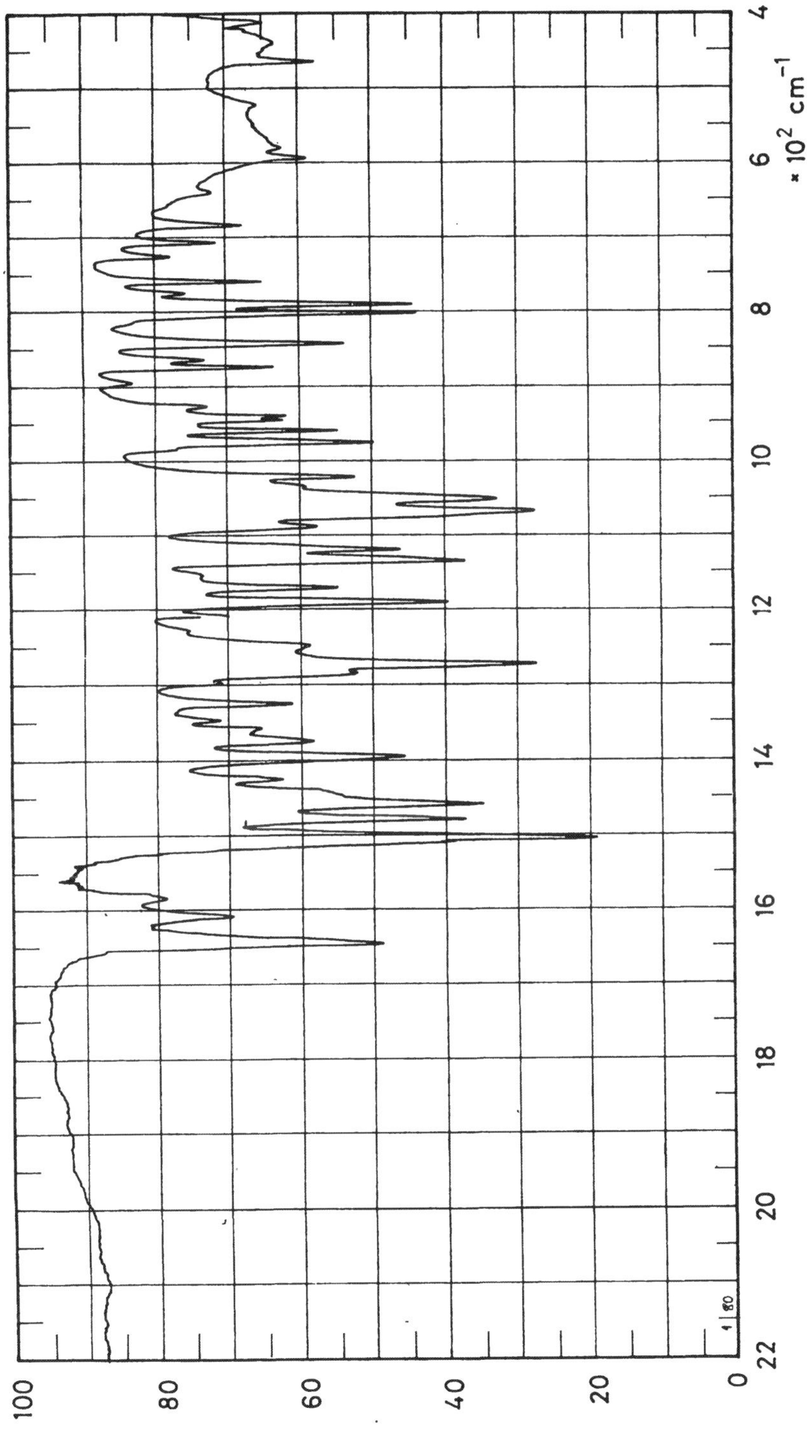

Substanz: **Ethylmorphinhydrochlorid** (aus Methanol)
Kaliumbromid-Preßling

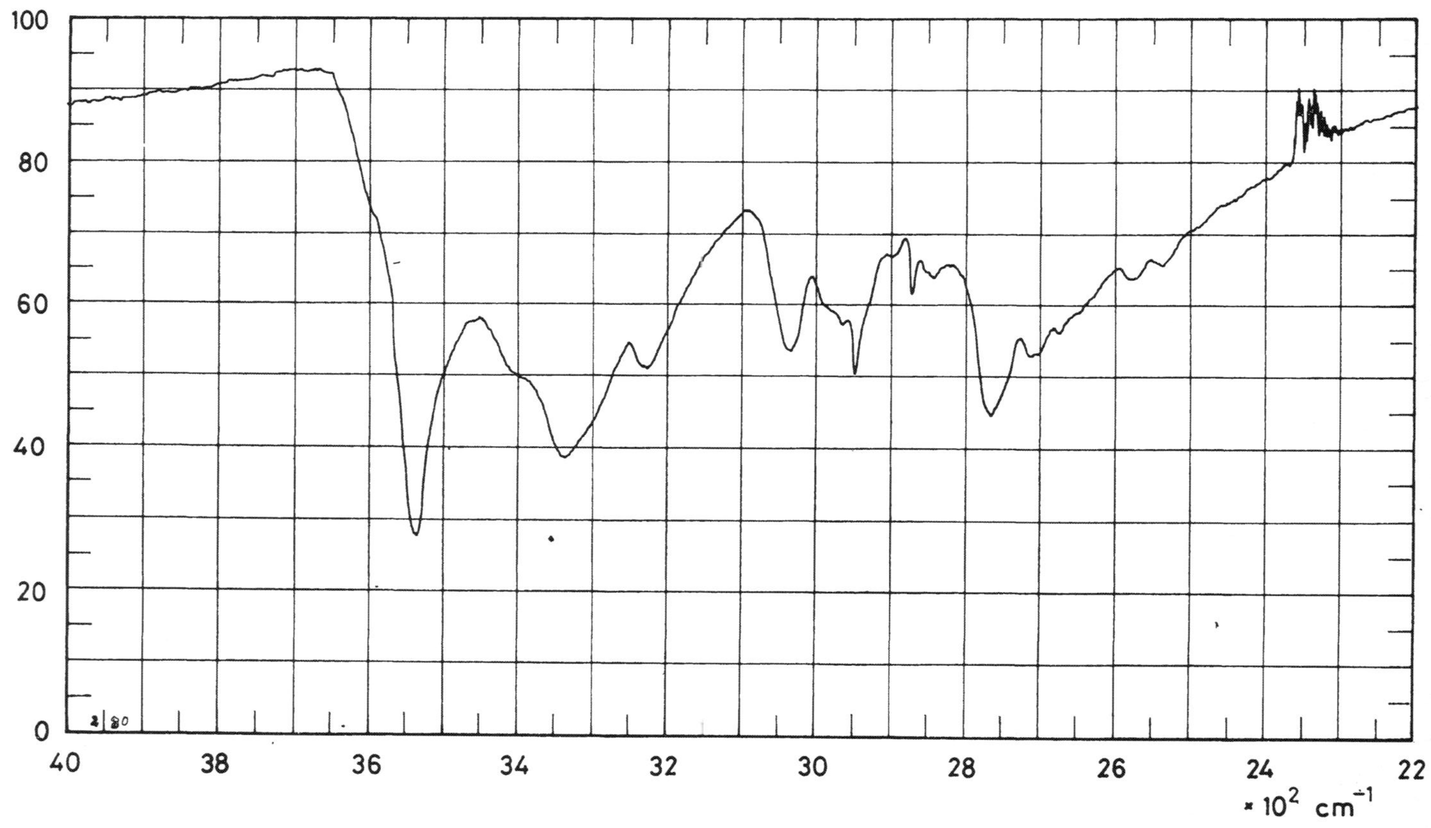

Substanz: **Ethylmorphinhydrochlorid** (aus Methanol)
Kaliumbromid-Preßling

Anlagen
9.3.81.

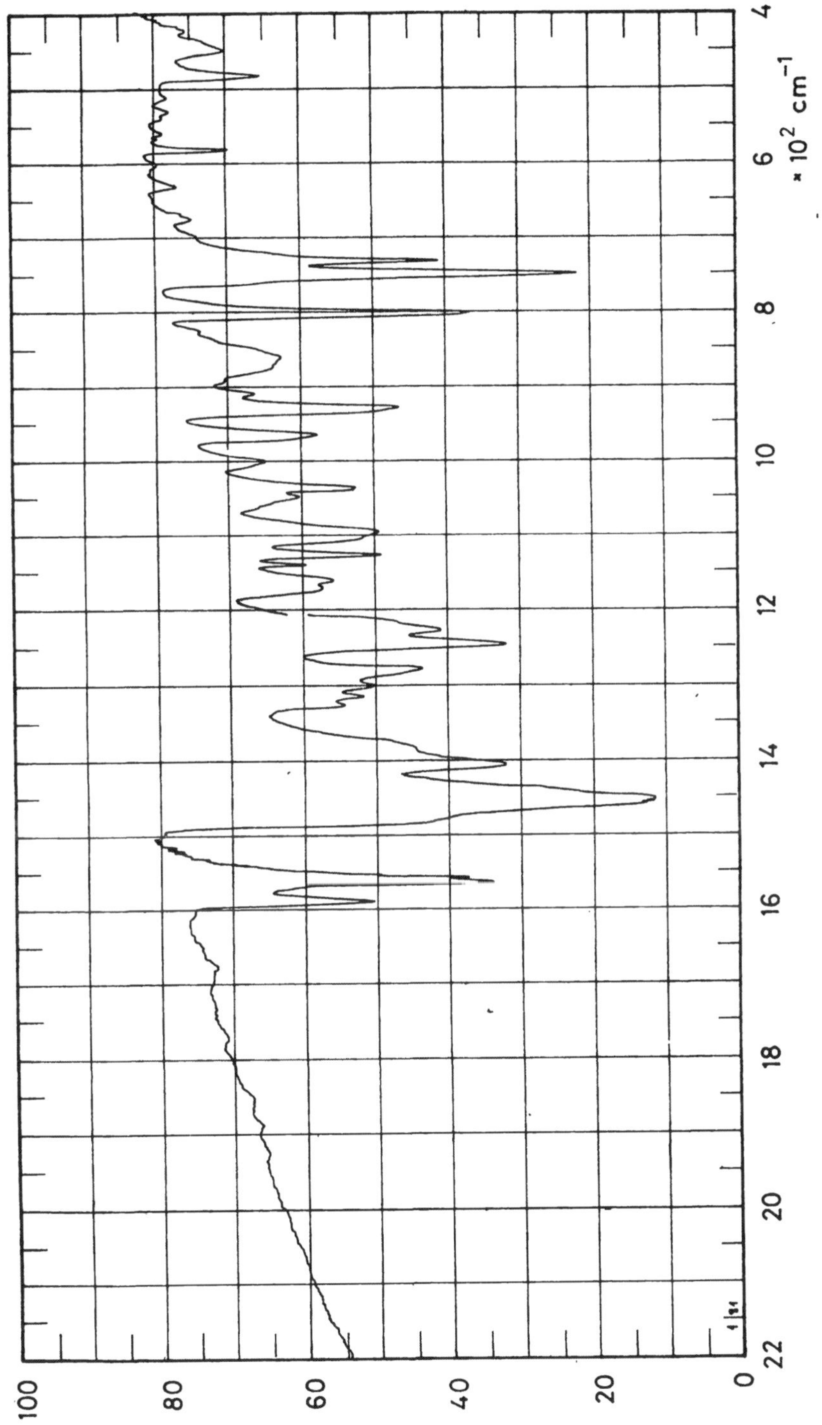

Substanz: **Chlorpromazinhydrochlorid**
Kaliumbromid-Preßling

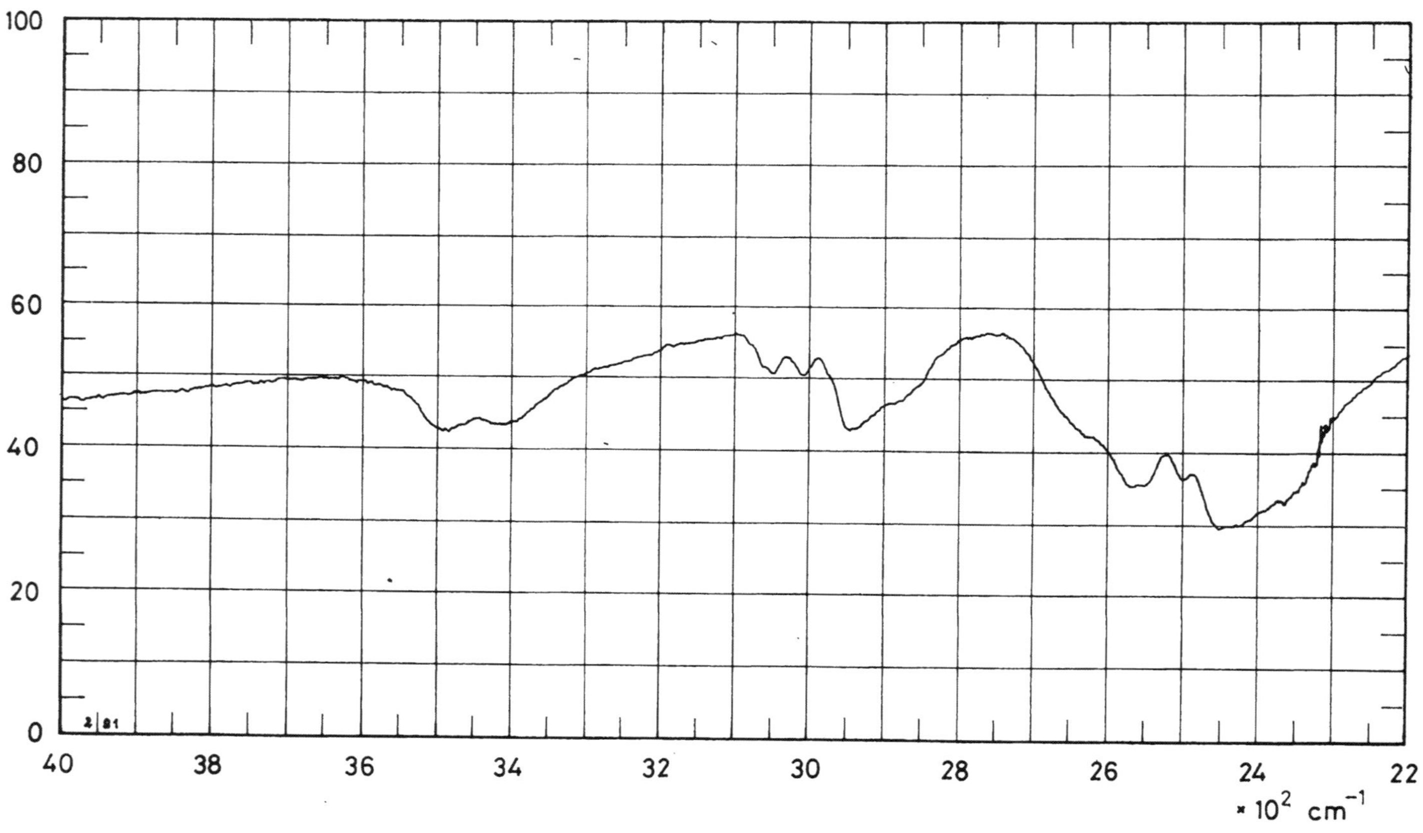

Substanz: **Chlorpromazinhydrochlorid**
Kaliumbromid-Preßling

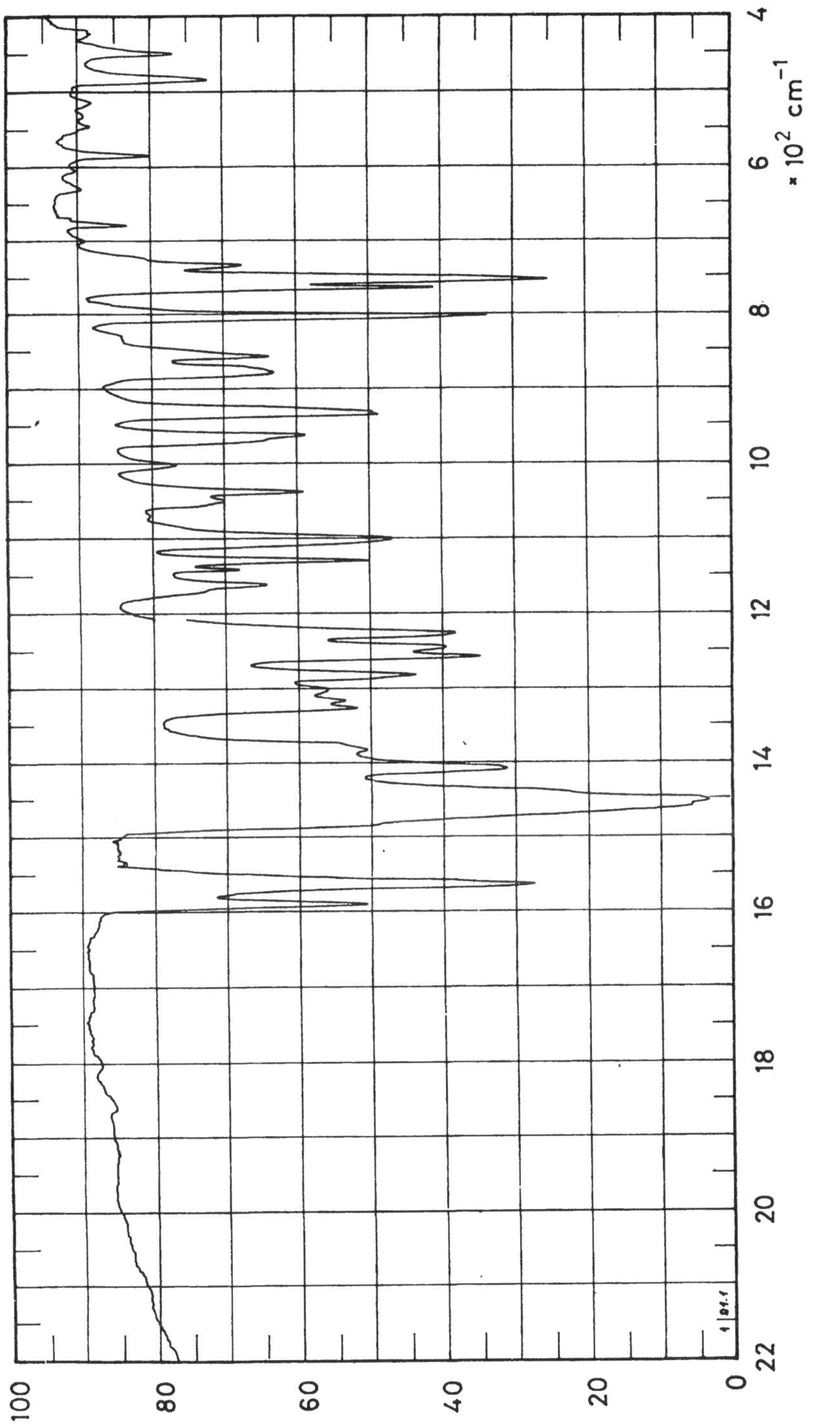

Substanz: **Chlorpromazinhydrochlorid** (aus Chloroform, bei 105 °C 120 min getrocknet)
Kaliumbromid-Preßling

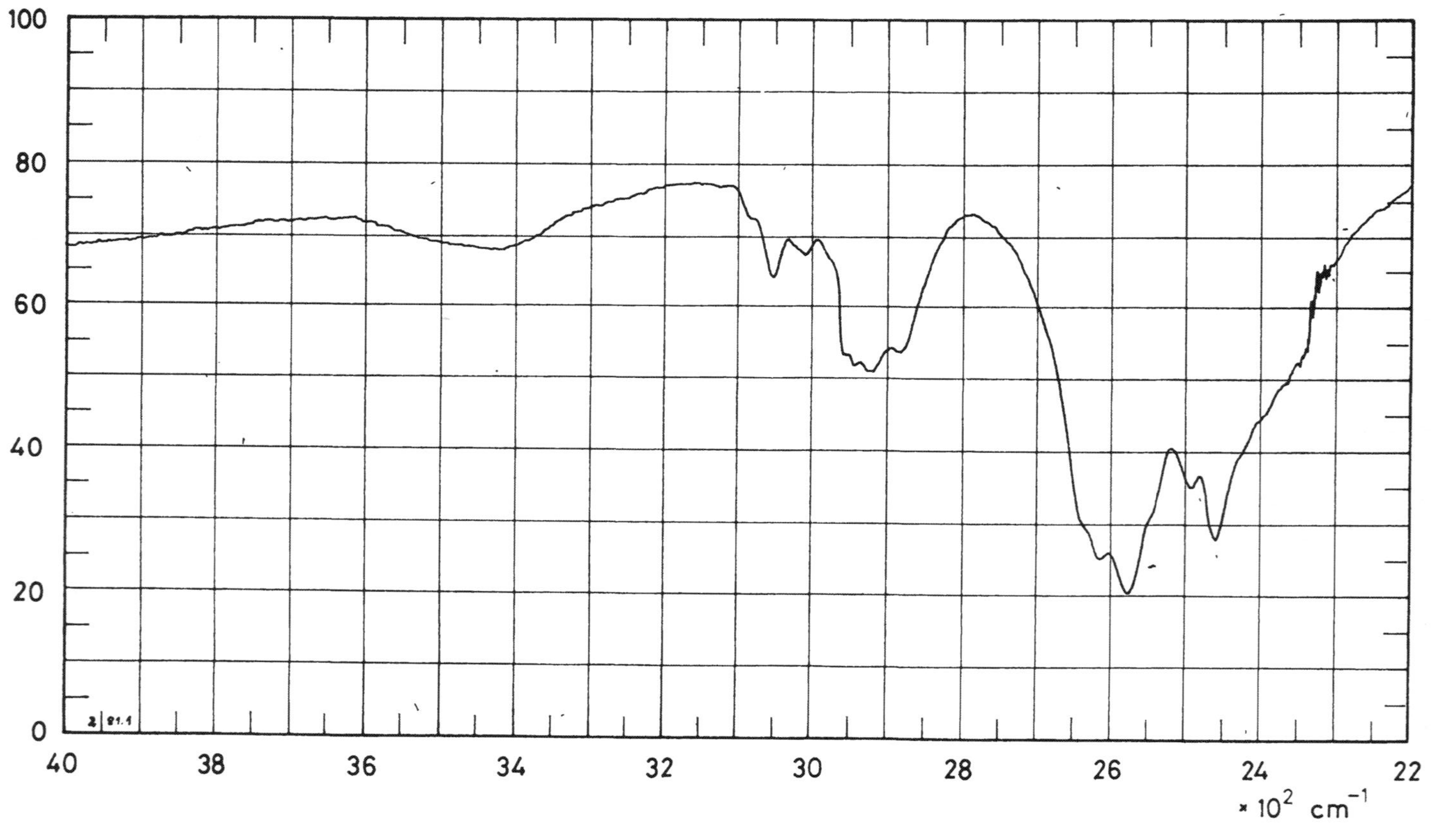

Substanz: **Chlorpromazinhydrochlorid** (aus Chloroform, bei 105 °C 120 min getrocknet)
Kaliumbromid-Preßling

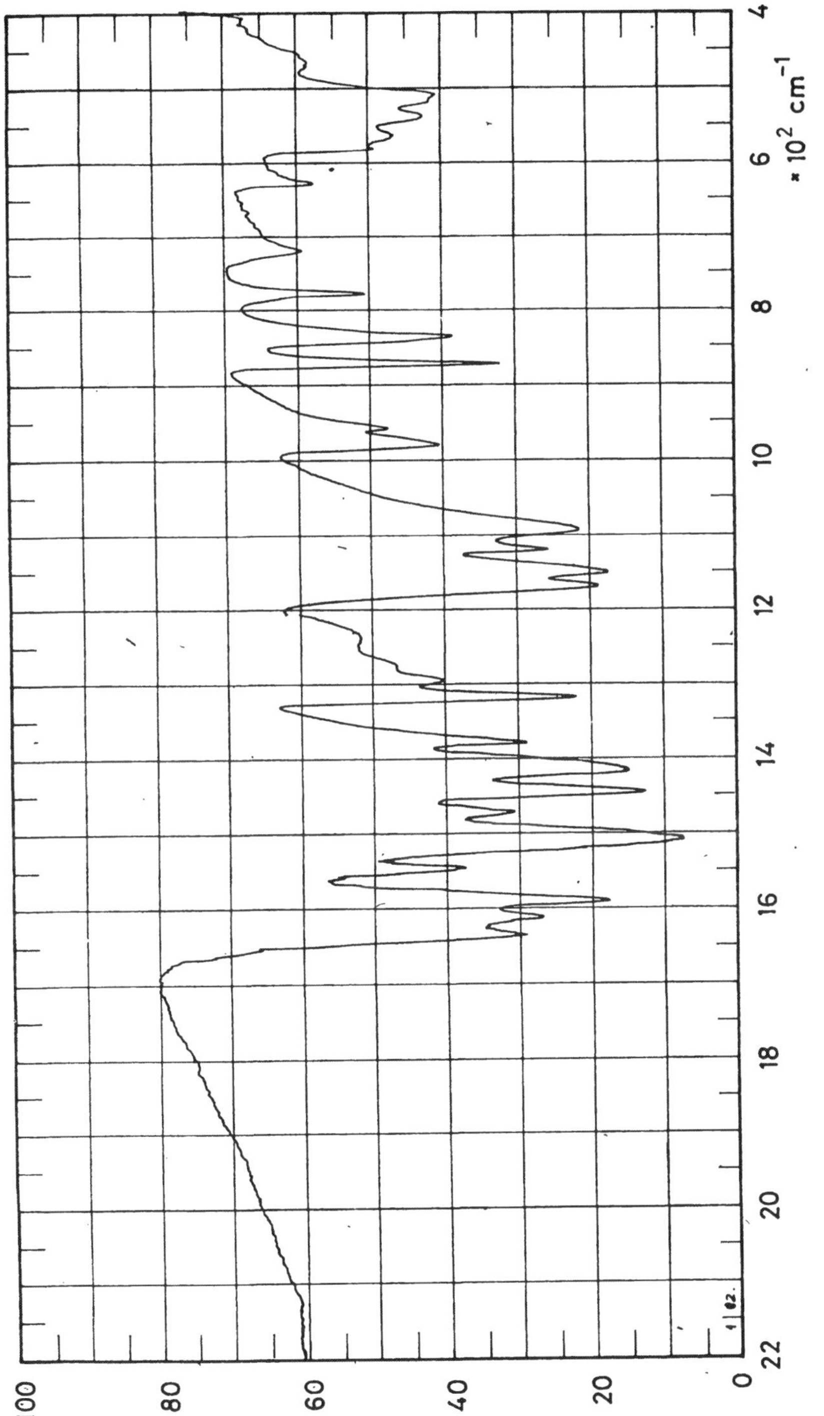

Substanz: **Ambazon**
Kaliumbromid-Preßling

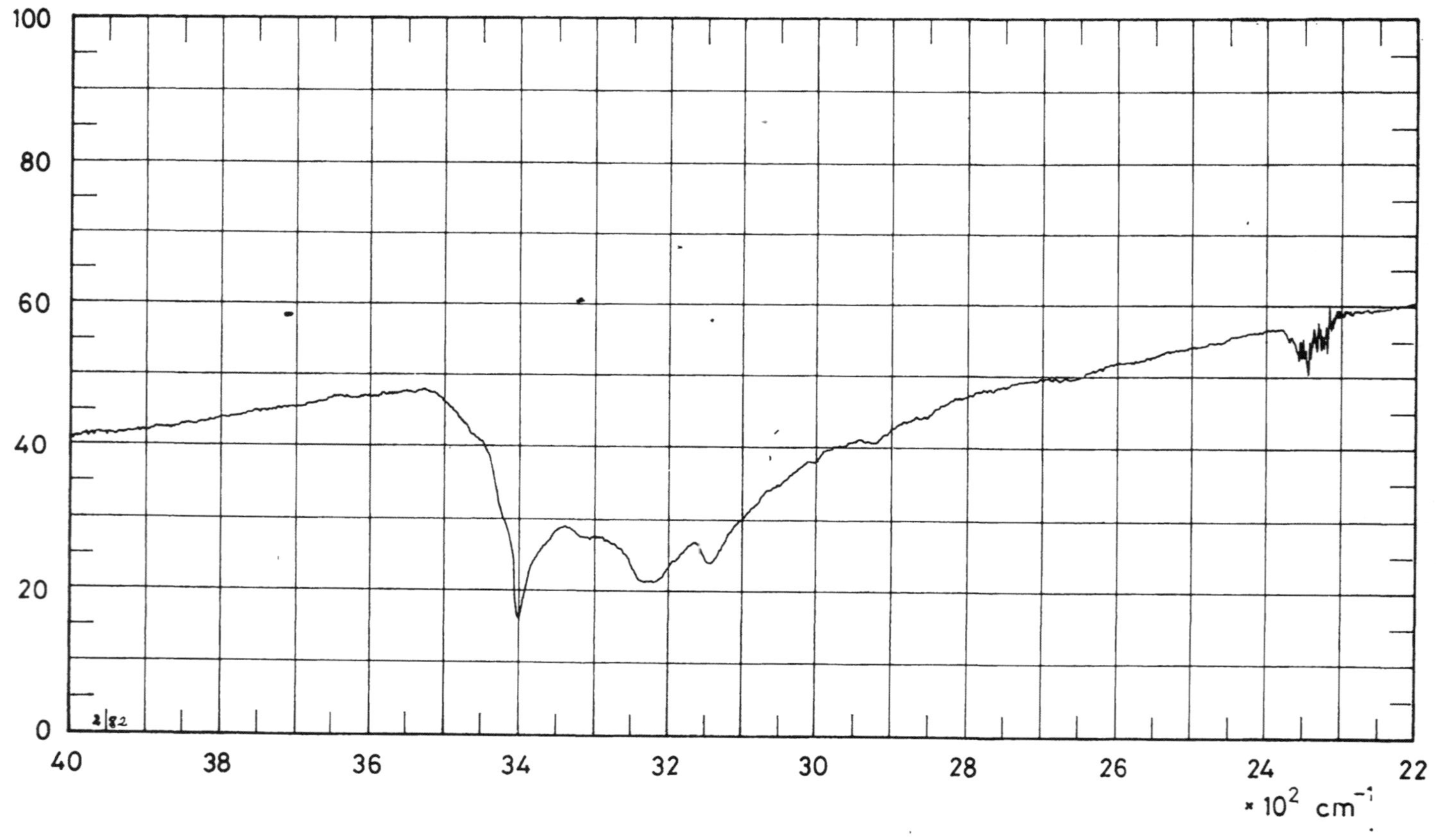

Substanz: **Ambazon**
Kaliumbromid-Preßling

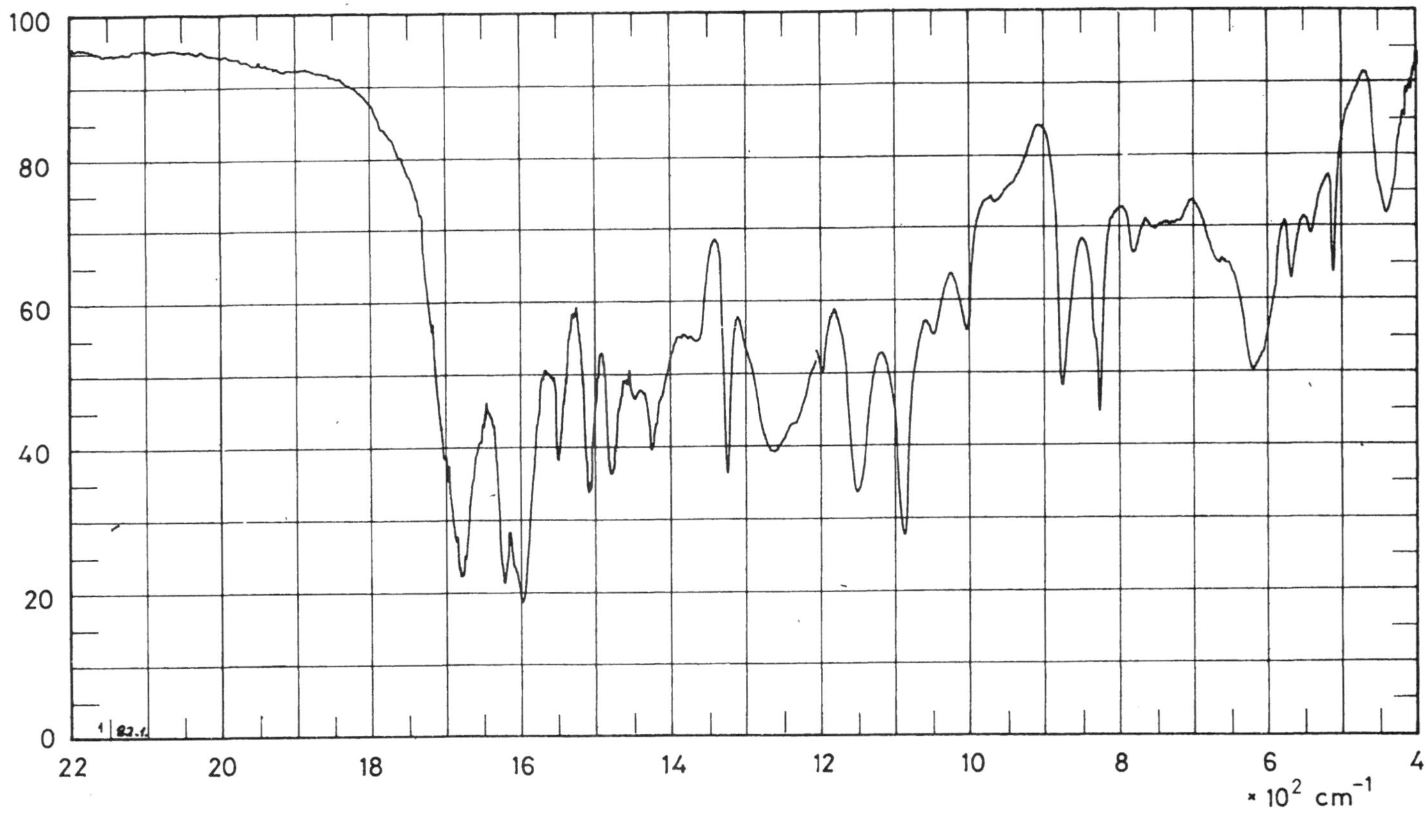

Substanz: **Ambazon** (aus Essigsäure mit Ethanol gefällt, Niederschlag mit Ethanol gewaschen und bei 105 °C 120 min getrocknet)
Kaliumbromid-Preßling

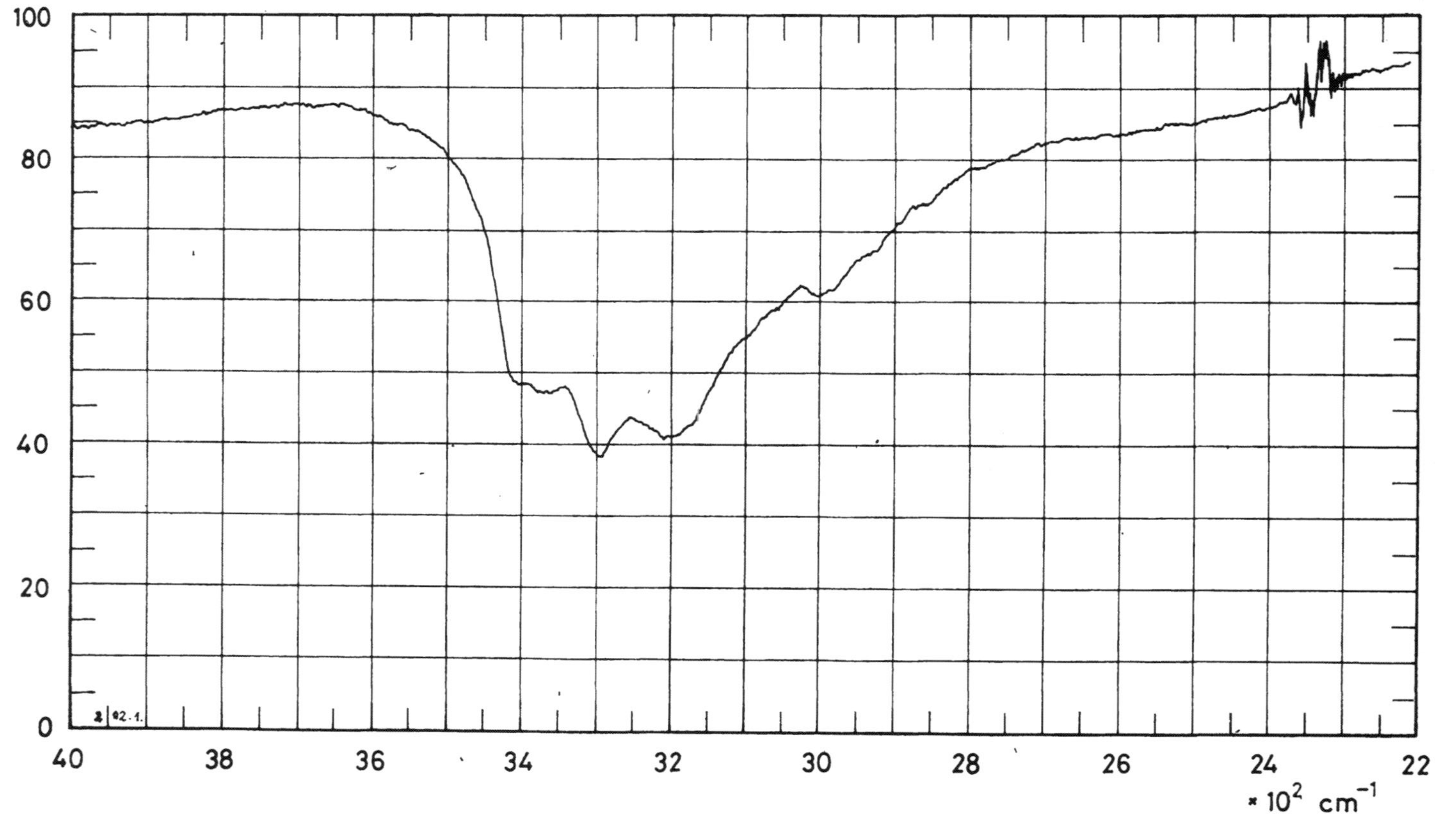

Substanz: **Ambazon** (aus Essigsäure mit Ethanol gefällt, Niederschlag mit Ethanol gewaschen und bei 105 °C 120 min getrocknet)
Kaliumbromid-Preßling

Anlagen
9.3.83.

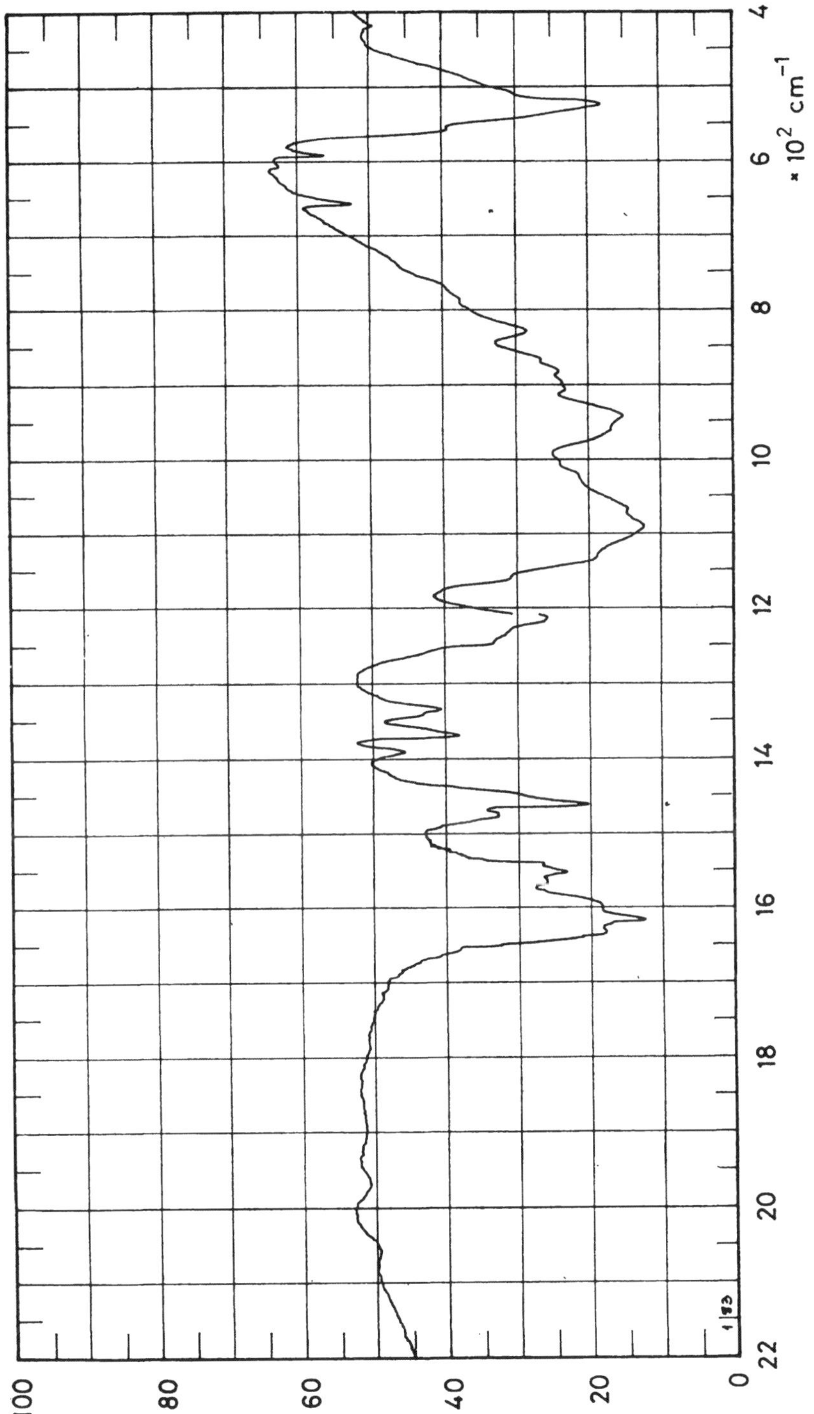

Substanz: **Chloroquindiphosphat**
Kaliumbromid-Preßling

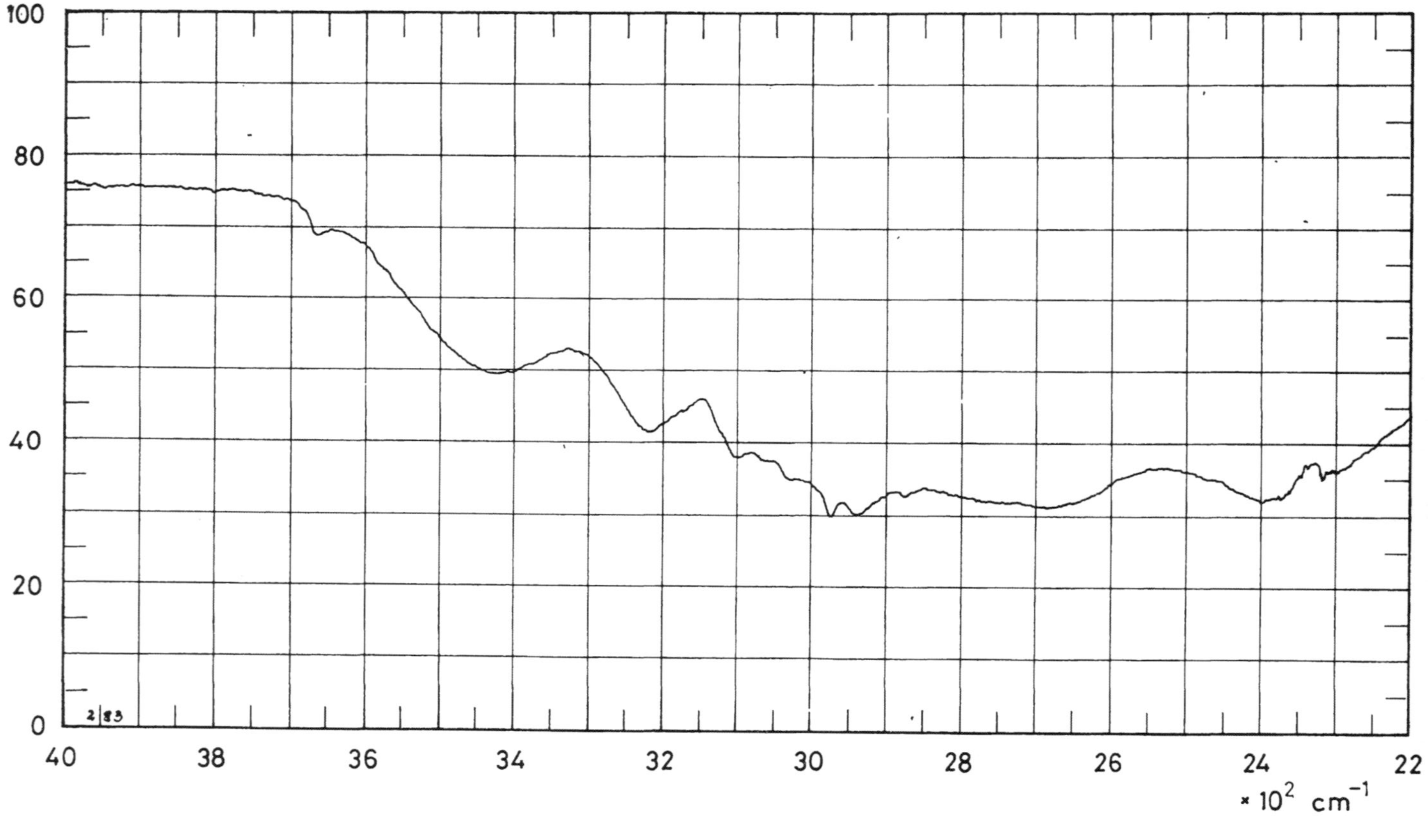

Substanz: **Chloroquindiphosphat**
Kaliumbromid-Preßling

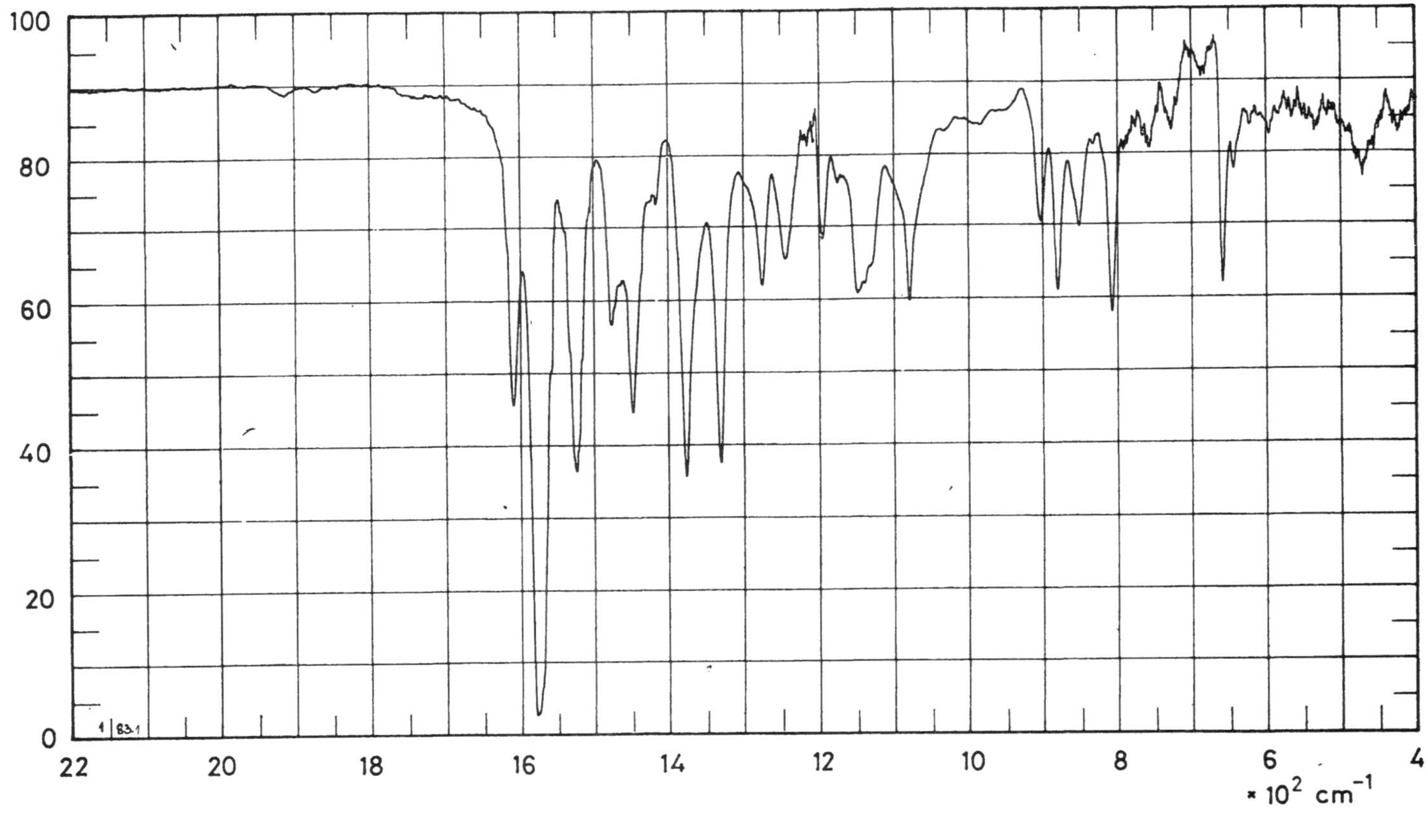

Substanz: **Chloroquin**
Lösungsmittel: Chloroform
Konzentration: 100 g/l, berechnet als Chloroquindiphosphat
Schichtdicke: 0,11 mm

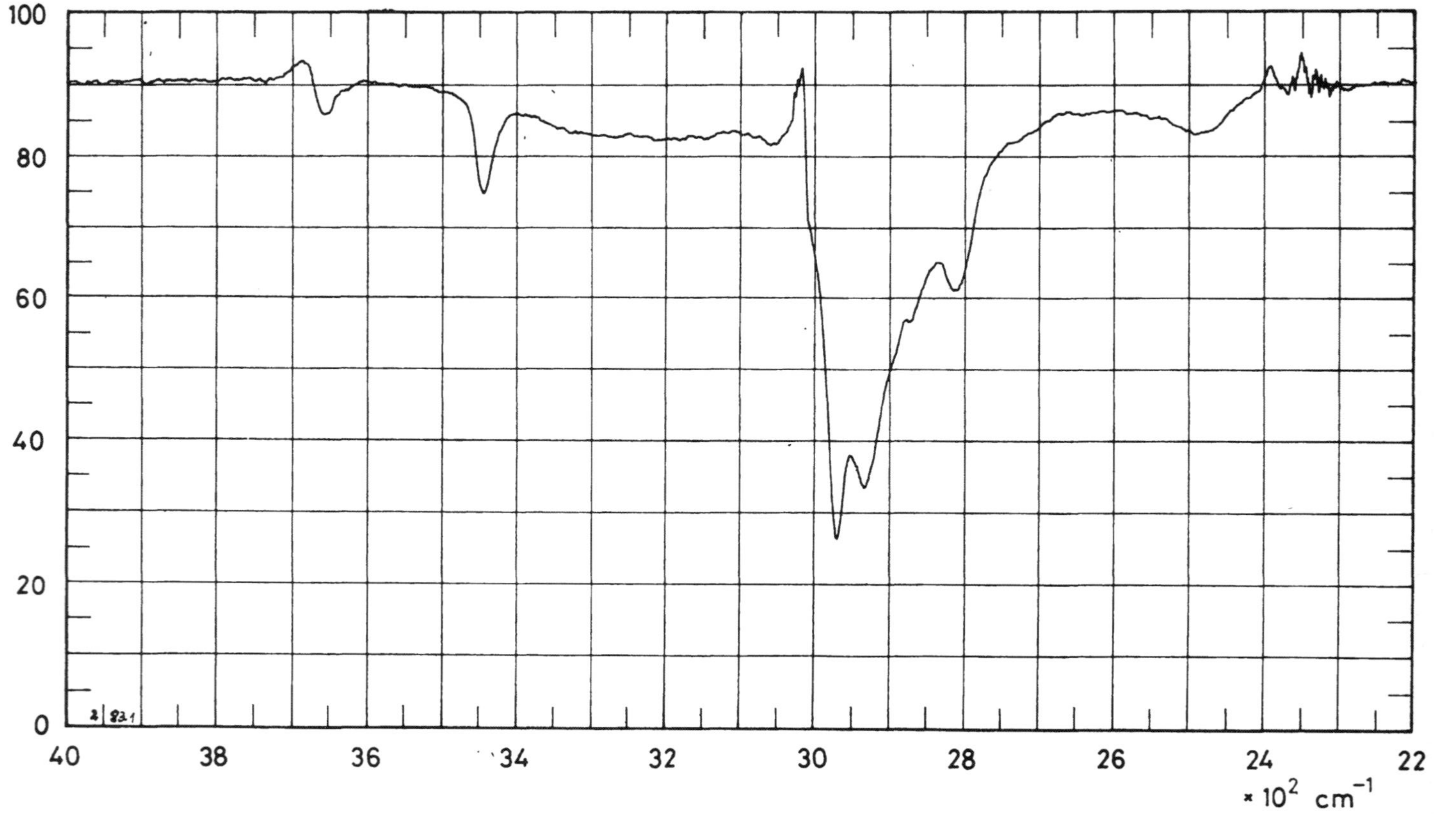

Substanz: **Chloroquin**

Lösungsmittel: Chloroform

Konzentration: 100 g/l, berechnet als Chloroquindiphosphat

Schichtdicke: 0,11 mm

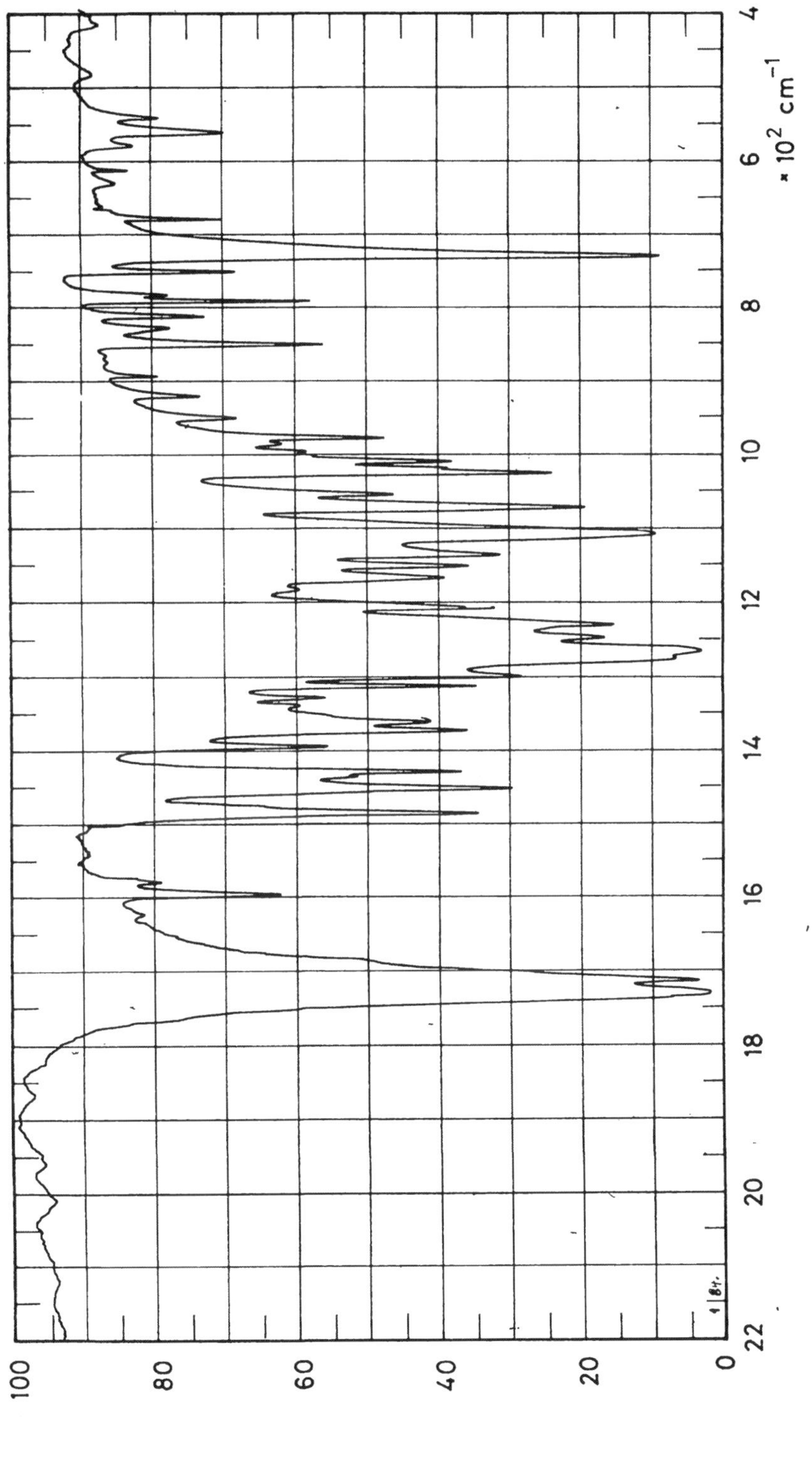

Substanz: **Cocainhydrochlorid** (aus Methanol, bei 105 °C 60 min getrocknet)
Kaliumbromid-Preßling

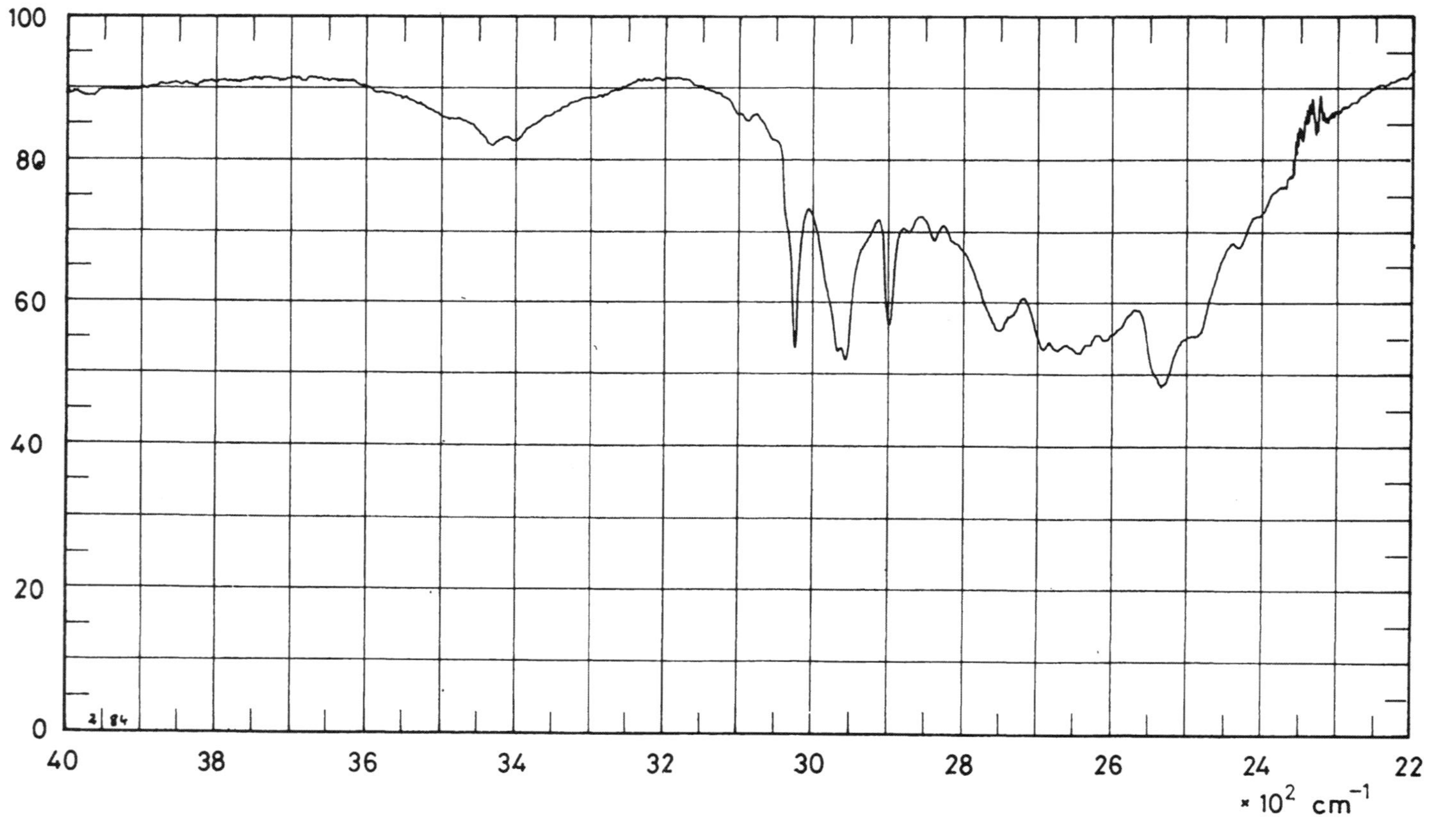

Substanz: **Cocainhydrochlorid** (aus Methanol, bei 105 °C 60 min getrocknet)
Kaliumbromid-Preßling

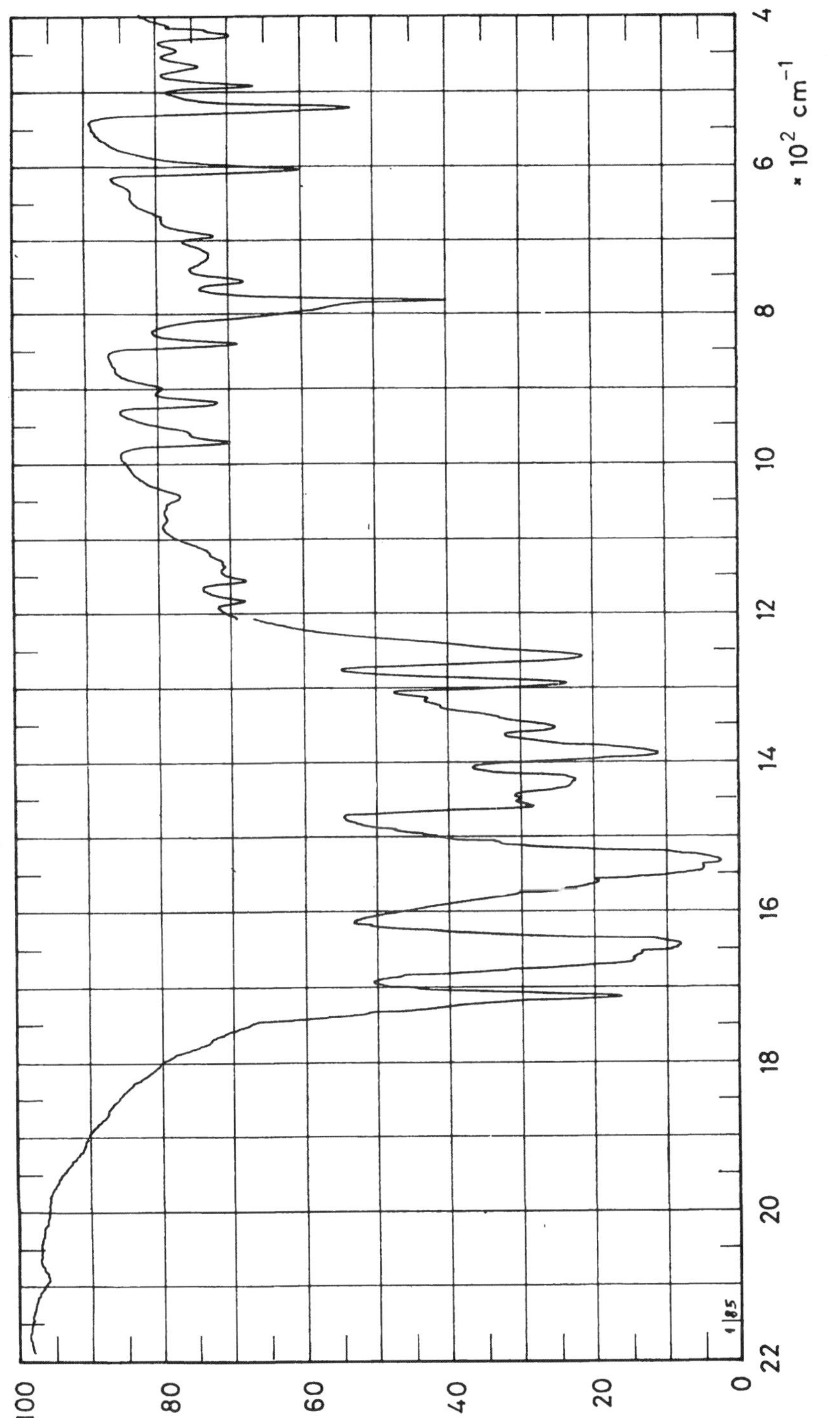

Substanz: **Cyclobarbital-Calcium**
Kaliumbromid-Preßling

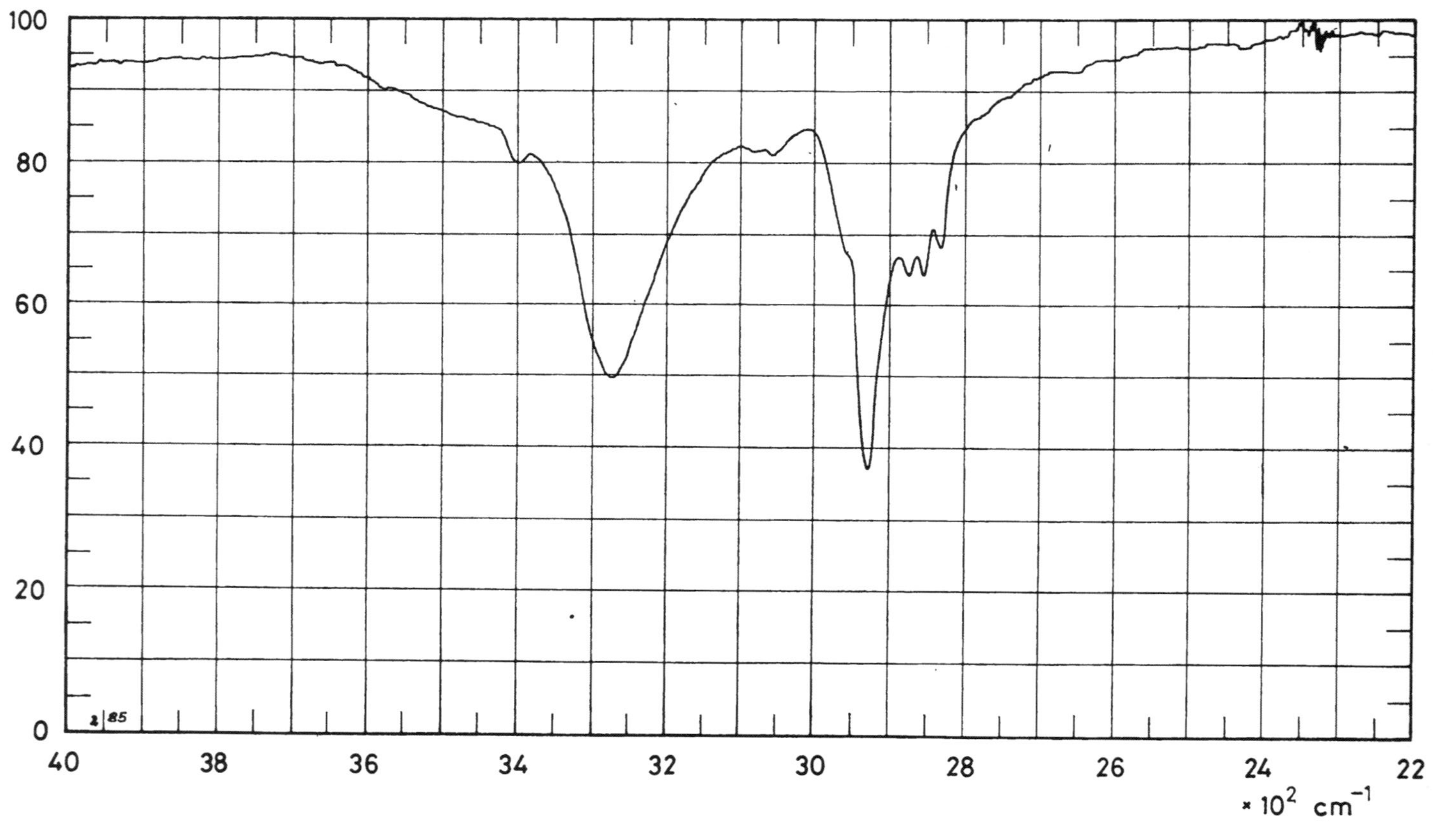

Substanz: **Cyclobarbital-Calcium**
Kaliumbromid-Preßling

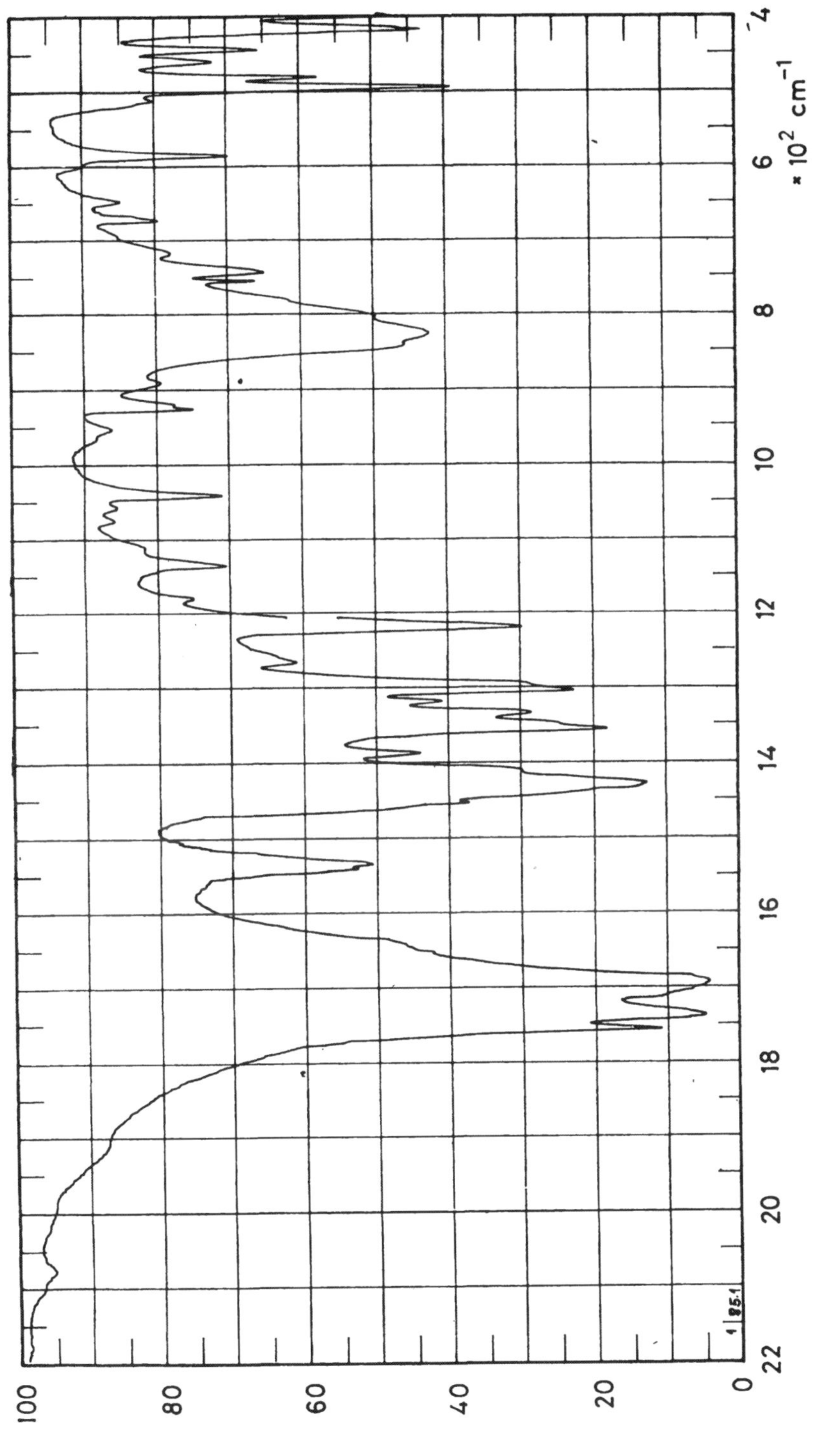

Substanz: **Cyclobarbital**
Kaliumbromid-Preßling

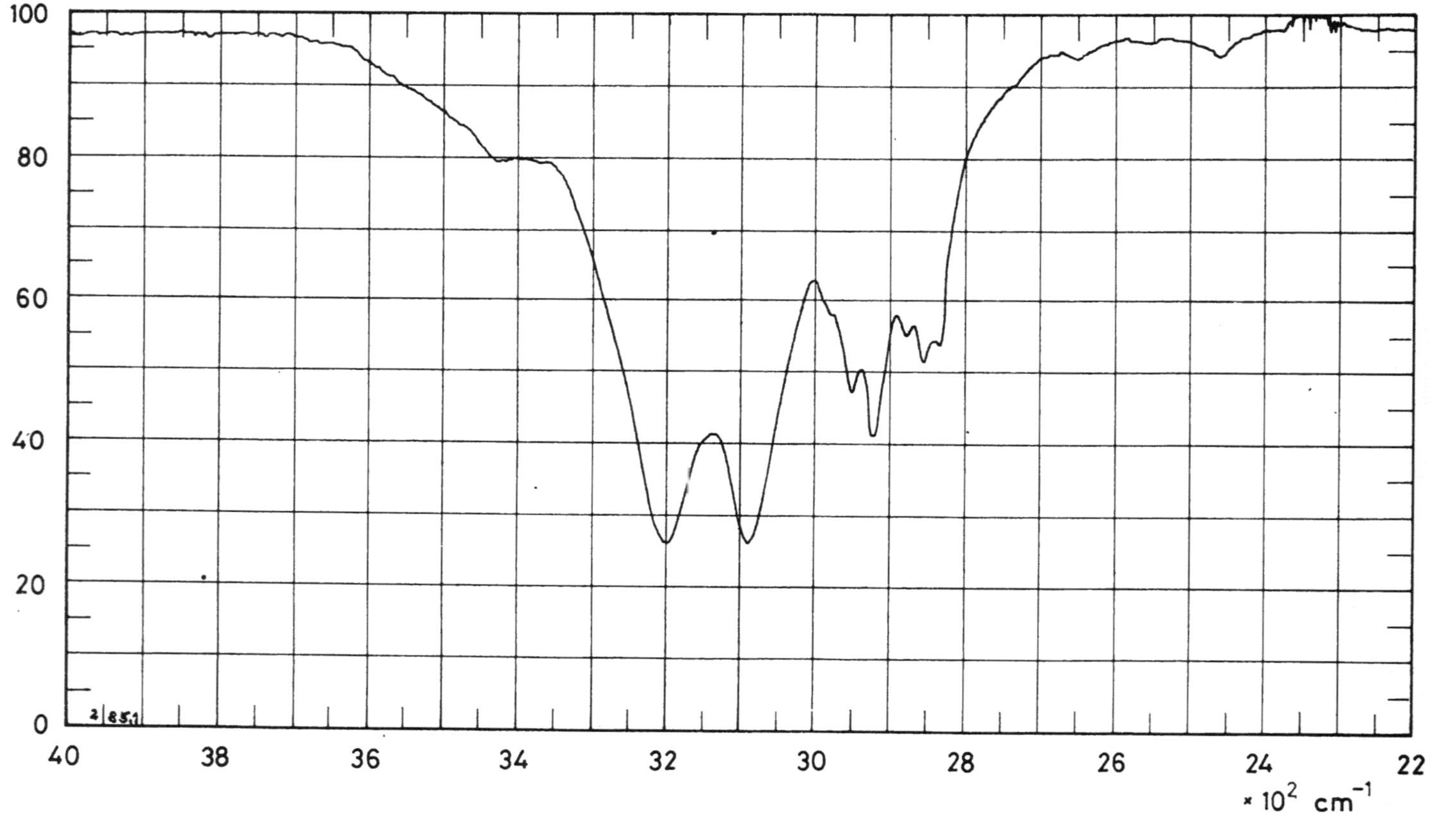

Substanz: **Cyclobarbital**
Kaliumbromid-Preßling

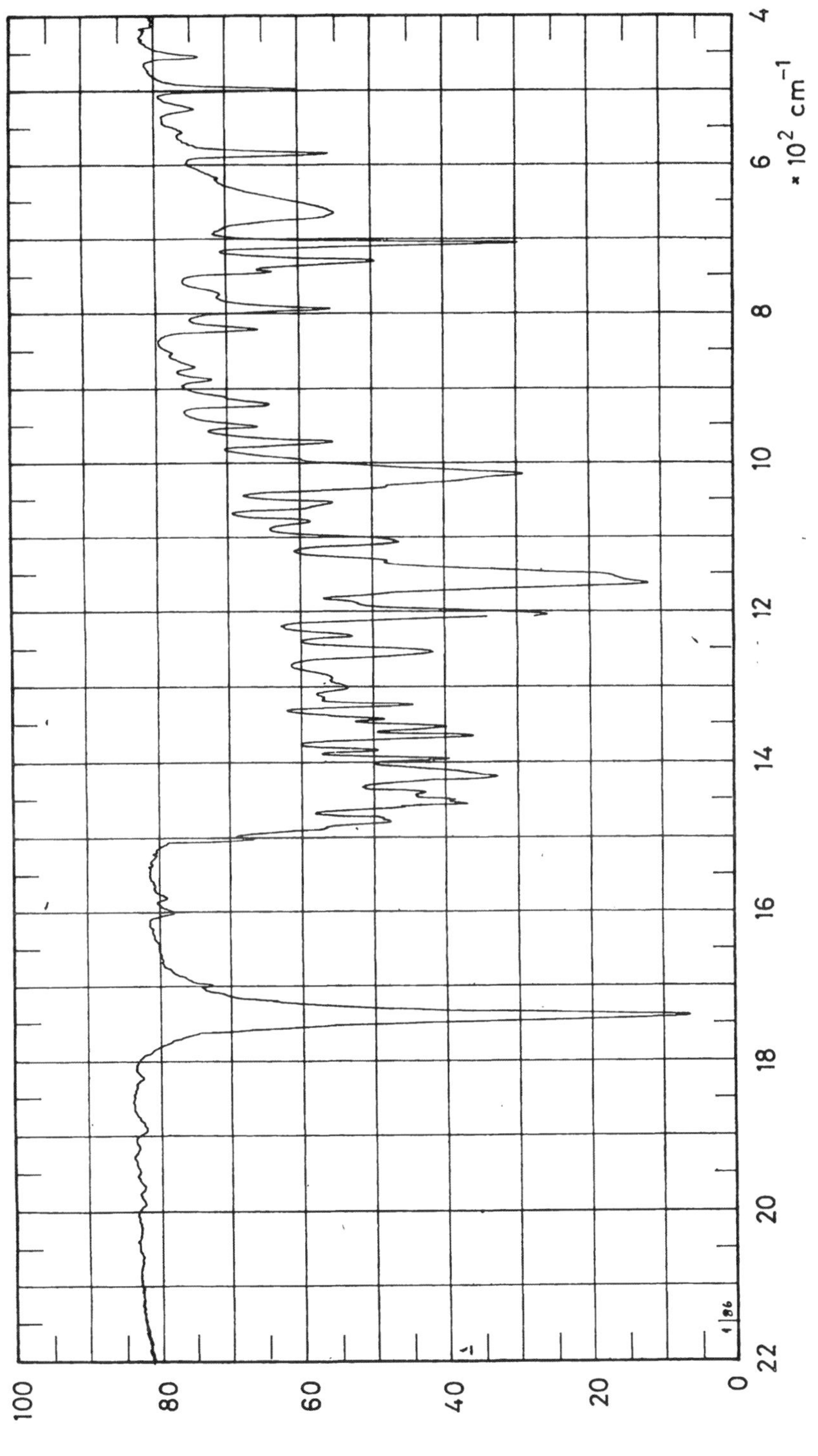

Substanz: **Cyclodrinhydrochlorid** (aus Chloroform)
Kaliumbromid-Preßling

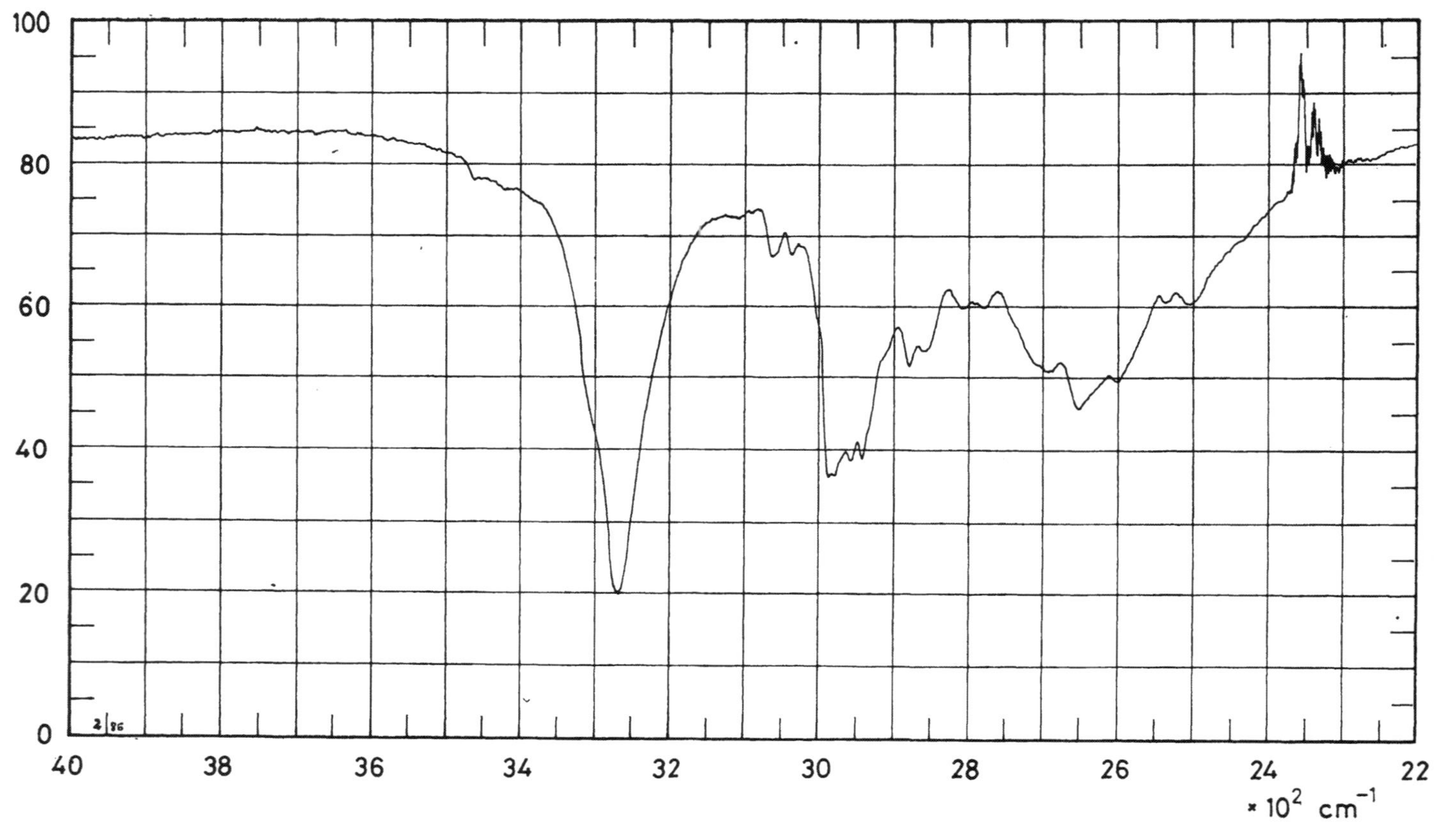

Substanz: **Cyclodrinhydrochlorid** (aus Chloroform)
Kaliumbromid-Preßling

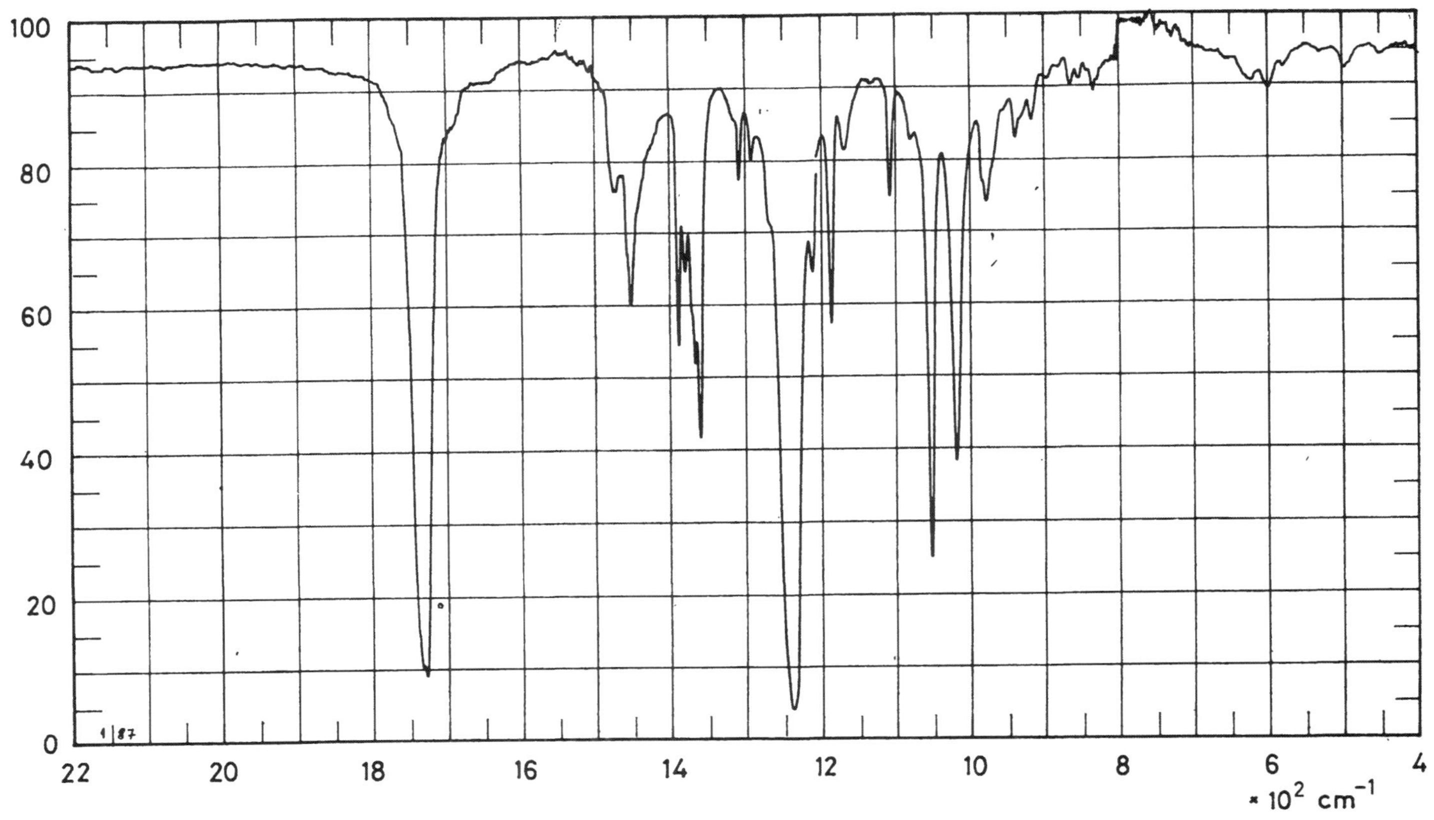

Substanz: **Isobornylacetat**
Lösungsmittel: Tetrachlorkohlenstoff
Konzentration: 33 ml/l
Schichtdicke: 0,12 mm

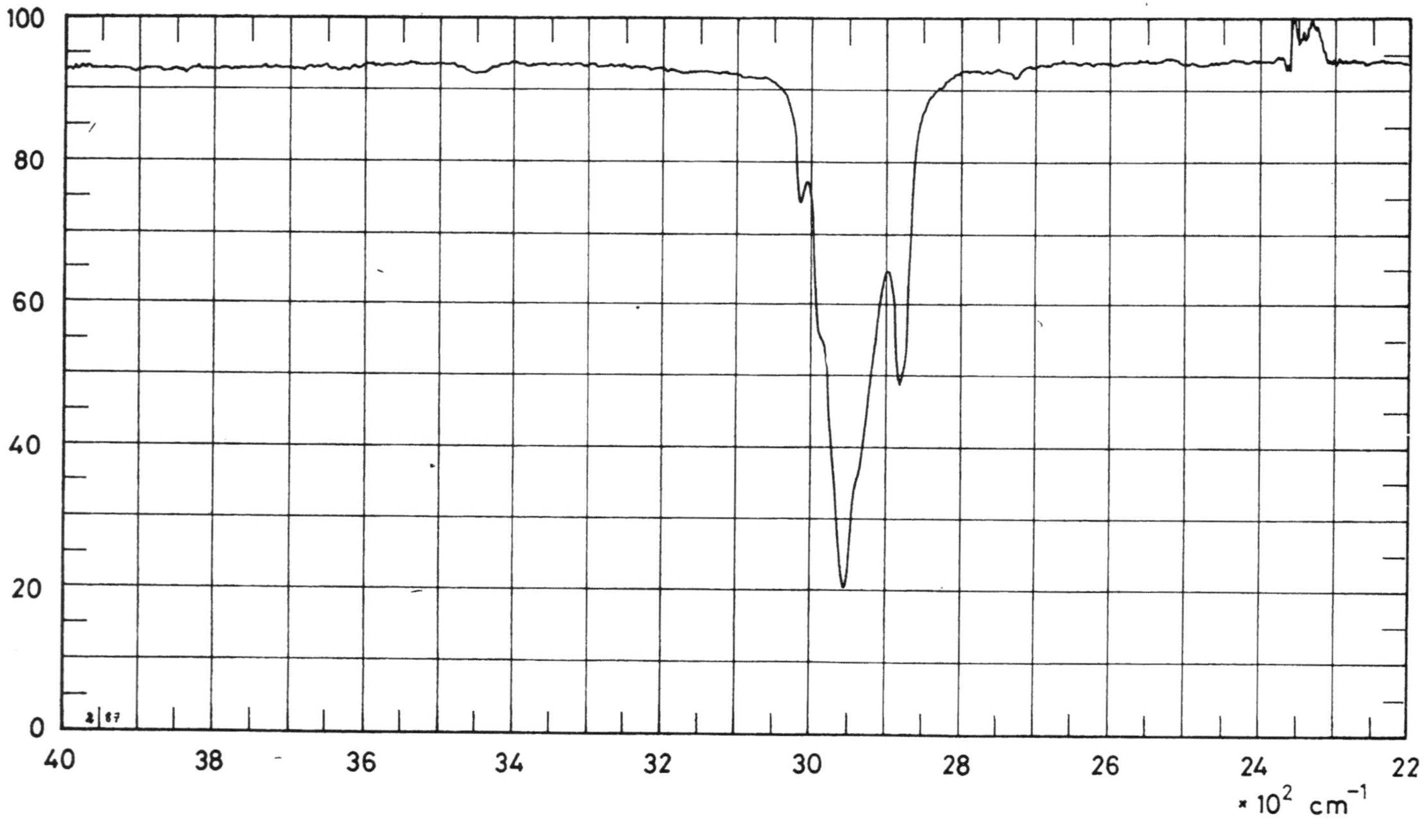

Substanz: **Isobornylacetat**
Lösungsmittel: Tetrachlorkohlenstoff
Konzentration: 33 ml/l
Schichtdicke: 0,12 mm

Anlagen
9.3.88.

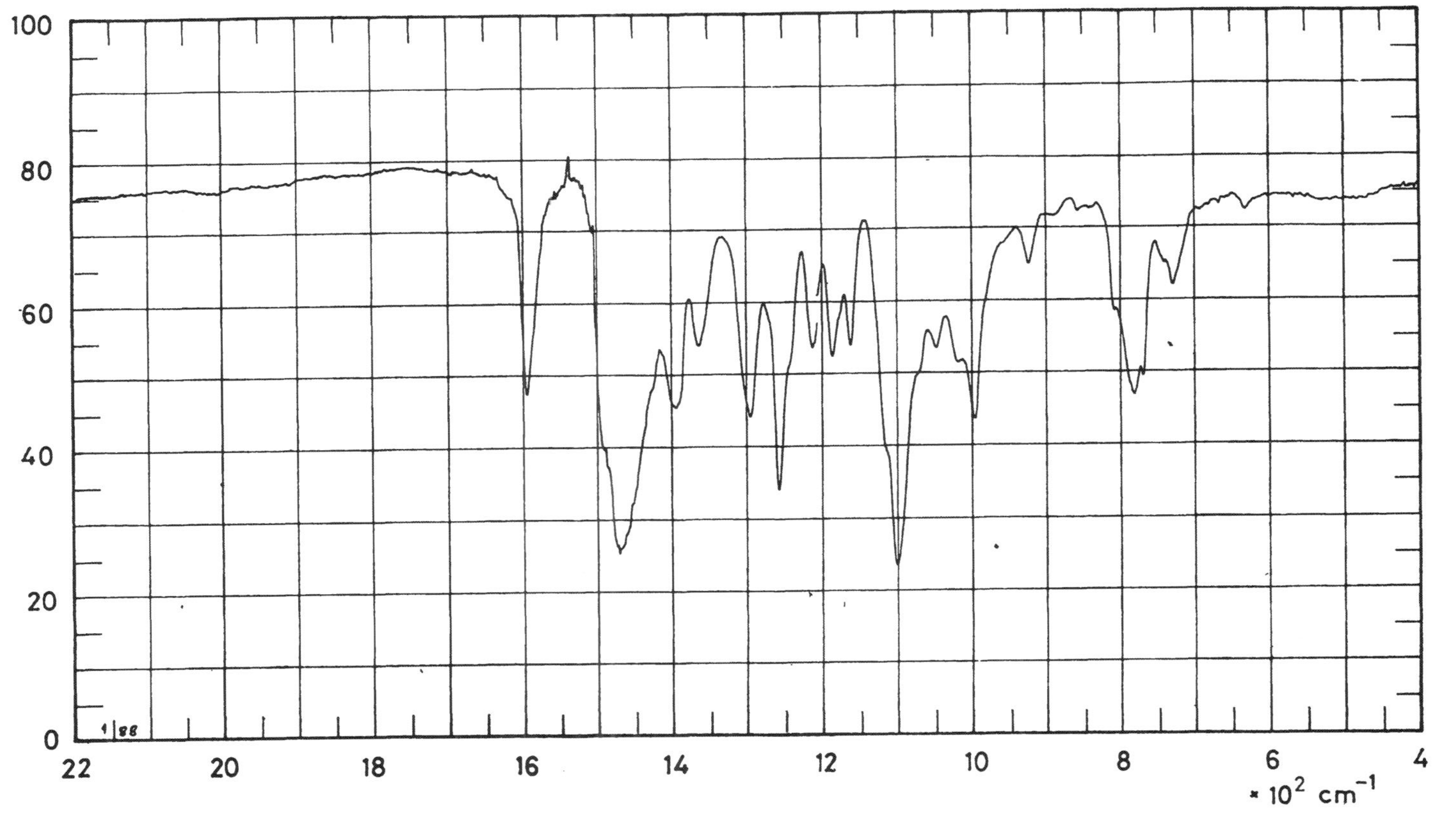

Substanz: **Gallamintriethiodid** (aus Ethanol)
Kaliumbromid-Preßling

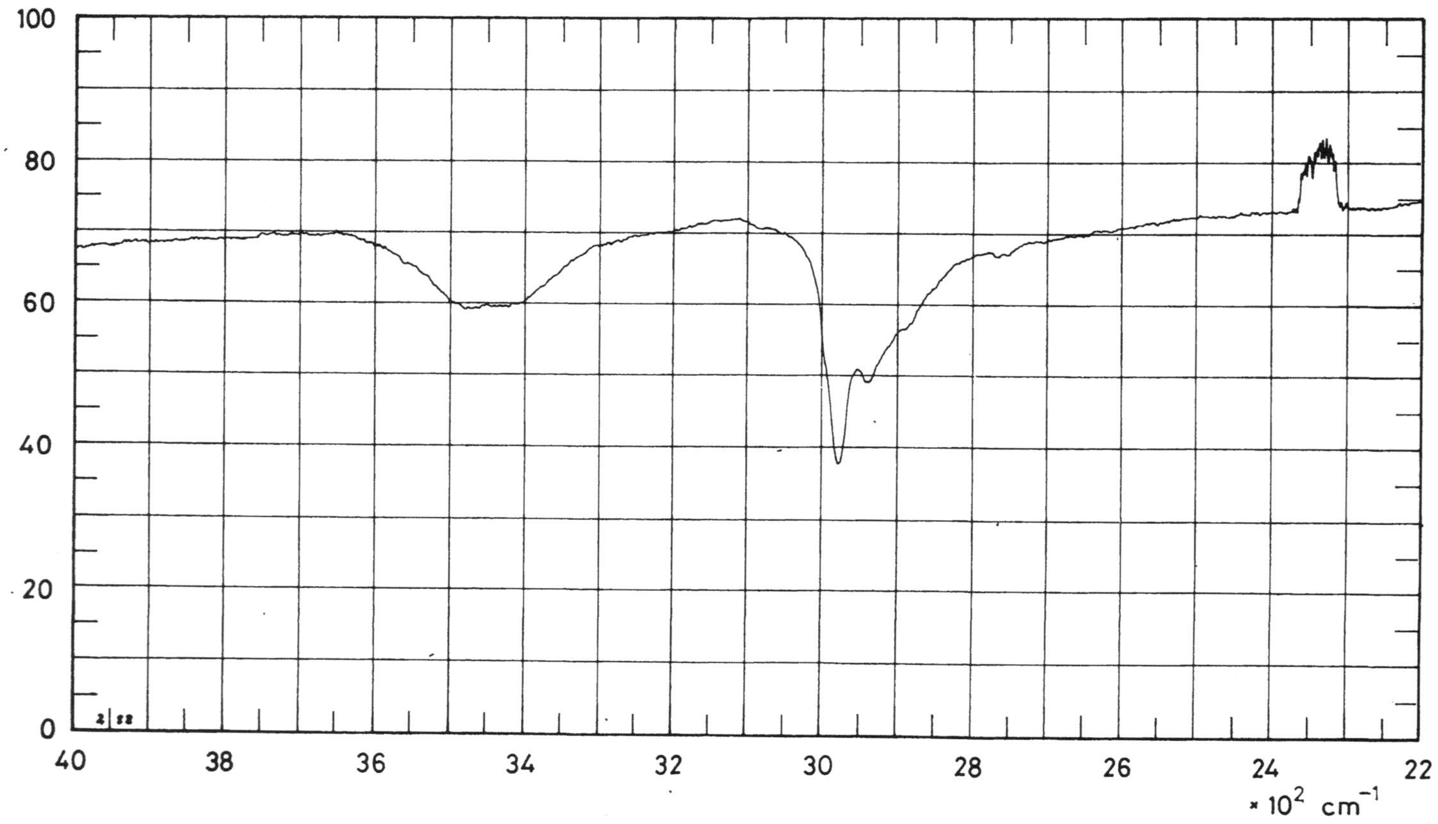

Substanz: **Gallamintriethiodid** (aus Ethanol)
Kaliumbromid-Preßling

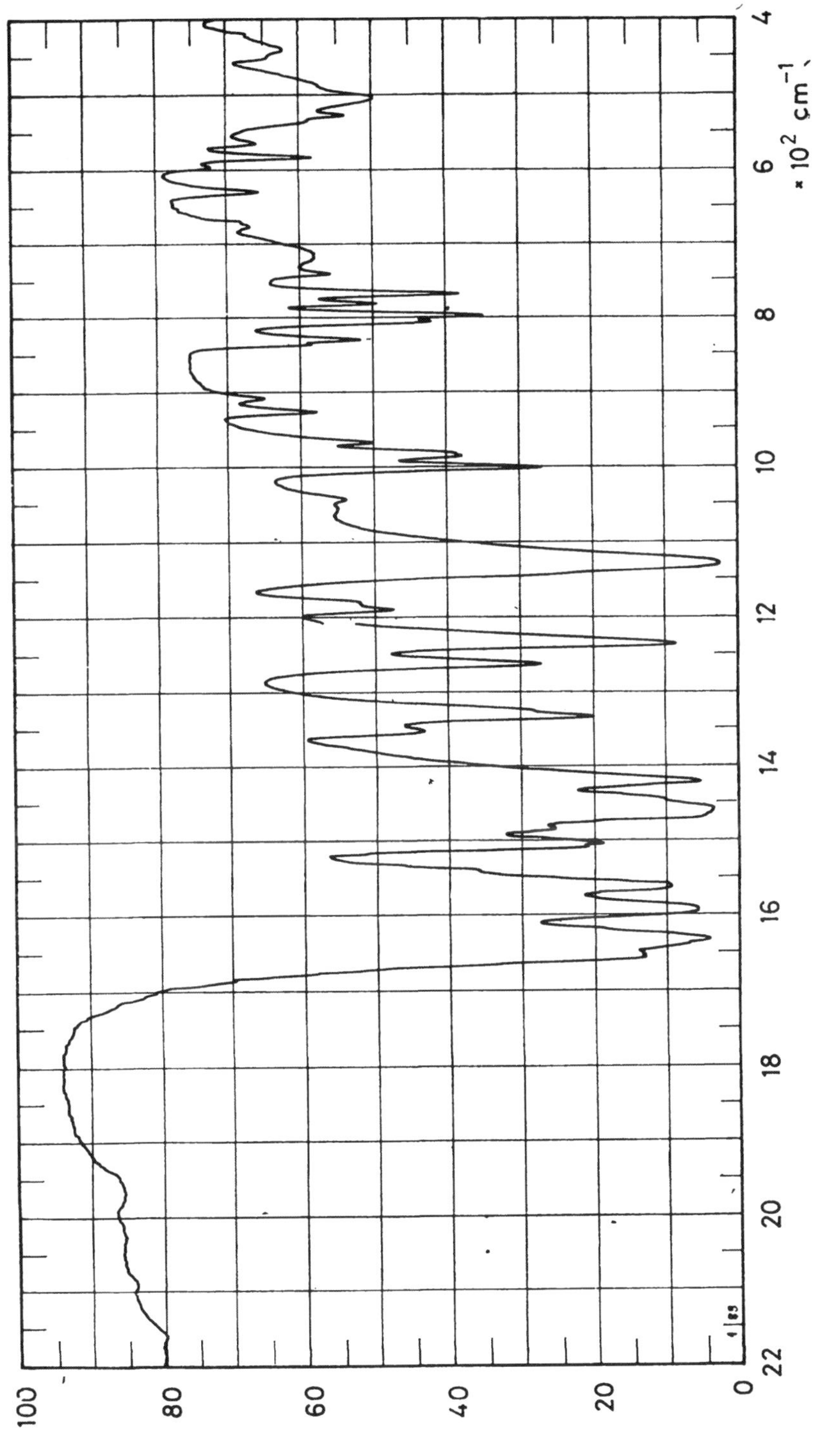

Substanz: **Trimethoprim** (aus Chloroform)
Kaliumbromid-Preßling

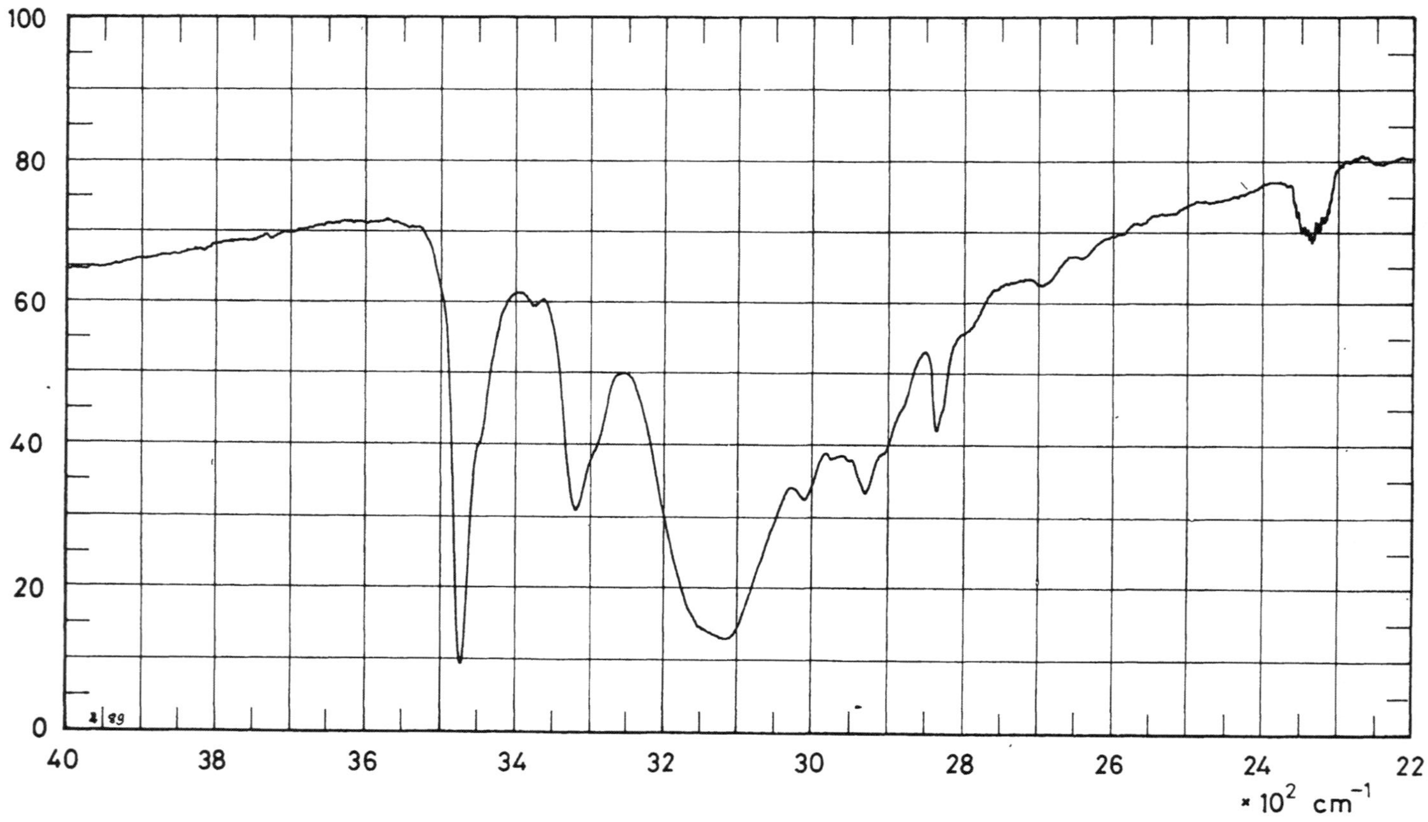

Substanz: **Trimethoprim** (aus Chloroform)
Kaliumbromid-Preßling

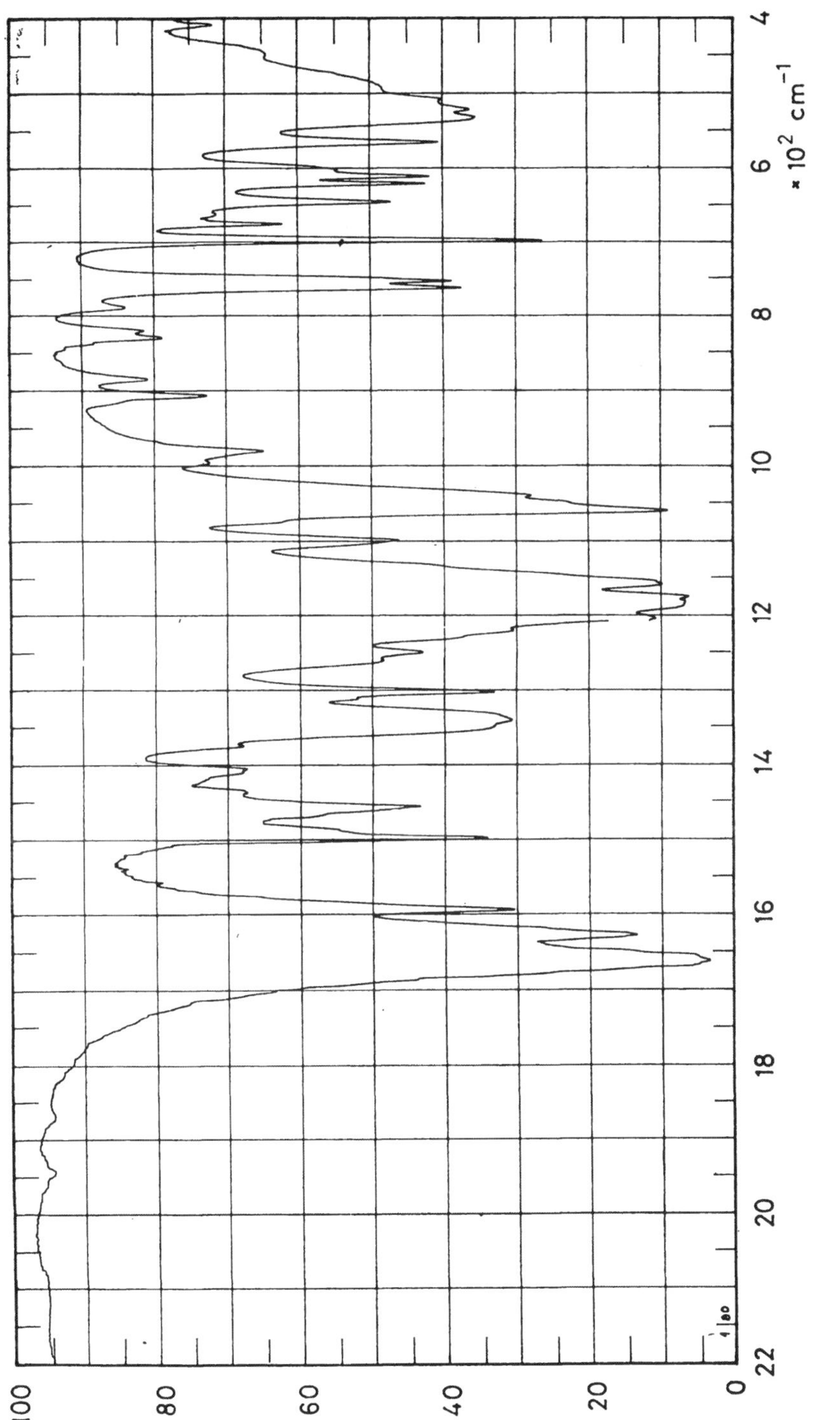

Substanz: **Metamizol-Natrium** (aus Methanol)
Kaliumbromid-Preßling

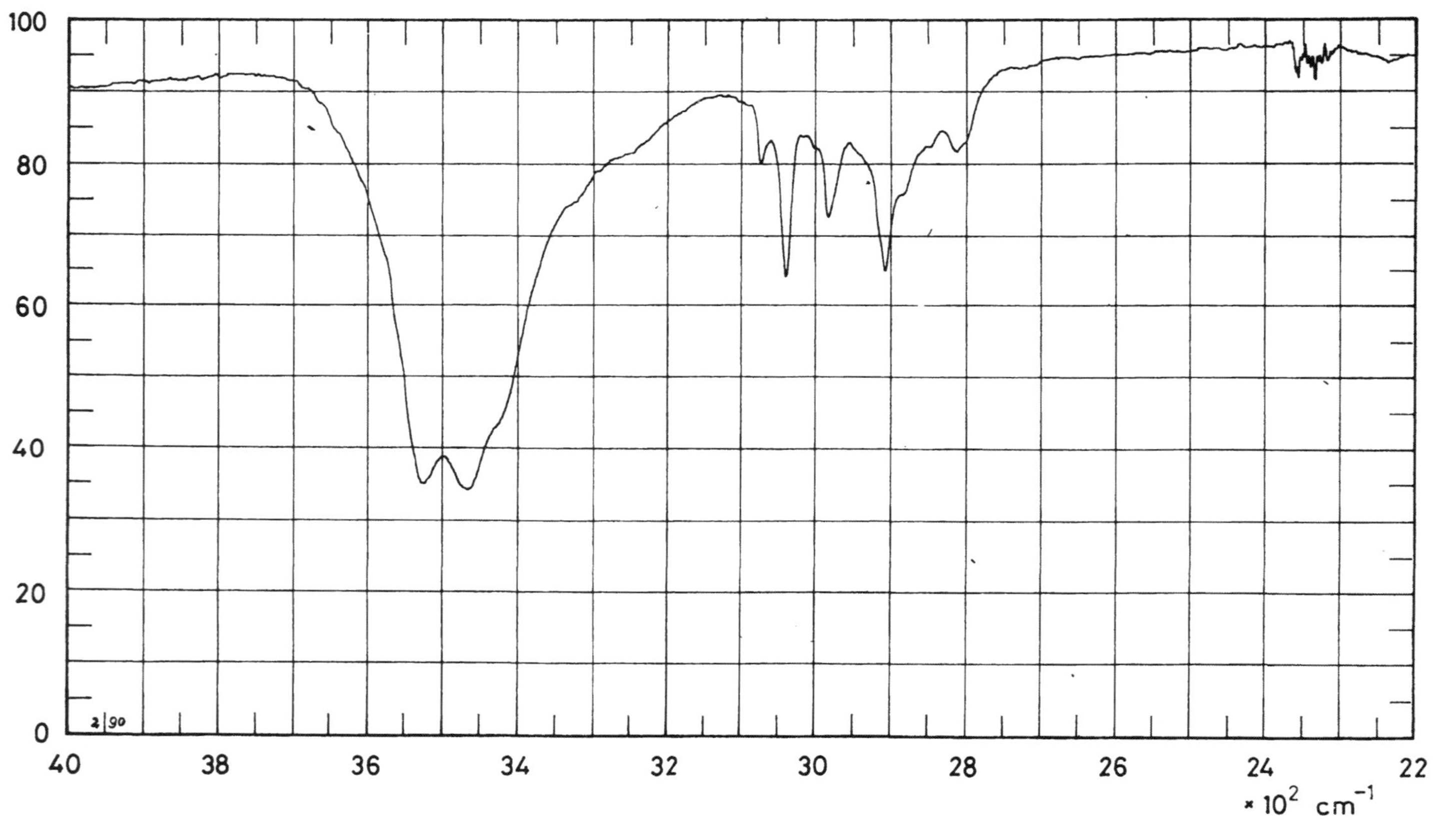

Substanz: **Metamizol-Natrium** (aus Methanol)
Kaliumbromid-Preßling

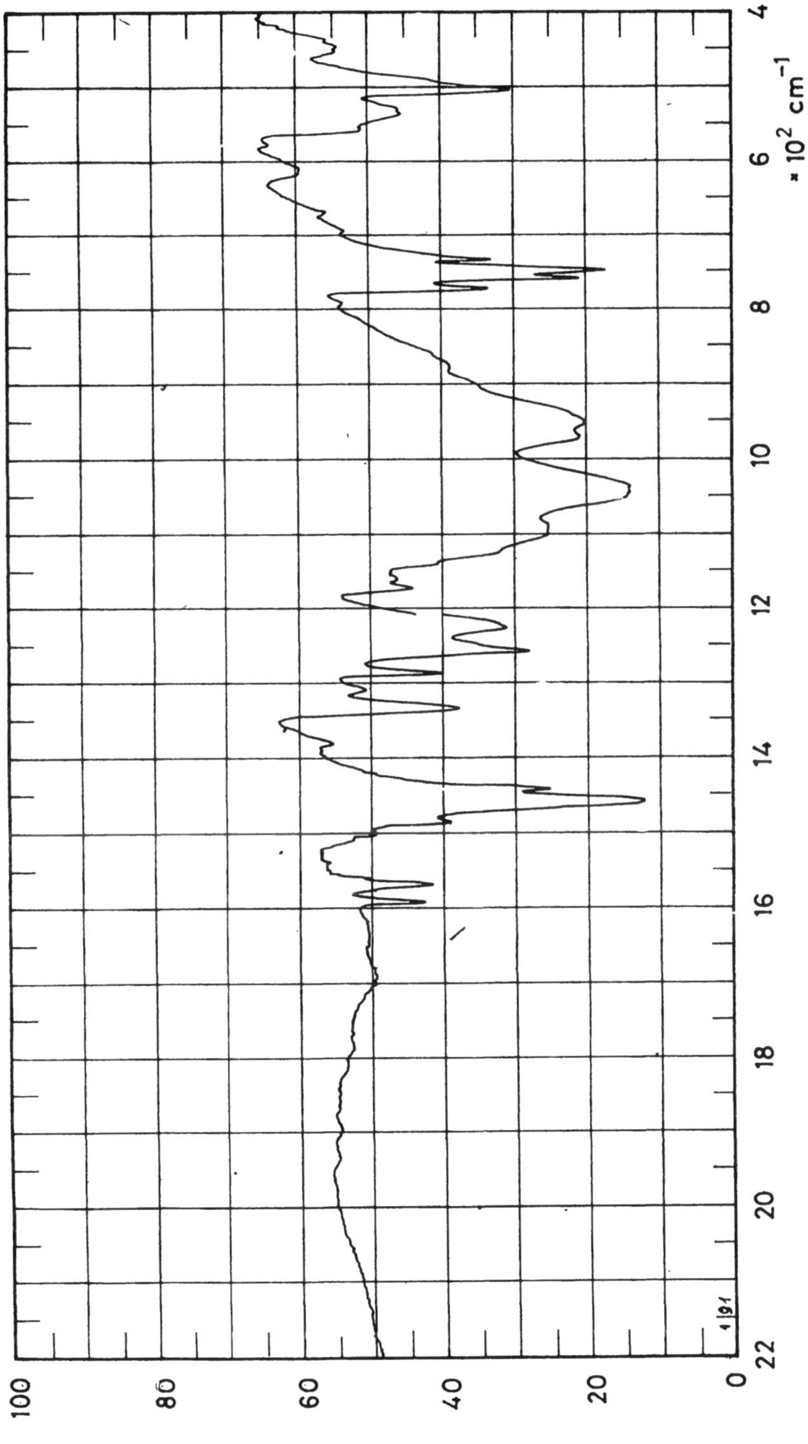

Substanz: **Promazinphosphat** (aus Methanol)
Kaliumbromid-Preßling

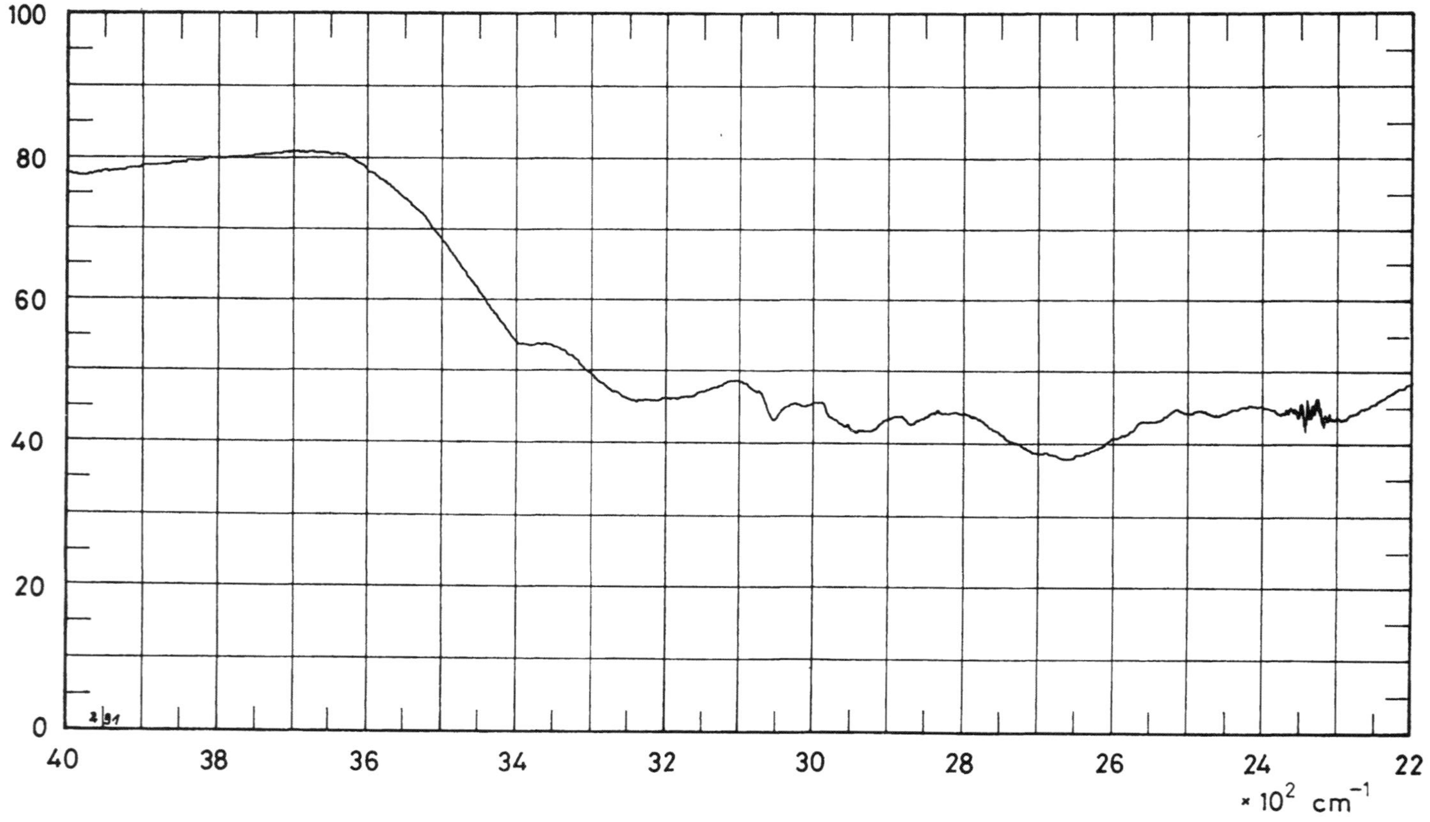

Substanz: **Promazinphosphat** (aus Methanol)
Kaliumbromid-Preßling

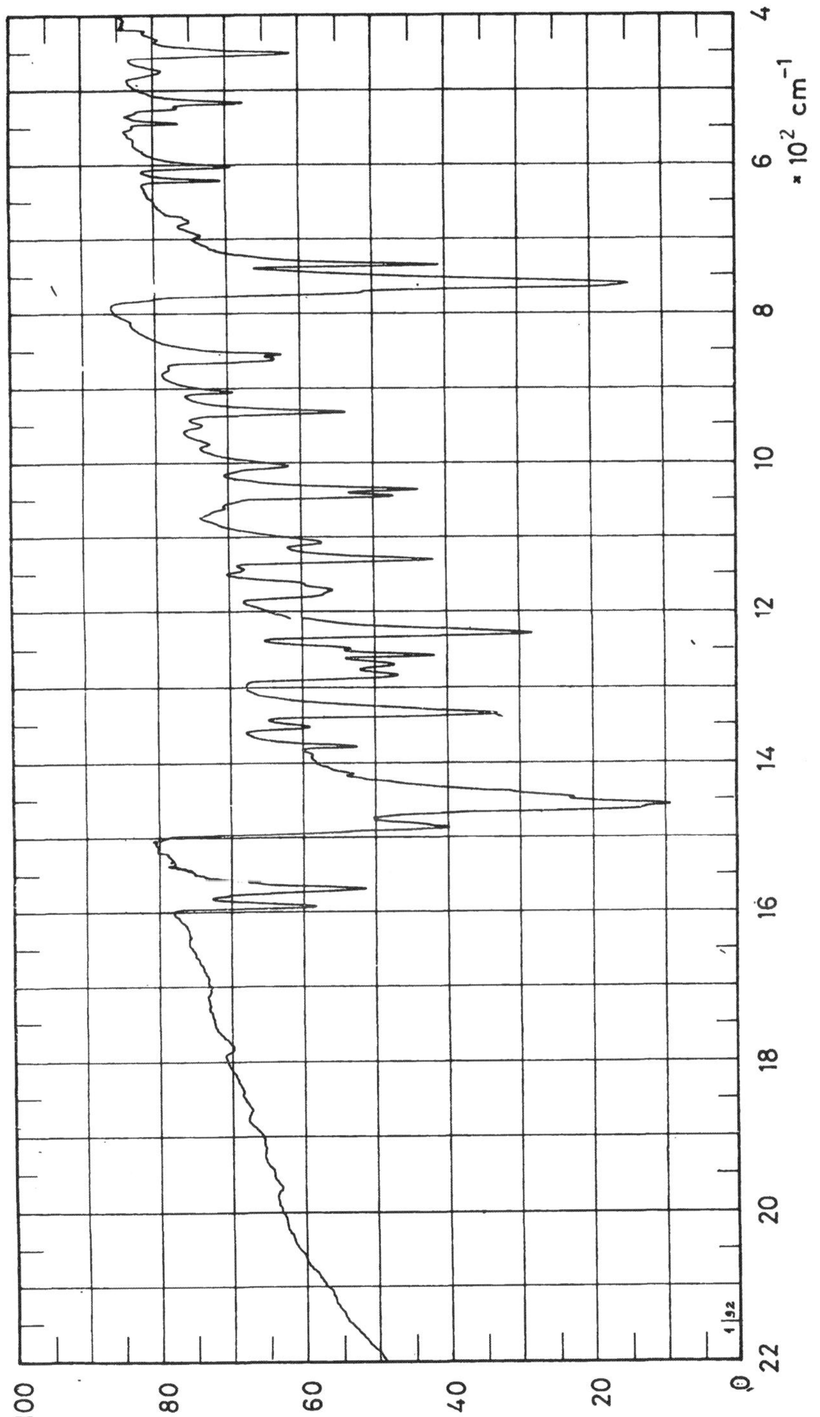

Substanz: **Promethazinhydrochlorid** (aus Chloroform)
Kaliumbromid-Preßling

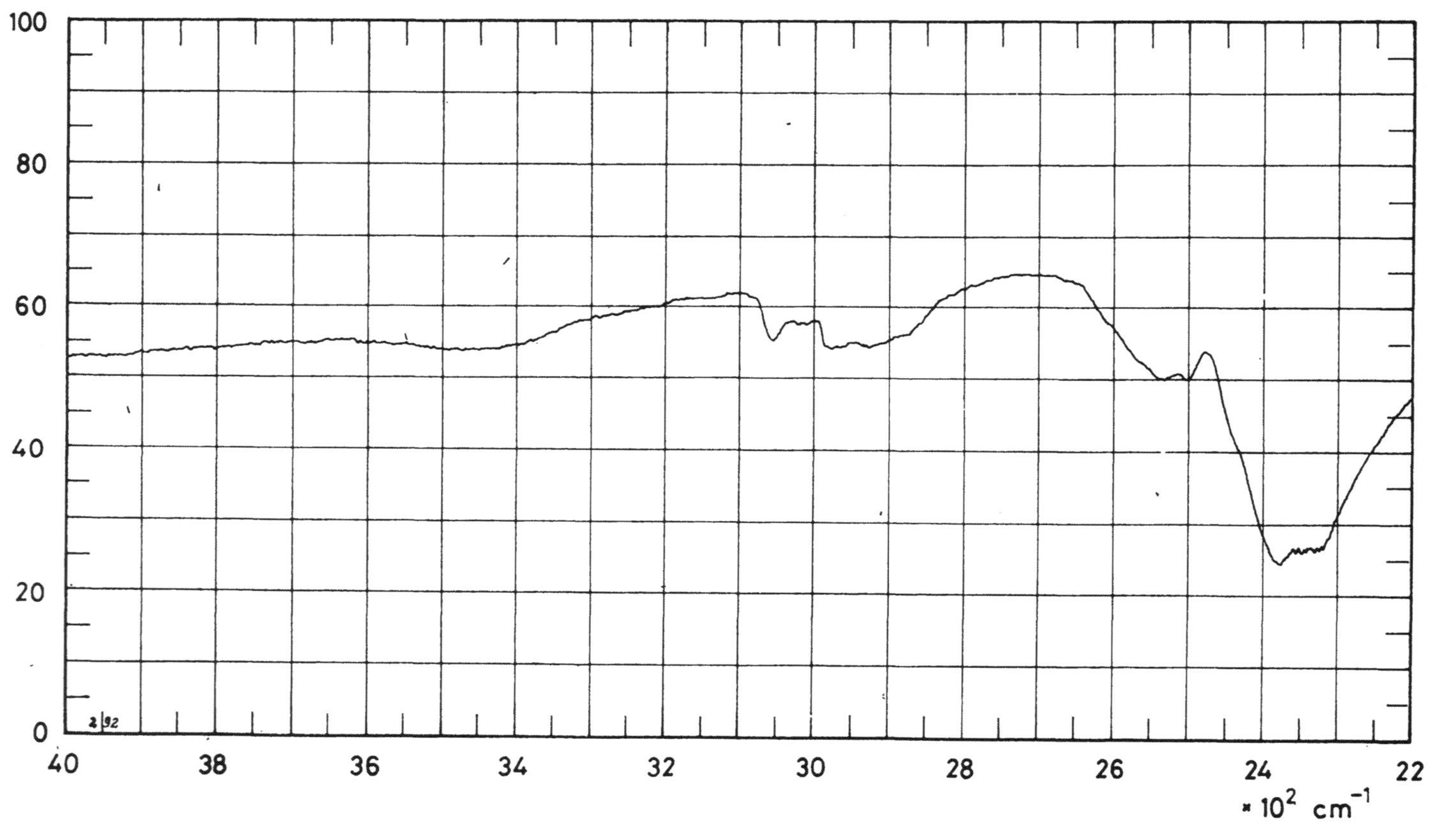

Substanz: **Promethazinhydrochlorid** (aus Chloroform)
Kaliumbromid-Preßling

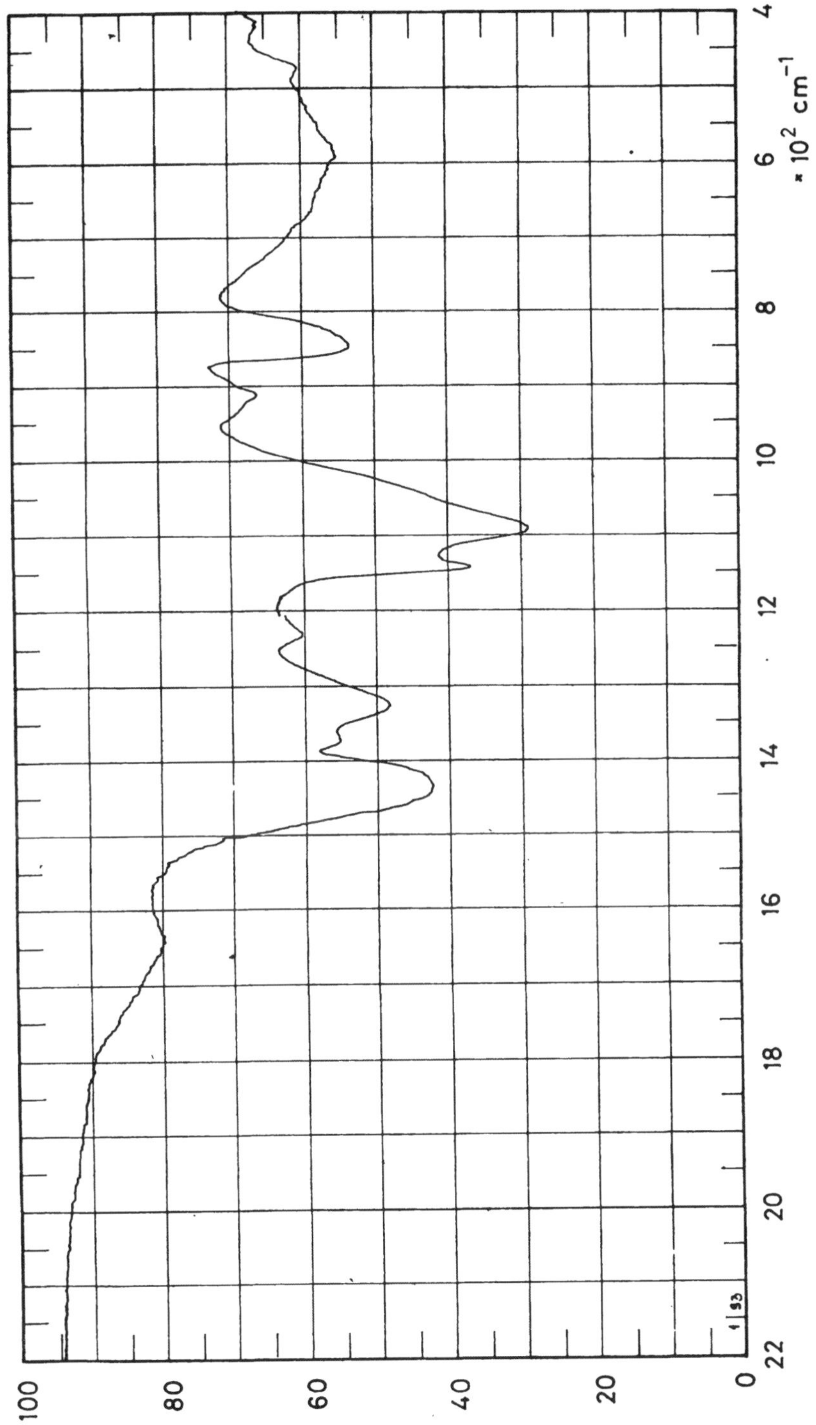

Substanz: **Polyvinylalkohol**
Kaliumbromid-Preßling

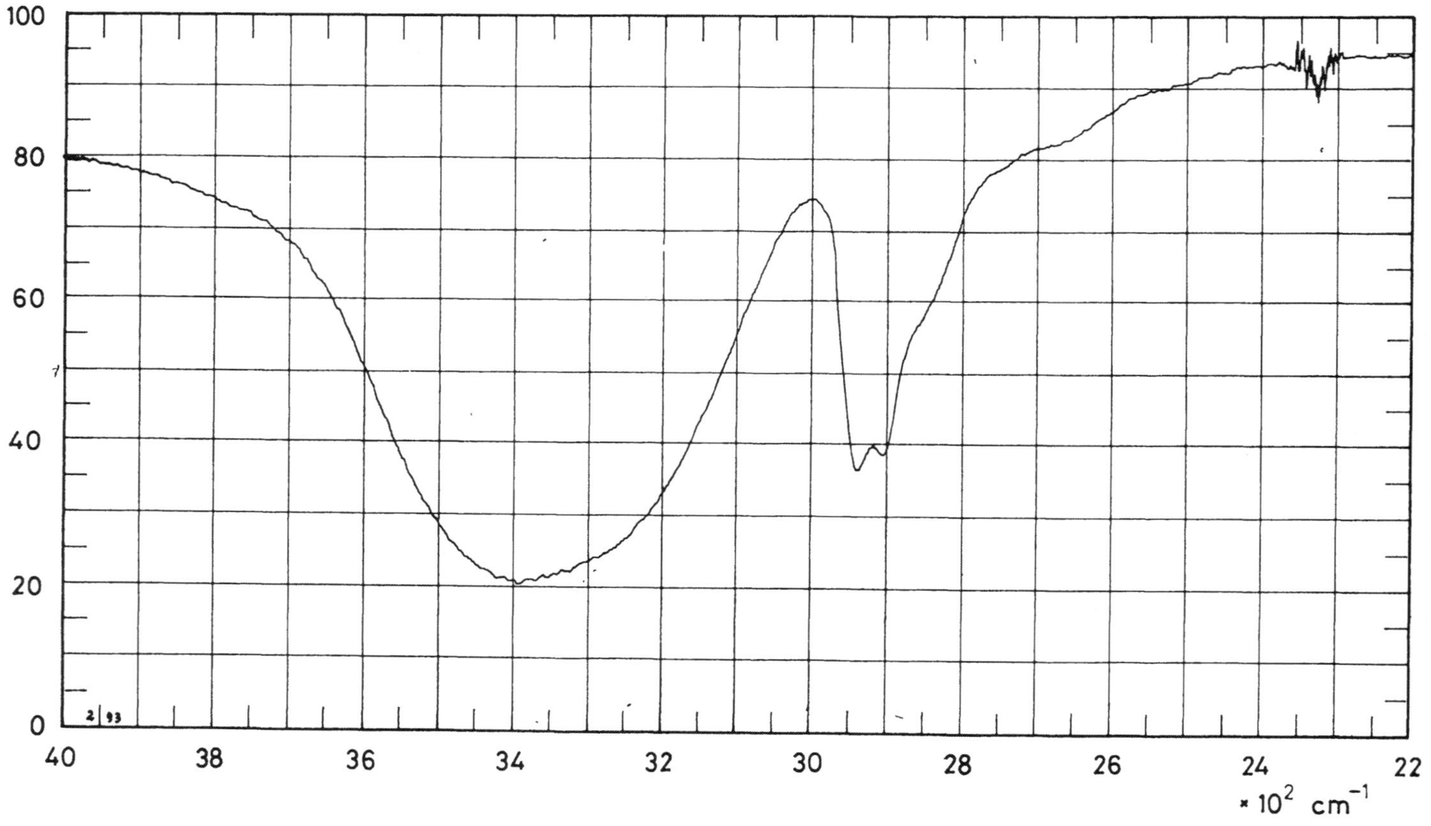

Substanz: **Polyvinylalkohol**
Kaliumbromid-Preßling

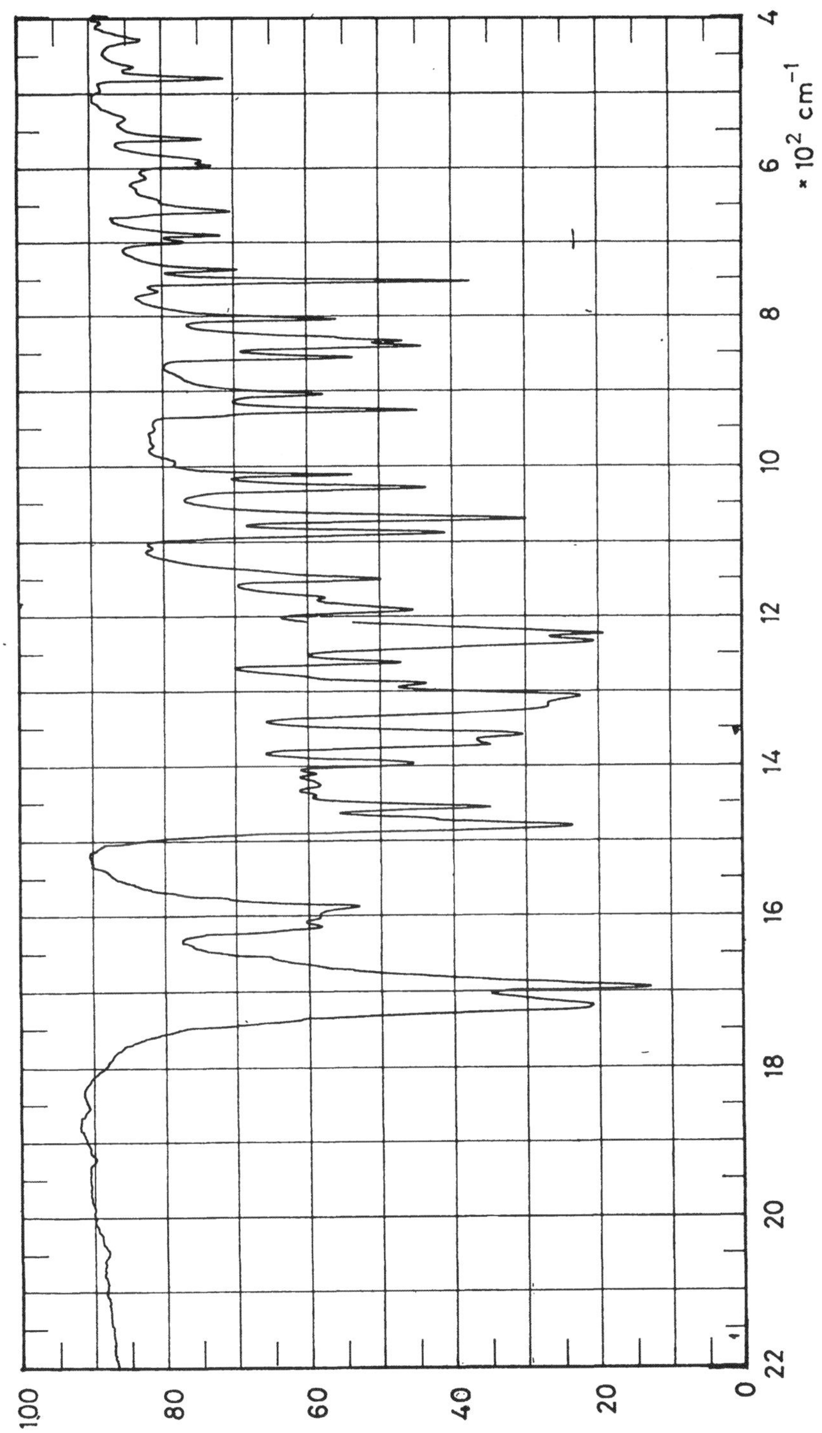

Substanz: **Indometacin,** γ-Modifikation
Kaliumbromid-Preßling

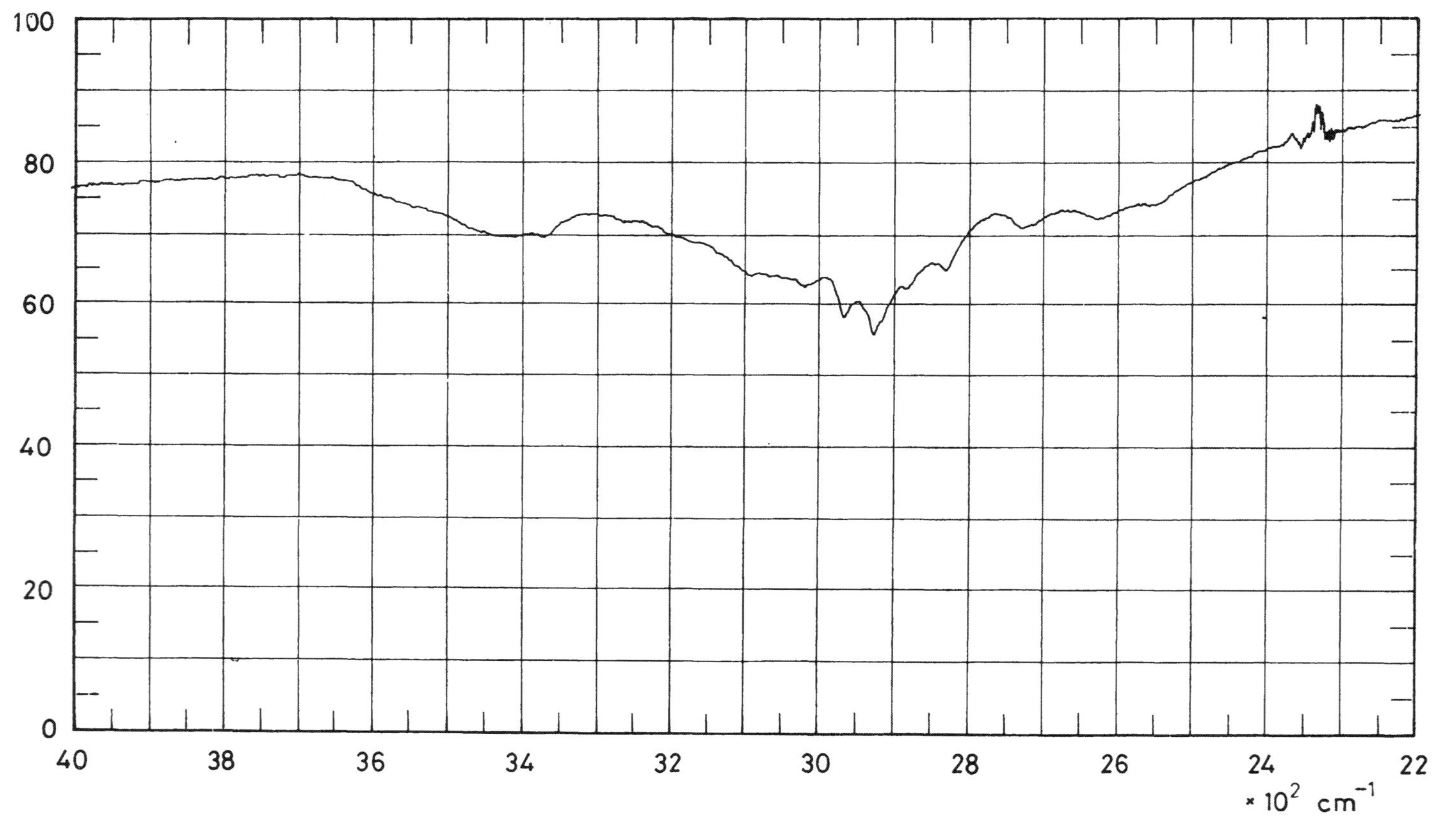

Substanz: **Indometacin**, γ-Modifikation
Kaliumbromid-Preßling

Anlagen
9.3.95.

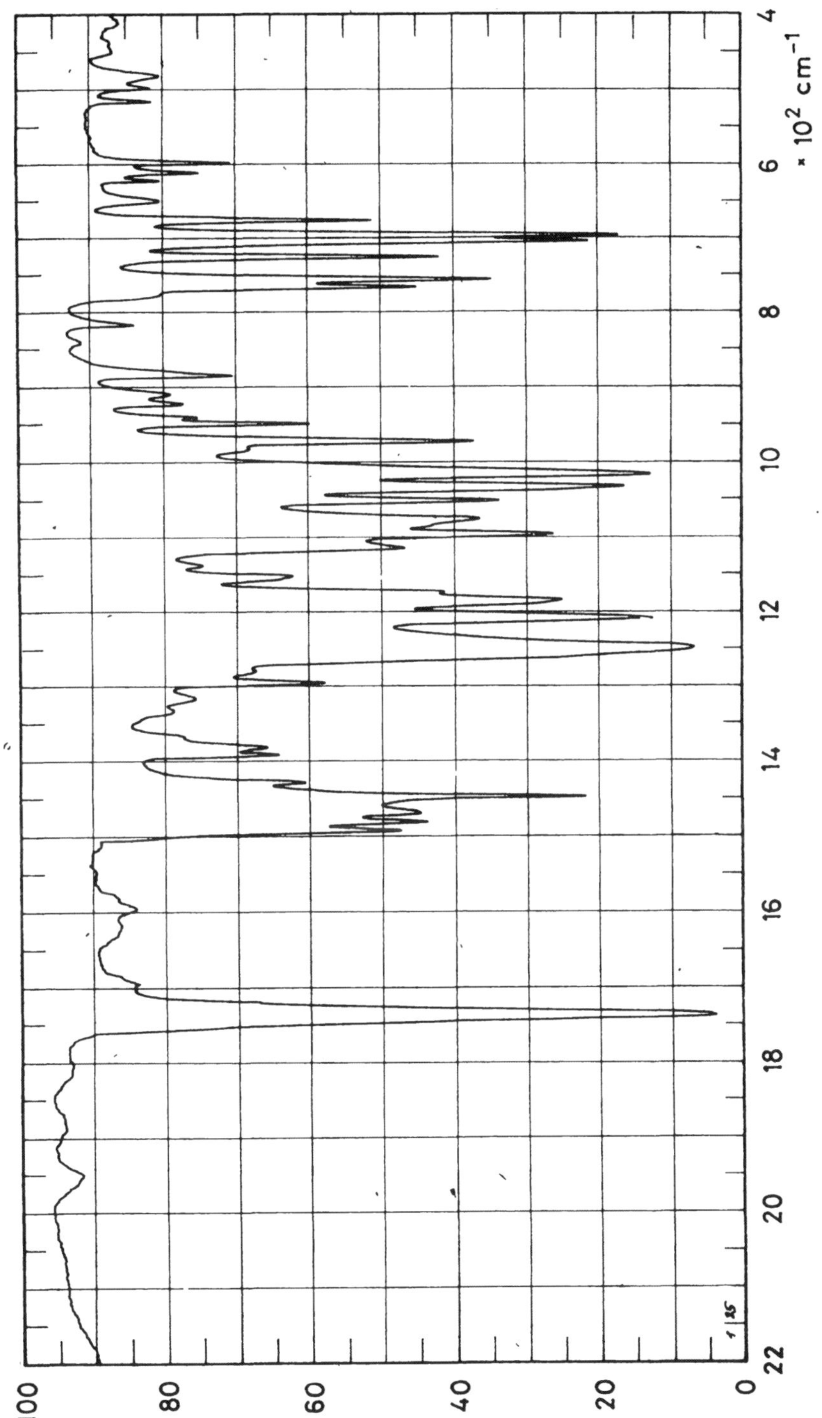

Substanz: **Propiverinhydrochlorid** (aus Chloroform)
Kaliumbromid-Preßling

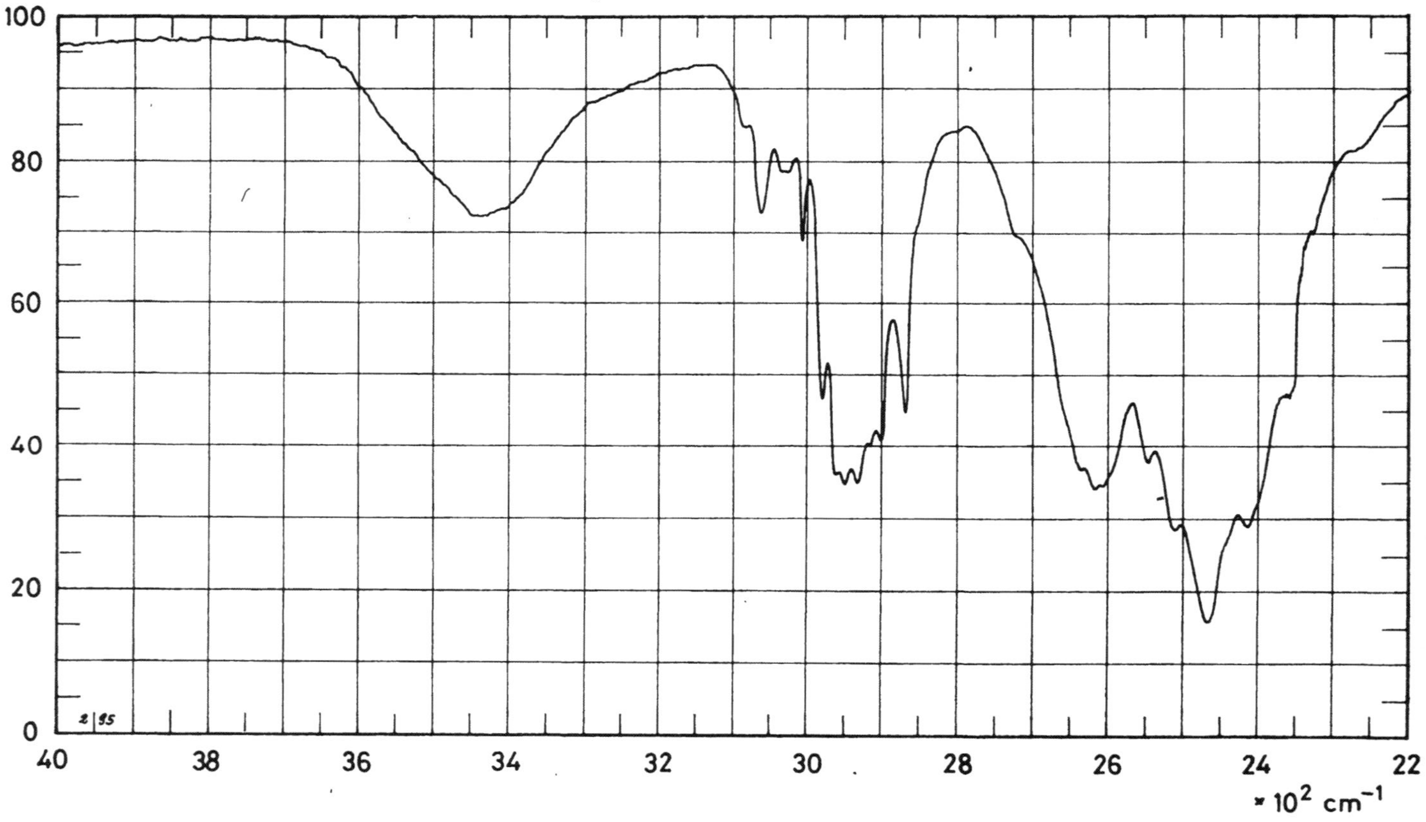

Substanz: **Propiverinhydrochlorid** (aus Chloroform)
Kaliumbromid-Preßling

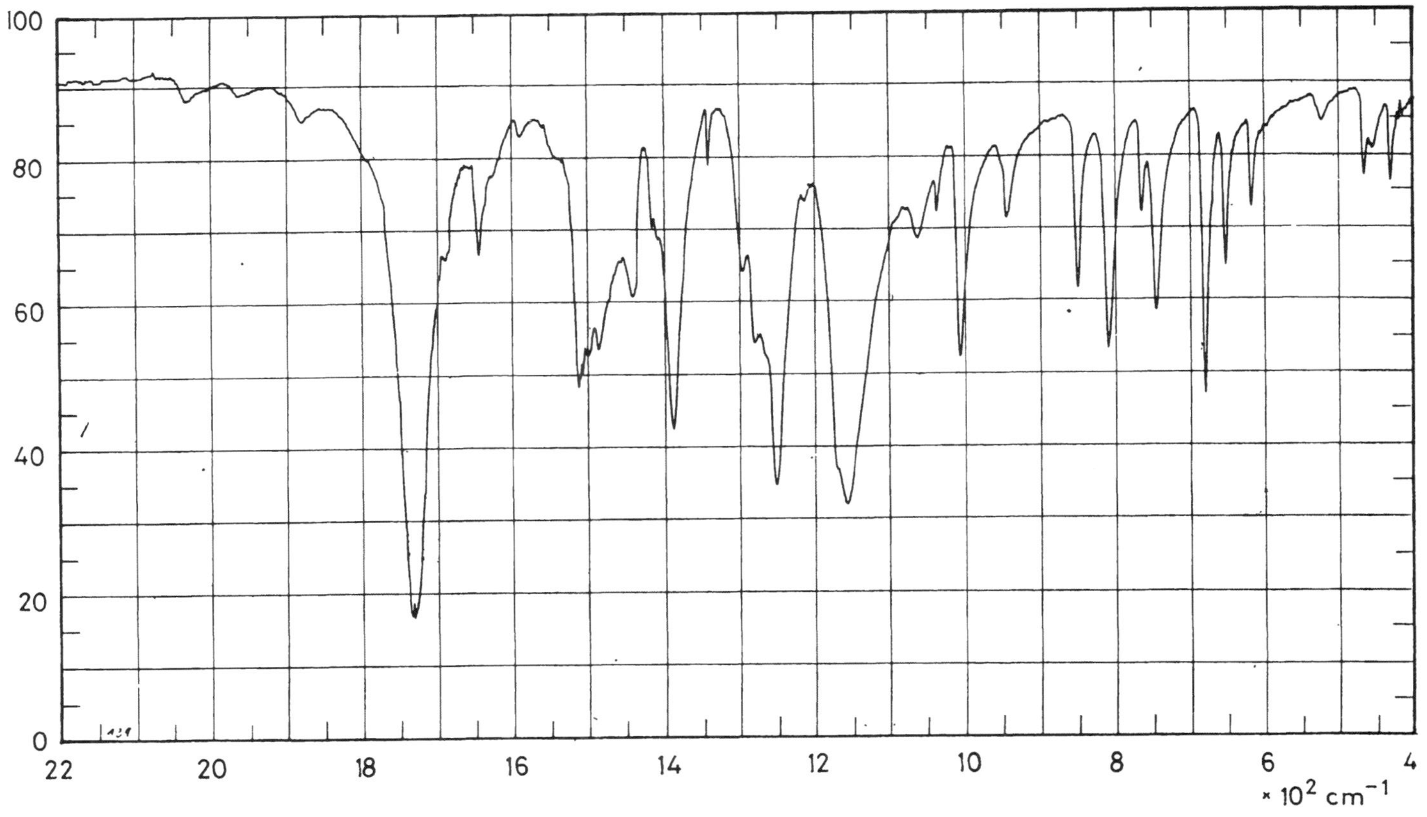

Substanz: **Pyridostigminbromid** (aus Chloroform)
Kaliumbromid-Preßling

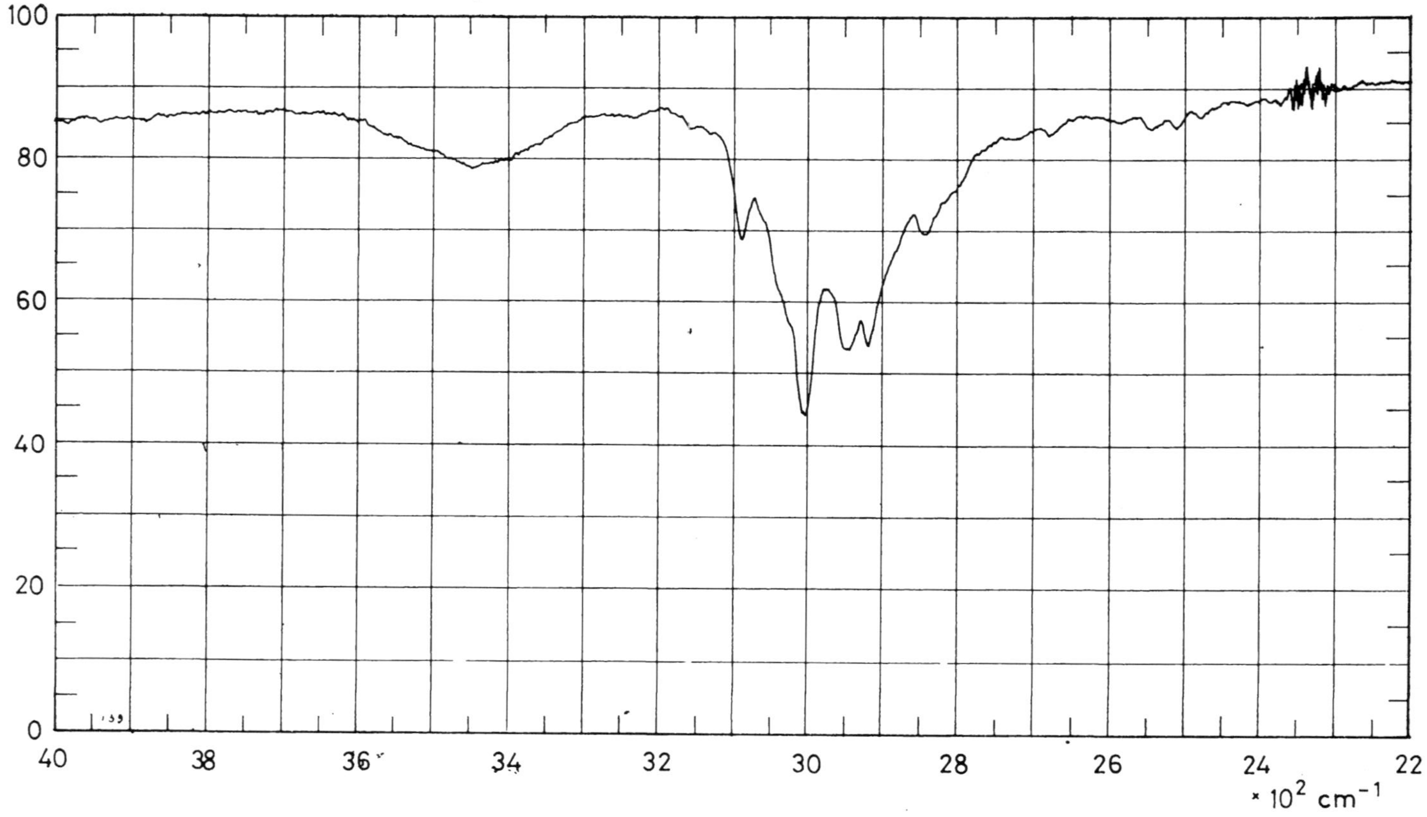

Substanz: **Pyridostigminbromid** (aus Chloroform)
Kaliumbromid-Preßling

10.2. Verzeichnis von Monografien des Arzneibuches der Deutschen Demokratischen Republik, die unter wesentlich geänderter Bezeichnung in der Fassung 1987 enthalten sind, sowie der Monografien, deren wesentlich geänderte Bezeichnung nur im Inhaltsverzeichnis berücksichtigt worden ist

Monografien mit wesentlich geänderter Bezeichnung

Bezeichnung im AB-DDR 87	Bezeichnung im AB-DDR 85
Acidum amidotrizoicum	Acidum diacetylaminotrijodbenzoicum
Acidum clofibricum	Acidum chlorphibricum
Almasilatum	Aluminium Magnesium silicicum
Carmellosum Natrium	Natrium carboxymethylcellulosum
DL-Cathinum Phenobarbitalum	Norpseudoephedrinum Phenobarbitalum
Chloroquinum diphosphoricum	Chlorochinum diphosphoricum
Colecalciferolum	Cholecalciferolum
Ether	Aether
Ethylium bromisovalerianicum	Aethylium bromisovalerianicum
Ethylium oleinicum	Aethylium oleinicum
Ethylmorphinum hydrochloricum	Aethylmorphinum hydrochloricum
Etofyllinum	Aethophyllinum
Halothanum	Bromchlortrifluoraethanum
Iodoformium	Jodoformium
Iodum	Jodum
Macrogolum 600	Polyaethylenglycolum 600
Macrogolum 1500	Polyaethylenglycolum 1500
Macrogolum 5000	Polyaethylenglycolum 5000
Metamizolum Natrium	Analginum
Polysorbatum 80	Sorbimacrogolum oleinicum 80
Thiazinamium metilsulfuricum	Methylpromethazinium methylsulfuricum

Ausschließlich im Inhaltsverzeichnis enthaltene Monografien mit wesentlich geänderter Bezeichnung

Wesentlich geänderte Bezeichnung	Bezeichnung der Monografie im AB-DDR 87
Allylthiourea	Thiosinaminum
Aminoquinuridum dihydrochloricum	Aminochincarbamidum dihydrochloricum
Benzathinum Phenoxymethylpenicillinum	Phenoxymethylpenicillinum Benzathinum
Cellulosepulver	Zellulosepulver
Clorindionum	Chlorindionum
Ethanolum	Aethanolum
Ethanolum absolutum	Aethanolum absolutum
Humanserumalbumin(^{125}I)-Injektionslösung	Injectio Humanserumalbumini(^{125}J)

Wesentlich geänderte Bezeichnung	Bezeichnung der Monografie im AB-DDR 87
Humanserumalbumin(^{131}I)-Injektionslösung	Injectio Humanserumalbumini(^{131}J)
Levothyroxinum	Laevothyroxinum
Meclofenoxatum hydrochloricum	Mechlorphenoxatum hydrochloricum
Metoclopramidum hydrochloricum	Methochlorpramidum hydrochloricum
Oxetacainum	Oxaethacainum
Solutio Iodi	Solutio Jodi
Suxamethonium bromatum	Succamethonium bromatum
Suxamethonium chloratum	Succamethonium chloratum
Triethylenglycolum	Triaethylenglycolum
Unguentum Macrogoli	Unguentum Polyaethylenglycoli

11.0. Druckfehlerberichtigung, Nachtrag 1987

Das Titelblatt „Arzneibuch der Deutschen Demokratischen Republik 1987 — AB-DDR 87 — Akademie-Verlag Berlin 1988" ist zu ersetzen durch das im Anhang zu dieser Anlage enthaltene Titelblatt ohne Angabe des Druckjahres.

Inhaltsverzeichnis Teil 1

Seite XXVIII, letzte Zeile:
Bisherige Kennziffer: 12.0.3. bis 12.0.6.
Korrigierte Kennziffer: 12.0.3. bis 12.0.7.

Argentum diacetylotannicum proteinicum, deutsche Bezeichnung:
Bisheriger Text: Diacetylannin-Protein-Silber
Korrigierter Text: Diacetyltannin-Protein-Silber

Oleum Helianthi:
Bisheriger Text: Oleum Helianth
Korrigierter Text: Oleum Helianthi

Testserum „Anti-Shigella-sonnei, S-Form", markiert mit Fluoresceinisothiocyanat, monospezifisches, deutsche Bezeichnung:
Bisheriger Text: s. Monospezisches ... Fluoresceinthiocyanat
Korrigierter Text: s. Monospezifisches ... Fluoresceinisothiocyanat

Inhaltsverzeichnis Teil 2.1.

Niclosamidum, Ergänzung: **609 bis 676**

Inhaltsverzeichnis Teil 2.2.

Agaricus muscarius recens: Stern entfällt

Kapitel XI, 9.1.2.

2. und 22. Zeile sowie Rückseite, Ausführung, 6., 7. und 9. Zeile:
Bisheriger Text: Aceton*
Korrigierter Text: **Aceton****

Kapitel XVII, 9.0.1.

Verdünntes Hämolysin, 1. und 15. Zeile:
Bisheriger Text: Hämolysin gegen Schaferythrozyten
Korrigierter Text: **„**Hämolysin gegen Schaferythrozyten**"** **zur Virusdiagnostik**

Kapitel XVII, 10.0.1.

Verdünntes Hämolysin, 1. und 15. Zeile:
Bisheriger Text: „Hämolysin gegen Schaferythrozyten"
Korrigierter Text: „Hämolysin gegen Schaferythrozyten" **zur Virusdiagnostik**

Kapitel XXI, 1.0.

5./6. Zeile: Bisheriger Text: (GBl. I Nr. 1 S. 1)
Korrigierter Text: (GBl. I Nr. 1 S. 1 **1983**)

Anlagen, 5.0.1.

Rückseite, rechte Spalte, 15. Zeile:
Streichung: „Pflanzen- und Vorratsschutzmittel[1])“

Aethanolum absolutum

[*f*], 6. Zeile: Bisheriger Text: 3 N Salpetersäure
Korrigierter Text: Salpetersäure **(5 mol/l)**

Ampicillinum und Ampicillinum trihydratum

[*f*], 6. Zeile und Vergleichsprobe:

Bisheriger Text: Citronensäure-Phosphat-Puffer Nr. 6
Korrigierter Text: Citronensäure-Phosphat-Puffer Nr. **5**

Dihydrostreptomycinum sulfuricum

[*i*], 1. Zeile: Bisheriger Text: Subatanz
Korrigierter Text: **Substanz**

Dinatriumpentacyanonitrosylferrat(II)

[*h*], 2./3. Zeile: Bisheriger Text: Eisen(II)-ammoniumsulfat-RL
Korrigierter Text: **Ammoniumeisen(II)-sulfat-RL**

Dopaminum hydrochloricum

[*g*], Detektion, 2. Zeile: Bisheriger Text: Reagens II: Fluorescein-RL**
Korrigierter Text: Reagens II: Fluorescein-**Natrium**-RL**

Extractum Chamomillae fluidum

[*b*], Rückseite, 12. Zeile: Bisheriger Text: mit 100 g getrocknetem Natriumsulfat
Korrigierter Text: mit **10,0** g getrocknetem Natriumsulfat

Glycerolum stearinicum

[*i*], Berechnung: Bisheriger Text: $\% \text{ Monoglyceride} = \frac{363(b - a)}{Ew}$

Korrigierter Text: $\% \text{ Monoglyceride} = \frac{\mathbf{3{,}63}(b - a)}{Ew}$

Hydrochlorothiazidum

[*f*]: Bisheriger Text: pH-Wert (III, 6.0.)
Korrigierter Text: pH-Wert (III, **7**.0.)

Xantinolum nicotinicum

[*d*]: „[*d*]“ 2 Zeilen höher setzen.

12.0. Aktualisierung von Allgemeinen Bestimmungen und Monografien, Nachtrag 1987

Inhaltsverzeichnis Teil 1, Seite XLVII

Befristeter Nachtrag:

Zeileneinschub nach Sirupus Cerasi:
Sirupus Rubi idaei Himbeersirup 75 (gültig bis 31. 12. 1988)

Kapitel VII, 10.0.2.
Rückseite: Ergänzung:

Ammoniumthiocyanatlösung (0,02 mol/l)
Herstellung: 200,0 ml Ammoniumthiocyanatlösung (0,1 mol/l) werden mit Wasser zu 1 l aufgefüllt.
Die Lösung ist frisch zu bereiten.
Der Faktor der Lösung ist gleich dem Faktor der Ammoniumthiocyanatlösung (0,1 mol/l).

Kapitel VIII

Die im Anhang zu dieser Anlage enthaltenen Blätter VIII, 1.0.1.1. bis 1.0.1.3. sind im Anschluß an das Blatt VIII, 1.0.1. (AB-DDR 87) einzuordnen.

Kapitel VIII, 2.0.1.

Ergänzung nach dem 2. Absatz:

In Abhängigkeit von der Art der Verpackung können bei der Zulassung andere als die in der Monografie festgelegten Verwendbarkeitsfristen vorgeschrieben werden.

Kapitel X, Kulturmedium 2

7.0.1., Rückseite, 6. Zeile von unten bis 7.0.2., 3. Zeile von oben: Neuer Text:
... pH-Wert eingestellt.
Das Cystin darf **durch Cystein oder** durch 0,72 g Cysteinhydrochlorid, die Thioglycolsäure durch 0,5 g Natriumthioglycolat und das Resazurin durch 0,002 g Methylthioniniumchlorid ersetzt werden.
Das Kulturmedium wird in die bei der „Prüfung auf Sterilität“ (X, 4.0.) zu verwendenden Kulturgefäße abgefüllt und nach Verfahren a_1) (XV, 1.0.) sterilisiert.
Vor der Verwendung des Kulturmediums darf höchstens ein Fünftel der Flüssigkeitssäule, bezogen auf die Gesamthöhe in den Kulturgefäßen, rosa gefärbt sein. Andernfalls ist das Kulturmedium vor der Verwendung im Wasserbad zu erhitzen, bis die Rosafärbung verschwunden ist.
Als Kulturmedium kann auch ...

Kapitel XIV, 7.0.1.

Herstellung: Ergänzung am Anfang des Abschnittes:
Bezüglich des Sortimentes der Arzneiträger und Konservierungsmittel gelten die Angaben in „Informationen für Apotheken und Versorgungsdepots" (Berlin) Heft 8 1987, Seite 117.

Kapitel XV, 1.0.2.

c_1), Rückseite, 2. bis 6. Zeile:
Streichung: „Der Nachweis ... Blau auftreten.“

Kapitel XVII, 5.0.1.

6. Absatz, 5. Zeile: Bisheriger Text: 1 Volumenteil Kaseinhydrolysat
Korrigierter Text: 1 Volumenteil **eines geeigneten Schutzkolloids**

Anlagen 2.4.1.

Ergänzung:

Dibutylphthalat **z. Gaschromatographie**
Phthalsäuredi-n-butylester
$C_{16}H_{22}O_4$ (278,4)

Anlagen 2.4.2.

Rückseite, Ergänzung:

Dinatriumhydrogenphosphat-RL***
100 ml Dinatriumhydrogenphosphatlösung (100 g/l) werden in einem Scheidetrichter mit 10,0 ml Ethylacetat versetzt. Die Mischung wird 60 s geschüttelt. Nach dem Entmischen wird die wäßrige Schicht als Reagenslösung verwendet.

Anlagen 2.11.3.

Kaliumtetraiodobismutat(III)-RL*:
4. Zeile: Bisheriger Text: höchstens 3 Monate haltbar.
Korrigierter Text: höchstens 3 Monate, **bei Aufbewahrung bei 2 bis 8 °C höchstens 6 Monate** haltbar.

Anlagen 2.11.4.

Kaseinhydrolysat: Der Text entfällt.

Anlagen 2.13.1.

Rückseite, Methylenchlorid: Ergänzung:

Methylenchlorid darf blaues Lackmuspapier nicht rot färben. Andernfalls wird Methylenchlorid, wie nachstehend angegeben, behandelt.
300 ml Methylenchlorid werden in einem Scheidetrichter 2mal mit je 100 ml Natriumcarbonatlösung (200 g/l) und anschließend 3mal mit je 150 ml Wasser ausgeschüttelt. Das Methylenchlorid wird über entwässertem Calciumchlorid getrocknet, filtriert und destilliert.
Das im Bereich von 40 bis 41 °C übergehende Destillat wird verwendet.

Anlagen 2.24.1.

Bisheriger Text: Zinkchlorid 2. AB-DDR
$ZnCl_2$ (136,3)

Korrigierter Text: Zinkchlorid, **wasserfreies** **z. A. (p. a.)**
$ZnCl_2$ (136,3)

Anlagen 3.0.3.

Magneson-I-I: Bisheriger Text: Benzol
Korrigierter Text: **Toluen**

Anlagen 3.0.4.

Orazetblau-B-I: Bisheriger Text: wasserfreiem Benzol
Korrigierter Text: **Toluen**

Rückseite, Sudan-III-I: Bisheriger Text: wasserfreiem Benzol
Korrigierter Text: **Toluen**

Anlagen 4.1.1.

Bisheriger Text: Staatliches Kontrollinstitut ... Wollankstraße 16 — SKISI

Korrigierter Text: Staatliches Kontrollinstitut **für immunbiologische Arzneimittel**, Wollankstraße **15—17, Berlin, DDR-1100** — **SKIA**

Anlagen 4.1.1. bis 4.1.3.

Bisheriger Text: SKISI
Korrigierter Text: **SKIA**

Anlagen 5.0.1.

Ergänzung: **Dopaminhydrochlorid**

Anlagen 7.0.6.

Phenobarbitalum Natrium 75 entfernen
Phenobarbitalum Natrium 87 einfügen der im Anhang zur Anlage 12 enthaltenen Monografie!

Anlagen 7.0.7.

Sirupus Rubi idaei 75, Ergänzung: entfernen **nach dem 31. 12. 1988**

Acidum tannicum

[*c*], 6. Zeile: Ergänzung: als 5,0 ml Farb-VL B6 **oder Ge 6.**

Adeninum sulfuricum

Gehaltsangabe: Neuer Text:

Gehalt 99,0 bis 101,0% Adeninsulfat, **berechnet auf die wasserfreie Substanz.**

Reinheitsprüfung: Neuer Text:

Folgende Prüfungen werden, wie unter „Adenini sulfas"/CM-RGW angegeben, durchgeführt: „Reaktion der Lösung", „Ammonium", „Schwermetall-Ionen", „Organische Verunreinigungen" und „Sulfatasche".

[*d*] *Wassergehalt* **(VII, 6.0.): 0,2000 g Substanz werden, wie unter „Bestimmung des Wassergehaltes", Methode I angegeben, behandelt. Die Substanz darf höchstens 10,0% Wasser enthalten.**

Gehaltsbestimmung: Neuer Text:

[*e*] **0,0800 g Substanz** werden in einem 100-ml-Erlenmeyerkolben in 30,0 ml Dimethylformamid unter Erhitzen gelöst. Nach dem Abkühlen auf 20 °C und Zusatz von 4 Tropfen Thymolphthalein-I** wird der Erlenmeyerkolben mit einem 3fach durchbohrten Stopfen verschlossen und die Lösung, wie unter „**Kalium-n-octanolatlösung** (0,1 mol/l)", **Bestimmung des Faktors (VII, 10.0.)** angegeben, mit **Kalium-n-octanolatlösung** (0,1 mol/l) bis zum Farbumschlag nach Blau titriert (Feinbürette).
1 ml **Kalium-n-octanolatlösung** (0,1 mol/l) ist 9,208 mg Adeninsulfat äquivalent.

Der Gehalt wird auf die wasserfreie Substanz berechnet.

Ergänzung:

Aufbewahrung

Höchstens 10 Jahre.

Aminophyllinum

Beschreibung: Bisheriger Text: mikrokristallines
Korrigierter Text: **kristallines**

Aprobarbitalum

[*k*], 4., 5. und 7. Zeile: Bisheriger Text: 0,1 N Natriummethoxidlösung
Korrigierter Text: **Kalium-n-octanolatlösung (0,1 mol/l)**

Aqua ad injectionem

Herstellung, 2./3. Zeile: Ergänzung:

Hierzu ist eine Apparatur aus Glas der Wasserbeständigkeitsklasse 1/98 (TGL RGW 1569) **oder aus geeignetem Metall (z. B. Cr-Ni-Stahl)** zu verwenden,

Barbitalum

[*k*], 4., 5. und 7. Zeile: Bisheriger Text: 0,1 N Natriummethoxidlösung
Korrigierter Text: **Kalium-n-octanolatlösung (0,1 mol/l)**

Benzalkonium chloratum

Beschreibung: Bisheriger Text: Weiße ... Masse.
Korrigierter Text: **Weißes oder gelbliches, dickflüssiges Gel bzw. weiße oder gelbliche, wachsartige Masse.**

Butylbiguanidum tosilatum

[*b*]: Neuer Text:

0,20 g Substanz werden mit 1,00 ml Natronlauge (6 mol/l) versetzt. Die Mischung wird zum Sieden erhitzt. Die entweichenden Dämpfe färben angefeuchtetes rotes Lackmuspapier blau.

Carbamazepinum

Aufbewahrung: Ergänzung: **Höchstens 10 Jahre.**

Carmellosum Natrium

[*k*], 3. Zeile: Bisheriger Text: nicht weniger als 8,0%
Korrigierter Text: nicht weniger als **5,0**%

Clomipraminum hydrochloricum

Aufbewahrung: Ergänzung: **Höchstens 10 Jahre.**

Crotylbarbitalum

[*i*], 2. Blatt, 1., 2. und 4. Zeile:
Bisheriger Text: 0,1 N Natriummethoxidlösung
Korrigierter Text: **Kalium-n-octanolatlösung (0,1 mol/l)**

Denaverinum hydrochloricum

Aufbewahrung: Ergänzung: **Höchstens 10 Jahre.**

Desipraminum hydrochloricum

Aufbewahrung: Ergänzung: **Höchstens 10 Jahre.**

Diazepamum

Aufbewahrung: Ergänzung: **Höchstens 10 Jahre.**

Dipyridamolum

[*b*]: Neuer Text: *Schmelzbereich* (III, 8.0.): **165 bis 171** °C

Dithranolum

Aufbewahrung: Ergänzung: **Höchstens 10 Jahre.**

Dopaminum hydrochloricum

Prüflösung: Bisheriger Text: nach [*d*], [*f*], [*h*] und [*i*]
Korrigierter Text: nach [*d*], [*f*] und [*h*]

Die Prüfungen [*b*] und [*i*] sind durch die im Anhang zu dieser Anlage ausgedruckten Prüfungen zu ersetzen.

Flores Chamomillae, AB-DDR 87

Lateinischer Titel: Das hochgestellte ■ entfällt.

Formylsulfisomidinum

Beschreibung: Bisheriger Text: Weißes oder
Korrigierter Text: **Nahezu** weißes oder

[*d*], 3. Zeile: Bisheriger Text: Farb-VL Ge 3 oder B 3.
Korrigierter Text: Farb-VL **Ge 4** oder **Gr 4.**

Fructosum depuratum

Aufbewahrung: Streichung: „Höchstens 10 Jahre."

Fructus Foeniculi

[*a*]:

Ergänzung nach Fließmittelwanderungsstrecke:

Trocknung: Die Dünnschichtplatte wird an der Luft aufbewahrt, bis der Eluent verdunstet ist.

Ergänzung zur Detektion:

Reagens II: ...-RL. **Die Reagenslösung ist frisch zu bereiten.**

Hexobarbitalum

Gehaltsbestimmung, Ergänzung:

„Anstelle von 0,1 N Natriummethoxidlösung wird Kalium-n-octanolatlösung (0,1 mol/l) verwendet. Es gilt: 1 ml Kalium-n-octanolatlösung (0,1 mol/l) ist 23,63 mg Hexobarbital äquivalent."

Hydrochlorothiazidum

[*q*], 5. Zeile sowie Rückseite, 2. und 3. Zeile:
Bisheriger Text: Natriummethoxidlösung (0,1 mol/l)
Korrigierter Text: **Kalium-n-octanolatlösung** (0,1 mol/l)

Aufbewahrung: Ergänzung: **Höchstens 10 Jahre.**

Hydroxyethylcellulosum

[*g*]: Bisheriger Text: Die Lösung darf nicht farblos sein.
Korrigierter Text: **Die rotviolette Färbung der Lösung darf nicht vollständig verschwunden sein.**

Hydroxydiphenylmethanum

[*c*]: Bisheriger Text: Unlösliche Verunreinigungen, Farbe ... muß klar und darf nicht stärker gefärbt
Korrigierter Text: Farbe (VI, 3.0.): 0,500 g Substanz **werden** in 5,0 ml Ethanol **gelöst.** Die Lösung darf nicht stärker gefärbt

Imipraminum hydrochloricum

Aufbewahrung: Ergänzung: **Höchstens 10 Jahre.**

Isoniazidum

Aufbewahrung: Ergänzung: **Höchstens 10 Jahre.**

Kalium iodatum, AB-DDR 87

[*m*]: Die Prüfung entfällt

[*p*]: Neuer Text:

0,6000 g Substanz werden in Wasser zu 50,00 ml gelöst. 10,00 ml der Lösung werden mit 5 Tropfen Eosin-Natrium-I versetzt. Die orangerote Lösung wird mit Silbernitratlösung (0,1 mol/l) bis zum Farbumschlag nach Rosarot titriert.

1 ml Silbernitratlösung (0,1 mol/l) ist 16,60 mg Kaliumiodid äquivalent.

Der Gehalt wird auf die bei 105 °C getrocknete Substanz berechnet.

Lidocainum

[*a*], 1. Zeile: Bisheriger Text: 66 bis 70 °C
Korrigierter Text: **65** bis **68** °C

Reinheitsprüfung, Ergänzung:

„Die Reinheitsprüfung ‚Aromatische primäre Amine' entfällt."

Folgende Reinheitsprüfung wird ergänzt:

2,6-Dimethylanilin: 0,050 g Substanz werden in 2,00 ml Methanol gelöst. Die Lösung wird mit 1,00 ml Dimethylaminobenzaldehyd-RL und 2,00 ml Essigsäure versetzt. 10 min nach Zusatz der Reagenzien darf die Lösung nicht stärker gefärbt sein als die nachstehend beschriebene Vergleichsprobe (höchstens 0,01% 2,6-Dimethylanilin).

Vergleichsprobe: 0,100 g 2,6-Dimethylanilin wird in Methanol zu 100,0 ml gelöst. 1,00 ml der Lösung wird mit Methanol zu 100,0 ml aufgefüllt. 0,50 ml dieser Lösung werden nach Zusatz von 1,50 ml Methanol, wie vorstehend angegeben, weiterbehandelt.

Methylphenobarbitalum

[*k*], 4., 5. und 7. Zeile: Bisheriger Text: 0,1 N Natriummethoxidlösung
Korrigierter Text: **Kalium-n-octanolatlösung (0,1 mol/l)**

Natrium carbonicum

Streichung:

„Aufbewahrung

Die Substanz ist mindestens in Abständen von einem Jahr nach [*k*] zu prüfen."

Natrium citricum

[*k*]: Neuer Text:

Oxalat-Ionen: **Die Mischung aus 15 Tropfen Oxalsäurelösung (1,00 g/l), 3 Tropfen Ammoniaklösung (3 mol/l) und 4,5 ml Calciumchloridlösung (100 g/l) wird zum Sieden erhitzt, anschließend auf 20 °C abgekühlt und mit Calciumchloridlösung (100 g/l) zu 15,0 ml aufgefüllt (Calciumoxalatlösung).**

0,700 g Substanz werden in der Mischung aus 9,5 ml Wasser und 10 Tropfen Salzsäure (3 mol/l) gelöst. Die Lösung wird zu 5,0 ml der Calciumoxalatlösung gegeben und geschüttelt. Nach 30 min darf diese Mischung keine stärkere Trübung als die Mischung aus 5,0 ml der Calciumoxalatlösung und 10,0 ml Wasser zeigen.

Natrium dihydrogenphosphoricum

Ergänzung am Schluß der Monografie:

Anstelle der Substanz kann die entsprechende Menge Natriumdihydrogenphosphatdihydrat eingesetzt werden.

1 g $NaH_2PO_4 . H_2O \triangleq$ 1,130 g $NaH_2PO_4 . 2H_2O$

Natrium edeticum

Löslichkeit, Wasser: Bisheriger Text: löslich
Korrigierter Text: **mäßig löslich**

[*d*]: Bisheriger Text: in Wasser zu 10,0 ml gelöst.
Korrigierter Text: **in 10,0 ml Wasser in einem Wasserbad von 50 bis 75 °C gelöst.**

Neomycinum sulfuricum

3. Absatz, 2. Zeile: Bisheriger Text: für Neomycin.
Korrigierter Text: für Neomycin**sulfat bzw. 0,001 mg Neomycin.**

Nicotinamidum

Aufbewahrung: Ergänzung: **Höchstens 10 Jahre.**

Nitrazepamum

Aufbewahrung: Ergänzung: **Höchstens 10 Jahre.**

Nitrofuralum

Aufbewahrung: Ergänzung: **Höchstens 10 Jahre.**

Noxiptilinum hydrochloricum

Aufbewahrung: Ergänzung: **Höchstens 10 Jahre.**

Obidoximum chloratum

Ergänzung unter Reinheitsprüfung:

Reaktion: 2,000 g Substanz werden in Wasser zu 20,0 ml gelöst. Die Lösung muß einen pH-Wert (III, 7.0.) im Bereich von 3,0 bis 3,8 zeigen.

Oleum Foeniculi und Oleum Foeniculi 55

[*a*]:

Ergänzung nach Fließmittelwanderungsstrecke:

Trocknung: Die Dünnschichtplatte wird an der Luft 10 min aufbewahrt.

Ergänzung zur Detektion:

Reagens II: ...-RL. **Die Reagenslösung ist frisch zu bereiten.**

Auswertung, 4. Zeile: Bisheriger Text: blauen Fleck
Korrigierter Text: **dunkelblauen** Fleck

Oleum Olivarum

[*b*]: Bisheriger Text: höchstens 10
Korrigierter Text: höchstens **15**

[*g*]: Neuer Text: *Relative Dichte* (III, 2.0.): 0,911 bis **0,917**

Opium

Der letzte Satz der Monografie entfällt.

DL-Oxyfedrinum hydrochloricum

Aufbewahrung: Ergänzung: **Höchstens 10 Jahre.**

Phenobarbitalum Natrium

Die in dieser Lieferung (AB-DDR 87) zwischen „Phenobarbitalum“ und „Pilocarpinum“ enthaltene Monografie ist nicht in das Arzneibuch einzuordnen. Statt dessen ist die im Anhang zu dieser Anlage ausgedruckte Monografie zum Ersetzen von „Phenobarbitalum Natr um“ (2. AB-DDR /585/75) zu verwenden.

DL-Phenylalaninum

Ergänzung: **Aufbewahrung**
Höchstens 10 Jahre.

Phenytoinum

[*j*], 4., 5. und 7. Zeile: Bisheriger Text: 0,1 N Natriummethoxidlösung
Korrigierter Text: **Kalium-n-octanolatlösung (0,1 mol/l)**

Pimozidum

Löslichkeit, Ethanol: Bisheriger Text: schwer löslich
Korrigierter Text: **sehr** schwer löslich

[*a*], 3. Zeile: Bisheriger Text: 283 nm $\pm$ 2 nm
Korrigierter Text: **284** nm $\pm$ 2 nm

[*b*]: Bisheriger Text: 213 bis 218 °C
Korrigierter Text: **214** bis **220** °C

Primidonum

[*a*]: Neuer Text: *Schmelzbereich* (III, 8.0.): **281 bis 286** °C

Propyphenazonum

Aufbewahrung: Ergänzung: **Höchstens 10 Jahre.**

Saccharinum Natrium

Die Reinheitsprüfung [*f*] ist durch die im Anhang zu dieser Anlage ausgedruckte Prüfung zu ersetzen.

Sulfacarbamidum Calcium

[*f*]: Neuer Text:

Chlorid-Ionen (VI, 7.0.): **5,0 ml der Lösung von** [*d*] **werden mit Wasser zu 100,0 ml aufgefüllt. 10,0 ml dieser Lösung dürfen bei der „Prüfung auf Chlorid-Ionen" keine stärkere Trübung als die Vergleichsprobe zeigen (höchstens 0,1% Cl^-).**

Sulfisomidinum

Aufbewahrung: Ergänzung: **Höchstens 10 Jahre.**

Talcum

Reinheitsprüfung, Ergänzung:

„Für die Reinheitsprüfung ‚Säurelösliche Verunreinigungen' gilt die Forderung höchstens 20,0% Rückstand."

Talinololum

Aufbewahrung: Ergänzung: **Höchstens 10 Jahre.**

Titanium dioxidatum

[*d*]: Neuer Text:

Alkalisch oder sauer reagierende Verunreinigungen **2,00 g Substanz werden mit 20,0 ml kohlendioxidfreiem Wasser versetzt. Die Mischung wird 5 min geschüttelt und anschließend bei einer $\overline{\text{RZB}}$ im Bereich von 2300 bis 2500 15 min zentrifugiert. 10,0 ml der überstehenden Lösung werden mit 2 Tropfen Bromthymolblau-I versetzt. Ist die Lösung blau, wird mit Salzsäure (0,01 mol/l), ist die Lösung gelb, wird mit Natronlauge (0,01 mol/l) jeweils bis zum Farbumschlag titriert. Dabei darf höchstens 1,00 ml Salzsäure (0,01 mol/l) bzw. Natronlauge (0,01 mol/l) verbraucht werden.**

Trimipraminum hydrochloricum

Aufbewahrung: Ergänzung: **Höchstens 10 Jahre.**

Tropicamidum

[*c*], Trocknung: Bisheriger Text: bei 80 °C 20 min
Korrigierter Text: bei **120 °C 30 min**

Aufbewahrung: Ergänzung: **Höchstens 10 Jahre.**

DL-Tryptophanum

Ergänzung: **Aufbewahrung**
Höchstens 10 Jahre.

Tyrosinum

Ergänzung: **Aufbewahrung**
Höchstens 10 Jahre.

Xanthocillinum

Sonstige Prüfungen: Ergänzung:

Die Prüfungen nach [*h*] und [*i*] sind nur durchzuführen, wenn die Substanz zur Herstellung von ophthalmologischen Arzneizubereitungen verwendet wird.

Anhang zu Anlagen 11.0. und 12.0.

Dieser Anhang umfaßt Texte, die zum Ausschneiden und Einkleben an den betreffenden Stellen des Arzneibuches vorgesehen sind, sowie die entsprechend Anlagen 11.0 und 12.0. zum Einordnen in das Arzneibuch bestimmten Blätter für

Titelblatt ohne Druckjahr
Aufbewahrung, VIII, 1.0.1.1. bis 1.0.1.3.
Dopaminum hydrochloricum, [*b*], [*i*]
Phenobarbitalum Natrium
Saccharinum Natrium, [*f*]

Kapitel VII, 10 0 2.

Ammoniumthiocyanatlösung (0,02 mol/l)

Herstellung: 200,0 ml Ammoniumthiocyanatlösung (0,1 mol/l) werden mit Wasser zu 1 l aufgefüllt.
Die Lösung ist frisch zu bereiten.
Der Faktor der Lösung ist gleich dem Faktor der Ammoniumthiocyanatlösung (0,1 mol/l).

Kapitel X, Kulturmedium 2

Das Cystin darf durch Cystein oder durch 0,72 g Cysteinhydrochlorid, die Thioglycolsäure durch 0,5 g Natriumthioglycolat und das Resazurin durch 0,002 g Methylthioniniumchlorid ersetzt werden.
Das Kulturmedium wird in die bei der „Prüfung auf Sterilität" (X, 4.0.) zu verwendenden Kulturgefäße abgefüllt und nach Verfahren a_1) (XV, 1.0.) sterilisiert.
Vor der Verwendung des Kulturmediums darf höchstens ein Fünftel der Flüssigkeitssäule, bezogen auf die Gesamthöhe in den Kulturgefäßen, rosa gefärbt sein. Andernfalls ist das Kulturmedium vor der Verwendung im Wasserbad zu erhitzen, bis die Rosafärbung verschwunden ist.

Anlagen 2.4.2., Rückseite

Dinatriumhydrogenphosphat-RL***

100 ml Dinatriumhydrogenphosphatlösung (100 g/l) werden in einem Scheidetrichter mit 10,0 ml Ethylacetat versetzt. Die Mischung wird 60 s geschüttelt. Nach dem Entmischen wird die wäßrige Schicht als Reagenslösung verwendet.

Anlagen 2.13.1., Methylenchlorid:

Methylenchlorid darf blaues Lackmuspapier nicht rot färben. Andernfalls wird Methylenchlorid, wie nachstehend angegeben, behandelt.
300 ml Methylenchlorid werden in einem Scheidetrichter 2mal mit je 100 ml Natriumcarbonatlösung (200 g/l) und anschließend 3mal mit je 150 ml Wasser ausgeschüttelt. Das Methylenchlorid wird über entwässertem Calciumchlorid getrocknet, filtriert und destilliert.
Das im Bereich von 40 bis 41 °C übergehende Destillat wird verwendet.

Adeninum sulfuricum

Reinheitsprüfung

Folgende Prüfungen werden, wie unter „Adenini sulfas"/CM-RGW angegeben, durchgeführt: „Reaktion der Lösung", „Ammonium", „Schwermetall-Ionen", „Organische Verunreinigungen" und „Sulfatasche".

[*d*] *Wassergehalt* (VII, 6.0.): 0,2000 g Substanz werden, wie unter „Bestimmung des Wassergehaltes", Methode I angegeben, behandelt. Die Substanz darf höchstens 10,0% Wasser enthalten.

Gehaltsbestimmung

[*e*] 0,0800 g Substanz werden in einem 100-ml-Erlenmeyerkolben in 30,0 ml Dimethylformamid unter Erhitzen gelöst. Nach dem Abkühlen auf 20 °C und Zusatz von 4 Tropfen Thymolphthalein-I** wird der Erlenmeyerkolben mit einem 3fach durchbohrten Stopfen verschlossen und die Lösung, wie unter „Kalium-n-octanolatlösung (0,1 mol/l)", Bestimmung des Faktors (VII, 10.0.) angegeben, mit Kalium-n-octanolatlösung (0,1 mol/l) bis zum Farbumschlag nach Blau titriert (Feinbürette).

1 ml Kalium-n-octanolatlösung (0,1 mol/l) ist 9,208 mg Adeninsulfat äquivalent.

Der Gehalt wird auf die wasserfreie Substanz berechnet.

Kalium iodatum, AB-DDR 87

[*p*] 0,6000 g Substanz werden in Wasser zu 50,00 ml gelöst. 10,00 ml der Lösung werden mit 5 Tropfen Eosin-Natrium-I versetzt. Die orangerote Lösung wird mit Silbernitratlösung (0,1 mol/l) bis zum Farbumschlag nach Rosarot titriert.
1 ml Silbernitratlösung (0,1 mol/l) ist 16,60 mg Kaliumiodid äquivalent.
Der Gehalt wird auf die bei 105 °C getrocknete Substanz berechnet.

Lidocainum

2,6-Dimethylanilin: 0,050 g Substanz werden in 2,00 ml Methanol gelöst. Die Lösung wird mit 1,00 ml Dimethylaminobenzaldehyd-RL und 2,00 ml Essigsäure versetzt. 10 min nach Zusatz der Reagenzien darf die Lösung nicht stärker gefärbt sein als die nachstehend beschriebene Vergleichsprobe (höchstens 0,01% 2,6-Dimethylanilin).
Vergleichsprobe: 0,100 g 2,6-Dimethylanilin wird in Methanol zu 100,0 ml gelöst. 1,00 ml der Lösung wird mit Methanol zu 100,0 ml aufgefüllt. 0,50 ml dieser Lösung werden nach Zusatz von 1,50 ml Methanol, wie vorstehend angegeben, weiterbehandelt.

Natrium citricum

[*k*]: *Oxalat-Ionen:* Die Mischung aus 15 Tropfen Oxalsäurelösung (1,00 g/l), 3 Tropfen Ammoniaklösung (3 mol/l) und 4,5 ml Calciumchloridlösung (100 g/l) wird zum Sieden erhitzt, anschließend auf 20 °C abgekühlt und mit Calciumchloridlösung (100 g/l) zu 15,0 ml aufgefüllt (Calciumoxalatlösung).
0,700 g Substanz werden in der Mischung aus 9,5 ml Wasser und 10 Tropfen Salzsäure (3 mol/l) gelöst. Die Lösung wird zu 5,0 ml der Calciumoxalatlösung gegeben und geschüttelt. Nach 30 min darf diese Mischung keine stärkere Trübung als die Mischung aus 5,0 ml der Calciumoxalatlösung und 10,0 ml Wasser zeigen.

Sulfacarbamidum Calcium

[*f*]: *Chlorid-Ionen* (VI, 7.0.): 5,0 ml der Lösung von [*d*] werden mit Wasser zu 100,0 ml aufgefüllt. 10,0 ml dieser Lösung dürfen bei der „Prüfung auf Chlorid-Ionen“ keine stärkere Trübung als die Vergleichsprobe zeigen (höchstens 0,1% Cl^-).

Titanium dioxidatum

[*d*] *Alkalisch oder sauer reagierende Verunreinigungen:* 2,00 g Substanz werden mit 20,0 ml kohlendioxidfreiem Wasser versetzt. Die Mischung wird 5 min geschüttelt und anschließend bei einer $\overline{\text{RZB}}$ im Bereich von 2300 bis 2500 15 min zentrifugiert. 10,0 ml der überstehenden Lösung werden mit 2 Tropfen Bromthymolblau-I versetzt. Ist die Lösung blau, wird mit Salzsäure (0,01 mol/l), ist die Lösung gelb, wird mit Natronlauge (0,01 mol/l) jeweils bis zum Farbumschlag titriert. Dabei darf höchstens 1,00 ml Salzsäure (0,01 mol/l) bzw. Natronlauge (0,01 mol/l) verbraucht werden.

ARZNEIBUCH

DER DEUTSCHEN DEMOKRATISCHEN REPUBLIK

1987

— AB–DDR 87 —

Herausgegeben vom Minister für Gesundheitswesen auf Grund des § 10 Absatz 3 des Arzneimittelgesetzes vom 27. November 1986 (Gesetzblatt I, Seite 473)

Bestell-Nummern der einzelnen Teile
des Arzneibuches der DDR

Lieferung		Band 1	Bände 1 bis 6	Band „Rezepturen“
I	(1975)	7620944 (3065/1) 60,– M	7620936 (3065/1–6) 240,– M	7620952 (3065/7) 25,– M
II	(1977)	7624136 (3065/1/II) 3,– M	7624144 (3065/1–6/II) 15,– M	7624152 (3065/7/II) 4,– M
III	(1980)	7626596 (3065/1/III) 6,– M	7626561 (3065/1–6/III) 19,– M	7626588 (3065/7/III) 8,– M
IV	(1983)	7629148 (3065/1/IV) 20,– M	7629156 (3065/1–6/IV) 60,– M	7629164 (3065/7/IV) 10,– M
V	(1985)	7633294 (3065/1/V) 32,– M	7633286 (3065/1–6/V) 64,– M	–
VI	(1988)	7635089 (3065/1/VI) 30,– M	7635070 (3065/1–6/VI) 75,– M	–

Erschienen im Akademie-Verlag Berlin, DDR-1086 Berlin, Leipziger Straße 3–4

Lizenznummer: 202 · 100/529/88
Printed in the German Democratic Republic
Gesamtherstellung: VEB Druckhaus „Maxim Gorki“, 7400 Altenburg
LSV 1277, 2067
Bestellnummer: 3065/1

ARZNEIBUCH

DER DEUTSCHEN DEMOKRATISCHEN REPUBLIK

1987

— AB–DDR 87 —

Herausgegeben vom Minister für Gesundheitswesen auf Grund des § 10 Absatz 3 des Arzneimittelgesetzes vom 27. November 1986 (Gesetzblatt I, Seite 473)

Bestell-Nummern der einzelnen Teile
des Arzneibuches der DDR

Lieferung		Band 1	Bände 1 bis 6	Band „Rezepturen“
I	(1975)	7620944 (3065/1) 60,— M	7620936 (3065/1—6) 240,— M	7620952 (3065/7) 25,— M
II	(1977)	7624136 (3065/1/II) 3,— M	7624144 (3065/1—6/II) 15,— M	7624152 (3065/7/II) 4,— M
III	(1980)	7626596 (3065/1/III) 6,— M	7626561 (3065/1—6/III) 19,— M	7626588 (3065/7/III) 8,— M
IV	(1983)	7629148 (3065/1/IV) 20,— M	7629156 (3065/1—6/IV) 60,— M	7629164 (3065/7/IV) 10,— M
V	(1985)	7633294 (3065/1/V) 32,— M	7633286 (3065/1—6/V) 64,— M	—
VI	(1988)	7635089 (3065/1/VI) 30,— M	7635070 (3065/1—6/VI) 75,— M	—

Erschienen im Akademie-Verlag Berlin, DDR-1086 Berlin, Leipziger Straße 3—4

Lizenznummer: 202 · 100/528/88
Printed in the German Democratic Republic
Gesamtherstellung: VEB Druckhaus „Maxim Gorki“, 7400 Altenburg
LSV 1277, 2067
Bestellnummer: 3065/1—6

Stoffe und Zubereitungen, die im Inhaltsverzeichnis des Arzneibuches der Deutschen Demokratischen Republik aufgeführt und auf Grund des § 1 Abs. 4 des Giftgesetzes vom 7. April 1977 (GBl. I Nr. 10 S. 103) als Gifte eingestuft sind

Gifte der Abt. 1 gemäß § 1 Abs. 2 des Giftgesetzes

Diese Stoffe und Zubereitungen (Venena) sind weiß auf schwarzem Grund zu kennzeichnen.

Amfetaminilum
Atropinum
Atropinum methobromatum
Atropinum sulfuricum

Butylbiguanidum tosilatum

Clonidinum hydrochloricum
Colchicinum

Deslanosidum
Dichlorvosum
Digitoxinum
Digoxinum

Epinephrinum hydrogentartaricum

Glibenclamidum

Hydrargyrum bichloratum
Hydrargyrum oxycyanatum
Hydrargyrum praecipitatum album
Hyoscyaminum

Lachesis
Lanatosidum C

Mephenterminum hydrochloricum
Merbrominum
Mercurius solubilis
Metamfetaminum hydrochloricum

Natrium methylarsonicum
Neostigminum bromatum
Neostigminum metilsulfuricum
Norepinephrinum hydrogentartaricum

Pengitoxinum
Phenylum Hydrargyrum boricum
Physostigminum salicylicum
Pilocarpinum
Pilocarpinum hydrochloricum
Pyridostigminum bromatum
Pyridostigminum Manganum bromatum

Schlangengift
Scopolaminum
Scopolaminum hydrobromicum
g-Strophanthinum
Strychninum nitricum

Thiomersalum
Trituratio Paraoxoni
Tropicamidum

Xenytropium bromatum

Gifte der Abt. 2 gemäß § 1 Abs. 2 des Giftgesetzes

Diese Stoffe und Zubereitungen (Separanda) sind rot auf weißem Grund zu kennzeichnen.

Acidum aceticum
Acidum formicicum
Acidum hydrochloricum concentratum
Acidum oxalicum
Acidum phosphoricum concentratum
Acidum trichloraceticum
Adeninum sulfuricum
Ajmalinum
Aminophyllinum
Ammonium thiocyanatum
Aprobarbitalum
Argentum diacetylotannicum proteinicum
Argentum nitricum
Argentum proteinicum

Barbitalum
Barbitalum Natrium
Barium carbonicum
Barium iodatum
Barverinum
Benzalkonium chloratum
Butaperazinum dihydrogenmaleinicum
Butonatum

Cafaminolum
Calcium fluoratum
Carbarilum
Carboneum tetrachloratum
DL-Cathinum hydrochloricum
DL-Cathinum Phenobarbitalum
Chinidinum sulfuricum
Chloralum hydratum
Chlordehydromethyltestosteronum
Chlordiazepoxidum
Chlorocresolum
Chloroformium
Chloroquinum diphosphoricum
Chlorphenethazinum hydrochloricum
Chlorphenethazinum hydrogenmalonicum
Chlorphenolum
Chlorpromazinum hydrochloricum
Cholesterolum
Chromium trioxidatum
Clomipraminum hydrochloricum
Clonazepamum
Clorindionum
Clorofenum
Cocainum hydrochloricum
Codeinum phosphoricum
Coffeinum
Coffeinum citricum
Coffeinum Natrium salicylicum
Cresolum
Cresolum crudum
Crotylbarbitalum
Cuprum aceticum
Cuprum formicicum
Cuprum sulfuricum
Cuprum sulfuricum crudum
Cyclobarbitalum Calcium
Cyclophosphamidum

Demelverinum hydrochloricum
Desipraminum hydrochloricum

Desoxycortonum aceticum
Detajmium hydrogentartaricum
Dexamethasonum
Diazepamum
Dihydralazinum sulfuricum
Dihydrocodeinum hydrogentartaricum
Dihydroergocorninmesilat-
Dihydroergocryptinmesilat-Mischung
Dihydroergotaminum mesilatum
Diisopropylaminum dichloraceticum
Diisopropylaminum hydrochloricum
Dioxopromethazinum hydrochloricum

DL-Ephedrinum
DL-Ephedrinum hydrochloricum
DL-Ephedrinum thiocyanatum
Ergometrinum hydrogenmaleinicum
Ergotaminum tartaricum
Ethylbutylthiobarbitalum Natrium
Ethylmorphinum hydrochloricum
Etofyllinum
Etoloxaminum hydrochloricum
Extractum Belladonnae

Flumetasonum pivalicum
Fluphenazinum dihydrochloricum

Gallaminum triethiodidum
Guanosinum
Guanoxanum sulfuricum

Herba Belladonnae
Herba Belladonnae recens
Hexobarbitalum
Hexobarbitalum Natrium
Histaminum dihydrochloricum
Homatropinum hydrobromicum
Hydrochinonum
Hydrocortisonum

Imipraminum hydrochloricum
Isoamylium nitrosum
Isoniazidum

Kalium chloricum
Kalium dichromicum
Kalium hydroxidatum
Kalium permanganicum
Kreosotum

Lidocainum
Lindanum

Medazepamum
Mephenesinum
Mercaptopurinum
Methaqualonum
Methylephedrinum hydrochloricum
Methylergometrinum hydrogenmaleinicum
Methylphenobarbitalum
Methyltestosteronum
Metoclopramidum hydrochloricum
Metrifonatum
Morphinum hydrochloricum

Nandrolonum decanoicum
Nandrolonum phenylpropionicum
Naphazolinum hydrochloricum
Natrium fluoratum
Natrium hydroxidatum
Natrium nitrosum
Nitrazepamum
Nitrofuralum
Normethadonum hydrochloricum

Opium
Oxetacainum
DL-Oxyfedrinum hydrochloricum

Papaverinum hydrochloricum
Paraformaldehydum

Paraldehydum
Pentoxifyllinum
Pethidinum hydrochloricum
Phendimetrazinum hydrogentartaricum
Phenobarbitalum
Phenobarbitalum Natrium
Phenolum
Phenolum liquefactum
Phenprocoumonum
Phenylbutazonum
Phenytoinum
Pholedrinum formicicum
Pholedrinum hydrochloricum
Pholedrinum sulfuricum
Plumbum aceticum
Prednisolonum
Prednisolonum aceticum
Prednisolonum hydrogensuccinicum
Promazinum phosphoricum
Promethazinum hydrochloricum
Propipocainum
Propipocainum hydrochloricum
Propyphenazonum

Radix Belladonnae
Radix Ipecacuanhae
Reserpinum
Resorcinolum
Rhizoma Veratri

Semen Strychni
Solutio Ammoniae concentrata
Solutio Ammoniae diluta
Solutio Benzalkonii chlorati
Solutio Ferri chlorati
Solutio Formaldehydi
Solutio Hydrogenii peroxidati concentrata
Solutio Methalkonii chlorati

Stannum chloratum
Suxamethonium bromatum
Suxamethonium chloratum
Sulfacetamidum Natrium
Sulfaguanidinum
Sulfamerazinum
Sulfanilamidum
Sulfisomidinum

Talastinum hydrochloricum
Talinololum
Testosteronum enanticum
Testosteronum propionicum
Tetracainum hydrochloricum
Themisalum
Theobrominum
Theophyllinum
Thiazinamium metilsulfuricum
Tinctura Belladonnae
Tinctura Ipecacuanhae
Tinctura Opii
Tinctura Strychni
Tinctura Veratri
Tolazolinum hydrochloricum
Tolbutamidum
Trapidilum
Triamcinolonum
Triamcinolonum acetonidum
Trihexyphenidylum hydrochloricum
Trimipraminum hydrochloricum
Triperidenum hydrochloricum

Xantinolum nicotinicum

Zincum chloratum
Zincum sulfuricum
Zincum valerianicum
Zinkphenolsulfonat

Dopaminum hydrochloricum

[*b*] Die Prüfung wird, wie unter „Dünnschichtchromatografische Prüfung" (III, 12.0.) angegeben, durchgeführt.

Adsorbensschicht: Kieselgel G. Zur Herstellung der Adsorbenssuspension wird statt Wasser EDTA-Lösung (0,1 mol/l) verwendet.

Aufzutragende Lösung: 0,050 g Substanz werden in 5,0 ml Methanol gelöst. 10,0 µl der Lösung werden als Startfleck a aufgetragen.

Aufzutragende Lösung der Testsubstanz: 0,050 g Dopaminhydrochlorid-Vergleichssubstanz werden in 5,0 ml Methanol gelöst. 10,0 µl der Lösung werden als Startfleck b aufgetragen.

Die Lösungen sind unverzüglich nach der Herstellung zu verwenden.
Beim Auftragen darf das Trocknen nicht durch einen Heißluftstrom beschleunigt werden.

Eluent: n – Butanol – schweflige Säure – Ameisensäure (80 + 25 + 20)

Trocknung: Die Dünnschichtplatte wird in einem Heißluftstrom getrocknet, bis der Eluent verdunstet ist.

Detektion: Reagens: 2,00 ml Sulfanilsäure-RL werden mit 1,00 ml frisch bereiteter Natriumnitritlösung (10,0 g/l) versetzt. Nach 60 s wird die Lösung mit Kalilauge (1 mol/l) zu 20,0 ml aufgefüllt. Das Reagens ist frisch zu bereiten.
Die Dünnschichtplatte wird nach dem Besprühen mit dem Reagens in einem Heißluftstrom getrocknet.

Auswertung: Der R_f-Wert des rötlichbraunen Testsubstanzfleckes muß im Bereich von 0,20 bis 0,40 liegen.
Das Chromatogramm zeigt über dem Startpunkt a einen rötlichbraunen Fleck mit dem R_f-Wert des Fleckes der Testsubstanz.

Das Chromatogramm ist für die Prüfung nach [*i*] aufzubewahren.

[*i*] *Organische Verunreinigungen:* Das Chromatogramm von [*b*] darf über dem Startpunkt a keinen anderen als den genannten rötlichbraunen Fleck zeigen.

Phenobarbitalum Natrium

Phenobarbital-Natrium

Phenobarbitalum Natricum

Natriumsalz der 5-Ethyl-5-phenyl-barbitursäure

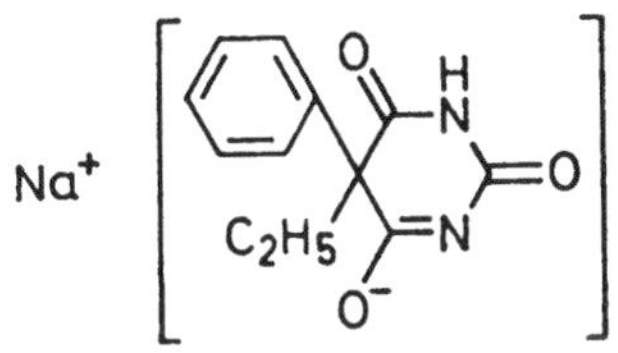

$C_{12}H_{11}N_2NaO_3$ (254,2)

Gehalt 98,5 bis 101,0% Phenobarbital-Natrium, berechnet auf die bei 130 °C getrocknete Substanz.

Beschreibung

Weißes, kristallines Pulver.
Geruch nicht wahrnehmbar.
Die Substanz ist hygroskopisch.

Löslichkeit: Wasser . . . . leicht löslich
Ethanol . . . . leicht löslich

Prüflösung: 0,500 g Substanz werden in 15,0 ml Wasser gelöst. Die Lösung wird mit 5,0 ml Essigsäure (5 mol/l) versetzt und der entstandene Niederschlag auf einem Filter gesammelt. Das Filtrat wird unter Waschen des Rückstandes mit Wasser zu 20,0 ml aufgefüllt.
Der Rückstand ist für die Prüfung nach [*b*] aufzubewahren.

Identitätsprüfung

[*a*] Die mit konzentrierter Salzsäure befeuchtete Substanz färbt beim Erhitzen am Platindraht die nichtleuchtende Flamme kräftig und anhaltend gelb.

[*b*] Der bei der Herstellung der Prüflösung erhaltene Rückstand wird 2mal mit je 10,0 ml Wasser gewaschen und bei 105 °C 30 min getrocknet. Die Kristalle schmelzen im Bereich von 173 bis 178 °C (III, 8.0.).

[*c*] Die Prüfung wird, wie unter „Dünnschichtchromatografische Prüfung" (III, 12.0.) angegeben, durchgeführt.

Adsorbensschicht: Kieselgel G

Aufzutragende Lösung: 0,050 g Substanz werden in 5,0 ml Wasser gelöst. 10,0 µl der Lösung werden als Startfleck a aufgetragen.

Aufzutragende Lösung der Testsubstanz: 0,050 g Barbital-Vergleichssubstanz werden in 10,0 ml Ethanol gelöst. 20,0 µl der Lösung werden als Startfleck b aufgetragen.

Eluent: Chloroform — iso-Propanol — konzentrierte Ammoniaklösung (45 + 45 + 10). Die Mischung wird 30 min nach der Herstellung verwendet.

Trocknung: Die Dünnschichtplatte wird an der Luft aufbewahrt, bis der Eluent verdunstet ist.

Detektion: Reagens: Quecksilber(II)-chlorid-RL

Auswertung: Der R_f-Wert des weißen Testsubstanzfleckes auf grauem Grund muß im Bereich von 0,40 bis 0,60 liegen.
Das Chromatogramm zeigt über dem Startpunkt a einen weißen Fleck auf grauem Grund mit einem R_B-Wert im Bereich von 0,65 bis 0,85.

Reinheitsprüfung

[*d*] *Unlösliche Verunreinigungen, Farbe* (VI, 2.0./3.0.): 0,500 g Substanz müssen sich in 2,00 ml Wasser lösen. Die Lösung muß klar und darf nicht stärker gefärbt sein als 5,0 ml Farb-VL Ge 1.

[*e*] *Schwermetall-Ionen:* 1,000 g Substanz wird mit 10,0 ml Wasser und 1,50 ml Essigsäure (5 mol/l) versetzt. Die Mischung wird 120 s im Sieden gehalten und nach dem Abkühlen auf 20 °C durch einen Sinterfiltertiegel P 10 oder P 16 (Glasfiltertiegel G 4) filtriert. Das Filtrat wird unter Waschen des Rückstandes mit Wasser zu 10,0 ml aufgefüllt. Anschließend wird die Lösung mit konzentrierter Ammoniaklösung auf einen pH-Wert im Bereich von 6 bis 8 eingestellt und mit Wasser zu 11,0 ml aufgefüllt. Die Lösung wird mit 3 Tropfen Natriumsulfid-RL versetzt und geschüttelt. Diese Lösung darf nach 10 min keine stärkere Färbung und gegebenenfalls keine stärkere Trübung als die nachstehend beschriebene Vergleichsprobe zeigen (höchstens 0,001%, berechnet als Pb^{2+}).
Vergleichsprobe: 10,0 ml Blei-VL (VI, 15.0.) werden mit 1,00 ml Essigsäure (5 mol/l) sowie 3 Tropfen Natriumsulfid-RL versetzt und geschüttelt.

[*f*] *Bromid-, Chlorid-Ionen:* 0,80 ml Prüflösung dürfen nach Zusatz von 9,2 ml Wasser bei der „Prüfung auf Chlorid-Ionen" (VI, 7.0.) keine stärkere Trübung als die Vergleichsprobe zeigen (höchstens 0,05%, berechnet als Cl^-).

[*g*] *Sulfat-Ionen* (VI, 16.0.): 10,0 ml Prüflösung dürfen bei der „Prüfung auf Sulfat-Ionen" keine stärkere Trübung als die Vergleichsprobe zeigen (höchstens 0,02% SO_4^{2-}).

[*h*] *Organische Verunreinigungen:* Die Prüfung wird, wie unter „Dünnschichtchromatografische Prüfung" (III, 12.0.) angegeben, durchgeführt.
Adsorbensschicht: Kieselgel GF_{254}
Aufzutragende Lösungen: Lösung 1: 0,100 g Substanz wird in 10,0 ml Ethanol gelöst. 20,0 µl der Lösung werden als Startfleck a aufgetragen.

Lösung 2: 1,00 ml Lösung 1 wird mit Ethanol zu 100,0 ml aufgefüllt. 20,0 µl der Lösung werden als Startfleck b aufgetragen.

Eluent: Chloroform — Ethanol — konzentrierte Ammoniaklösung (80 + 15 + 1)

Fließmittelwanderungsstrecke: 150 mm

Detektion: Reagens I: Diphenylcarbazon-Quecksilber(II)-chlorid-RL
Reagens II: Kaliumhydroxid-RL*
Die noch feuchte Dünnschichtplatte wird unverzüglich im ultravioletten Licht (254 nm) betrachtet und anschließend mit dem Reagens I besprüht. Nach dem Trocknen an der Luft wird die Dünnschichtplatte mit dem Reagens II besprüht, bei 105 °C 5 min erhitzt und unverzüglich im Tageslicht betrachtet.

Auswertung: Das Chromatogramm darf über dem Startpunkt a sowohl im ultravioletten Licht (254 nm) als auch nach der Detektion mit den Reagenzien im Tageslicht außer einem dunklen bzw. violetten Fleck mit einem R_f-Wert im Bereich von 0,55 bis 0,75 nur einen weiteren Fleck zeigen, der weder größer noch intensiver sein darf als der Fleck über dem Startpunkt b (höchstens 1%, berechnet als Phenobarbital-Natrium).

[i] *Ethanol:* Die Prüfung wird, wie unter „Gaschromatografische Bestimmung" (III, 14.0.) angegeben, durchgeführt.

Chromatografische Bedingungen

Gepackte Säule:
Material: Stahl
Innendurchmesser: 2 mm
Länge: 1 m
Aktiver Festkörper: Nr. 3.1. (III, 14.0.7.), 125 bis 150 µm

Trägergas:
Stickstoff
Volumenstrom: 30,0 ml/min

Temperatur:
Probengeber: 220 °C
Säule: 170 °C
Detektor: 220 °C

Detektion:
Flammenionisationsdetektor

Probengabe:
Volumen: 0,50 µl

Trennkenngröße

$h \leqq 6{,}7 \cdot 10^{-3}$ m, berechnet für Ethanol

Relative Standardabweichung (Präzision des chromatografischen Systems)
$s_r \leqq 0{,}05$, berechnet für Ethanol

Ausführung

Chromatogramm T: Zur Ermittlung der Trennkenngröße wird die unter „Chromatogramm S_1" angegebene Lösung chromatografiert.

Chromatogramme A_1 bis A_5: Zur Ermittlung der relativen Standardabweichung wird die unter „Chromatogramm S_1" angegebene Lösung 5mal chromatografiert.

Chromatogramm S_1: 0,175 g Ethanol werden mit Wasser zu 25,0 ml aufgefüllt. 1,00 ml der Lösung wird mit 1,00 ml der Lösung von 0,175 g n-Propanol in 25,0 ml Wasser versetzt. Diese Lösung wird chromatografiert.

Chromatogramm P_1: 1,00 g Substanz wird in 10,0 ml Wasser gelöst. 1,00 ml der Lösung wird mit 1,00 ml der unter „Chromatogramm S_1" angegebenen Lösung von 0,175 g n-Propanol in 25,0 ml Wasser versetzt. Diese Lösung wird chromatografiert.

Auswertungsverfahren

Bestimmung unter Verwendung des inneren Standards
Die Substanz darf höchstens 7,0% Ethanol enthalten.

[*j*] *Trocknungsverlust* (VI, 19.0.): 0,3000 g Substanz werden, wie unter „Bestimmung des Trocknungsverlustes" angegeben, behandelt und bei 130 °C 4 h getrocknet. Die Substanz darf höchstens 7,0% Masse verlieren.

Gehaltsbestimmung

[*k*] 0,2800 g Substanz werden in der Mischung aus 20,0 ml Natriumcarbonatlösung (200 g/l) und 10,0 ml Wasser gelöst. Die Lösung wird mit Silbernitratlösung (0,1mol/l) titriert, bis eine Trübung entsteht, die 5 min bestehen bleibt.

1 ml Silbernitratlösung (0,1 mol/l) ist 25,42 mg Phenobarbital-Natrium äquivalent.

Der Gehalt wird auf die bei 130 °C getrocknete Substanz berechnet.

Aufbewahrung

Vor Licht geschützt.

Die Substanz ist mindestens in Abständen von 2 Jahren nach [*d*], [*h*], [*j*] und [*k*] zu prüfen.

Lösungen der Substanz sind bei Bedarf frisch zu bereiten.

[*f*] *2-Methyl-benzensulfonsäureamid:* Die Prüfung wird, wie unter „Gaschromatografische Bestimmung" (III, 14.0.) angegeben, durchgeführt.

Chromatografische Bedingungen

Gepackte Säule:

Material: Glas
Innendurchmesser: 2 mm
Länge: 1,20 m
Stationäre Flüssigphase: Nr. 1.3. (III, 14.0.5.), 3,0%
Fester Träger: Nr. 2.1.3. (III, 14.0.6.), 125 bis 150 μm

Trägergas:

Stickstoff
Volumenstrom: 20,0 ml/min

Temperatur:

Probengeber:	220 °C
Säule:	185 °C
Detektor:	250 °C

Detektion:

Flammenionisationsdetektor

Probengabe:

Volumen: 1,0 μl

Trennkenngröße

$h \leqq 2 \cdot 10^{-4}$ m, berechnet für 2-Methyl-benzensulfonsäureamid

Relative Standardabweichung (Präzision des chromatografischen Systems)

$s_r \leqq 0{,}05$, berechnet für 2-Methyl-benzensulfonsäureamid

Ausführung

Chromatogramm T: Zur Ermittlung der Trennkenngröße wird das Chromatogramm S_1 verwendet.

Chromatogramme A_1 bis A_5: Zur Ermittlung der relativen Standardabweichung wird die unter „Chromatogramm S_1" angegebene Lösung 5mal chromatografiert.

Chromatogramm S_1: 0,0100 g 2-Methyl-benzensulfonsäureamid-Vergleichssubstanz wird in 100,0 ml der Lösung von 0,0200 g Dibutylphthalat in 110,0 ml Ethylacetat gelöst. 1,00 ml dieser Lösung wird in einem Scheidetrichter mit 5,0 ml Dinatriumhydrogenphosphat-RL*** versetzt und die Mischung 60 s geschüttelt. Die Ethylacetatschicht wird abgetrennt und chromatografiert.

Chromatogramm P_1: 1,00 g Substanz wird mit 1,00 ml der unter „Chromatogramm S_1" angegebenen Lösung von 0,0200 g Dibutylphthalat in 110,0 ml Ethylacetat sowie 5,0 ml Dinatriumhydrogenphosphat-RL*** versetzt und die Mischung 60 s geschüttelt. Die Ethylacetatschicht wird abgetrennt und chromatografiert.

Auswertungsverfahren

Bestimmung unter Verwendung des inneren Standards

$a = 0,01$
$c = 1,43$

Die Substanz darf höchstens 0,01% 2-Methyl-benzensulfonsäureamid enthalten.